EMANZIPATORISCHE WEGE AUS DEN KRISEN

Beiträge für Demokratie 1

Herausgegeben im Auftrag des Instituts für demokratische Kultur an der Hochschule Magdeburg-Stendal von Katrin Reimer-Gordinskaya und Matthias Quent sowie der Landeszentrale für politische Bildung Sachsen-Anhalt von Maik Reichel

IdK

LANDESZENTRALE
FÜR POLITISCHE BILDUNG
SACHSEN-ANHALT

Katrin Reimer-Gordinskaya/Heike Kanter (Hg.)

EMANZIPATORISCHE WEGE AUS DEN KRISEN

Analysen, Perspektiven, Organisierung

mitteldeutscher verlag

Geleitwort zur Reihe

Wir leben in einer Zeit, in der angesichts einer Vielzahl gesellschaftlicher Herausforderungen demokratische Werte, Prinzipien und Institutionen auf die Probe gestellt werden. Es ist alles andere als ausgemacht, ob die notwendige Transformation in vielen Bereichen – sozial, ökologisch, administrativ, technologisch, demografisch, kulturell und politisch – mit einer demokratischen Erneuerung einhergeht oder in autoritäre Regierungsformen mündet. Umso wichtiger ist es, das Verständnis für demokratische Entwicklungswege zu fördern und Menschen zu befähigen, aktiv an ihrer Gestaltung mitzuwirken. Zu einer solchen Demokratiebildung möchte diese Reihe einen Beitrag leisten. Ihr Fokus liegt auf dem Bundesland Sachsen-Anhalt, allerdings werden die hiesigen Gegebenheiten auch in überregionale, europäische und globale sowie historische Entwicklungslinien eingebettet werden.

Die beiden herausgebenden Institutionen bringen dazu ihre jeweilige Expertise ein, so dass nicht nur einschlägige Theorie und Forschung, sondern vor allem auch praktische Beispiele für Demokratieförderung sichtbar werden. Dabei verbinden wir wissenschaftliche Erkenntnisse mit konkreten Initiativen, Projekten und Strategien, die im Alltag und in verschiedenen gesellschaftlichen Kontexten angewendet bzw. entwickelt werden. Ziel ist es, Denkanstöße zu geben, den Austausch zwischen Praxis und Wissenschaft zu fördern und Impulse für eine lebendige, inklusive und widerstandsfähige Demokratie zu setzen.

Das Institut für demokratische Kultur der Hochschule Magdeburg-Stendal hat es sich zur Aufgabe gemacht, angewandte Demokratieforschung insbesondere mit Blick auf Sachsen-Anhalt zu betreiben. Unser Bundesland kann als bundesweit bedeutsames Laboratorium für den gesellschaftlichen Wandel in strukturschwächeren und ländlich geprägten Regionen gelten. Und aus der spezifisch ostdeutschen Geschichte bringt seine Bevölkerung einerseits die Erfahrung einer ‚friedlichen Revolution' und die mit ihr verbundene Bildung einer Vielzahl zivilgesellschaftlicher Initiativen und Netzwerke über mehrere Generationen hinweg mit sich. Das hierin liegende Potenzial an Ideen, Wissen und Praxen gilt es, für die Gestaltung des sozialen Wandels im Sinne einer lebendigen Demokratie sicht- und nutzbar zu machen. Andererseits bieten die auch in Sachsen-Anhalt spürbaren Auswirkungen der „ungleich vereinten" (Steffen Mau) Republik eine Resonanzfläche für autoritäre Botschaften. Insoweit es den demokratischen Kräften nicht gelingt, den sozialen Wandel unter Wahrung des gesellschaftlichen Zusammenhalts zu gestalten, könnte der global sowie in Europa schon zu besichtigende Weg in den Abbau und womöglich die Zerstörung demokratischer Errungenschaften münden. Das IdK beforscht vor diesem Hintergrund sowohl demokratiegefährdende als auch demokratiefördernde Entwicklungen.

Seit mehr als drei Jahrzehnten ist die Landeszentrale für politische Bildung in Sachsen-Anhalt eine starke und verlässliche Partnerin für Demokratie, Engagement, digitale Aufklärung, Erinnerungskultur und historische Bildung. Aber auch europapolitische und internationale Entwicklungen gehören in das Portfolio der unabhängigen Bildungseinrichtung.

Die Landeszentralen für politische Bildung in Deutschland sind zentrale Einrichtungen der politischen Bildungsarbeit auf Länderebene. Ihr Auftrag ist es, das demokratische Bewusstsein in der Gesellschaft zu fördern, politische Zusammenhänge verständlich zu machen und zur aktiven Teilhabe an der Demokratie zu ermutigen. In einer Zeit gesellschaftlicher und technologischer Umbrüche sind ihre Aufgaben vielfältiger und relevanter denn je.

Ein zentrales Anliegen der Landeszentralen ist die Demokratiebildung. Sie vermitteln Wissen über demokratische Institutionen, Grundrechte und politische Prozesse. Ziel ist es, Bürgerinnen und Bürger zu befähigen, ihre Rolle in der Demokratie zu verstehen und verantwortungsvoll auszufüllen – sei es durch Wahlen, zivilgesellschaftliches Engagement oder durch die kritische Auseinandersetzung mit politischen Themen.

Insbesondere junge Menschen werden über vielfältige Bildungsformate angesprochen – etwa durch Workshops, Schulprojekte oder Online-Plattformen. Demokratie wird dabei nicht nur als Staatsform, sondern als gelebte Praxis erfahrbar gemacht.

Somit leisten sie einen wichtigen Beitrag zur Stärkung der Zivilgesellschaft und zum Schutz der freiheitlich-demokratischen Grundordnung. Und die Formate, mit denen wir ans Werk gehen, sind sehr unterschiedlich, sie werden stets an die gesamtgesellschaftliche Entwicklung angepasst.

Gemeinsam werden die Landeszentrale für politische Bildung und das Institut für demokratische Kultur den im Titel angedeuteten Anspruch mit Leben füllen: Die *Beiträge für Demokratie* stehen als Plattform zur Verfügung, um Ansätze guter Praxis in der Demokratiearbeit und darauf bezogene anwendungsbezogene Forschung einer breiten interessierten Öffentlichkeit zur Verfügung zu stellen. Die Publikationsreihe soll offene und fundierte Diskurse befördern und dokumentieren. In einer Zeit schnelllebiger Entwicklungen und Medien bieten die *Beiträge für Demokratie* die Möglichkeit, ein Schritt zurückzutreten, neue Perspektiven einzunehmen und den Pluralismus demokratischer Kultur in Sachsen-Anhalt abzubilden. Menschen im Bundesland können damit neue Ideen, Praxen und Initiativen kennenlernen, die sich in ihrer Mitte entwickeln.

Gerade in Zeiten polarisierter Wahlen wird – nicht selten mit einem gewissen Befremden – auch von außen nach Sachsen-Anhalt geschaut. Die *Beiträge für Demokratie* helfen dabei, einen Einblick in die Vielschichtigkeit und Lebendigkeit des Landes und seiner Gesellschaft zu gewinnen. Differenzierung statt Pauschalisierung, Diskurs statt Verstummen, Engagement statt Ohnmacht, Aufklärung statt Hetze: Damit versuchen die beiden Institutionen, zu einer gelingenden demokratischen Kultur und gesellschaftlichen Entwicklung beizutragen.

Möge diese Sammlung ein Anstoß sein, Demokratie nicht nur zu verstehen, sondern auch aktiv zu leben – im Alltag, in der Gemeinschaft und in der Gesellschaft insgesamt.

Maik Reichel, Katrin Reimer-Gordinskaya und Matthias Quent

Inhaltsverzeichnis

Panelrunde 2: *Perspektiven*

Mobilisierung der heterogenen Klasse

Demokratiearbeit jüdischer Institutionen

Digitalität: Manipulation und Mobilisierung

Diskussionen

Panelrunde 3: *Organisierung*

Alle zusammen gegen den Faschismus?

Strategien gegen Armut und Ungleichheit

Ökologische und soziale Gerechtigkeit

Einleitung: Emanzipatorische Wege aus den Krisen

Katrin Reimer-Gordinskaya/Matthias Quent

In diesem Band versammeln wir Beiträge unserer Tagung mit dem Titel „Emanzipatorische Wege aus den Krisen. Analysen, Perspektiven, Organisierung". Sie fand vom 19. bis 21. Juni 2024 in der Festung Mark und auf dem Magdeburger Campus der Hochschule Magdeburg-Stendal im Rahmen des Projekts „Integrative Demokratieforschung im Land Sachsen-Anhalt" (IDLSA) statt.
Wir skizzieren eingangs, warum wir diesen Titel gewählt haben und welchen Anspruch wir damit verbinden. Die Tagung und die hier veröffentlichten Beiträge erfüll(t)en ihn mit Leben. Zugleich werden damit die Stoßrichtung des Projektes IDLSA und die Agenda des 2022 gegründeten Instituts für demokratische Kultur der Hochschule Magdeburg-Stendal verdeutlicht.

Krisen, Emanzipation und demokratische Kultur

Angesichts der von Brüchen und Umbrüchen geprägten Lebenswelt mehrerer Generationen von Ostdeutschen hat das Wort „Krise" vermutlich keinen positiven Klang. Und dann sprechen wir davon noch im Plural. Aber Zeiten, in denen das soziale, ökonomische, ökologische und politische Gefüge zwar nicht schlagartig aus den Fugen gerät, aber auch nicht in festen Bahnen verläuft, sind zugleich Zeiten der Hoffnung. Hoffnung auf die Möglichkeit, an der Gestaltung des Neuen mitwirken zu können. Und auch diese Gewissheit, die angesichts der teils überfordernden Menge an Schlagzeilen und Rückbau demokratischer Errungenschaften leicht in Vergessenheit gerät, gehört zum Erfahrungsschatz der Ostdeutschen, die eine friedliche Revolution zu Ende gebracht haben. Während aber die äußerste Rechte auf diese Erfahrungsbestände mit dem Slogan „Vollende die Wende" zurückgreift, um eine Dystopie Wirklichkeit werden zu lassen, greifen wir sie auf, um Mut zu machen. Mut dazu, Utopien zu entwickeln und im Hier und Jetzt Schritte zu ihrer Verwirklichung auszuprobieren. Utopien sind kein Wolkenkuckucksheim. Das Wort bedeutet eigentlich nur, dass es um einen Ort geht, den es noch nicht gibt, der aber wünschenswert ist. Wie können wir uns einen solchen Ort, eine solche Gesellschaft vorstellen? Dazu in einen Austausch zu treten, lädt das Institut für demokratische Kultur (IdK) ein. Es gibt hierfür keine konkreten Vorgaben, zumal wir es selbst noch nicht wissen und es vermutlich auch noch niemand weiß. Gerade darum ist es aus unserer Sicht geboten, miteinander in einen Austausch zu treten und daran mitzuwirken. Was es gibt, sind allgemeine Maßstäbe, anhand derer wir unsere Ideen überprüfen können, und Fluchtpunkte, auf die hin wir sie ausrichten. Das Wort Emanzipation steht für solche Maßstäbe und Fluchtpunkte. Es bedeutet seit der Aufklärung, sich von Unterdrückung zu befreien, Ungleichheiten zu überwinden und für gleiche Rechte zu streiten. Im Alltag ist uns häufig bewusst, wenn wir uns ungerecht behandelt oder benachteiligt fühlen. Ob solche Erfahrungen aber Momente einer gesellschaftlichen Ungleichheitsstruktur sind, liegt nicht gerade auf der Hand. Ob und inwieweit dies der Fall ist, wird sowohl in der sozialwissenschaftlichen Forschung untersucht als auch in kollektiven Zusammenschlüssen von Betroffenen diskutiert. Damit sind wir bei den nächsten Begriffen angekommen: *Analysen* und *Perspektiven.*

Analysen und *Perspektiven*: Angewandte Forschung und Zivilgesellschaft

Wissenschaftliche *Analysen* können und sollen dazu beitragen, den gegenwärtigen Zustand der Gesellschaft zu beschreiben. Im IdK möchten wir mit unserer angewandten Forschung dazu beitragen, Wissensgrundlagen für eine demokratische Transformation zu entwickeln. Im Projekt IDLSA und im IdK wird dabei das Verhältnis von demokratiegefährdenden und demokratiefördernden Strömungen fokussiert.

Dahinter steht die Annahme, dass gerade im vermeintlich „Extremen" Konflikte und Widersprüche kulminieren, denen tiefliegende Widersprüche und Konflikte in der „Mitte der Gesellschaft" zugrunde liegen. Ein wesentlicher Widerspruch liegt etwa in der Diskrepanz zwischen demokratischen Ansprüchen bzw. Rechten auf Teilhabe und Mitwirkung einerseits und wirtschaftlichen, politischen, sozialen und ökologischen Realitäten andererseits. Demokratie- und menschenfeindliche Erscheinungen sind Ausdruck solcher Widersprüche, von unvollständiger Demokratisierung bzw. blockierter Emanzipation.

Wesentliche Herausforderungen, die von diesen Perspektiven ausgehend die Forschung am IdK sowie die Schwerpunkte der Tagung ausmachen, strukturieren den vorliegenden Band.

Den der Tagung vorausgehenden Grußworten von Carsten Schneider (2021–2025 Staatsminister beim Bundeskanzler und Beauftragter der Bundesregierung für Ostdeutschland), Thomas Wünsch (seit 2021 Staatssekretär im Ministerium für Wissenschaft, Energie, Klimaschutz und Umwelt des Landes Sachsen-Anhalt) und Manuela Schwartz (seit 2022 Rektorin der Hochschule Magdeburg-Stendal) folgen zwei Keynotes zu zwei gesellschaftlich besonders zentralen und herausfordernden Bereichen: Klima und Migration. Der Arbeitssoziologe Klaus Dörre von der Friedrich-Schiller-Universität Jena betrachtet in seinem Beitrag *Abschied vom Klimaschutz? Rechtsruck, Arbeiterschaft und die Vision eines ökologischen Sozialstaates* (S. 19–25) Divergenzen und Konvergenzen zwischen den Zielen sozialer Gerechtigkeit und Klimaschutz. Die Migrationsforscherin Naika Foroutan vom Deutschen Institut für Integrations- und Migrationsforschung vermisst anschließend das Verhältnis von *Emanzipation und Stagnation. Zur Widersprüchlichkeit postmigrantischer Gesellschaften* (S. 27–32).

In der Panelrunde 1 unter dem Titel *Analysen* folgen Beiträge zu drei Panels, die wesentliche Dimensionen extrem antidemokratischer Phänomene in den Blick nehmen und sie in ihren Zusammenhängen mit Spannungen in der „Mitte der Gesellschaft" diskutieren. Unter dem Titel *Tiefenströmungen unter der rechten Welle* werden Ursachen extrem rechter Geländegewinne insbesondere in Sachsen-Anhalt und Deutschland (S. 35–47) analysiert. Dabei werden unter anderem Interdependenzen zwischen materiellen und emotionalen Einflüssen ausgelotet. Anschließend wird Antisemitismus analysiert. Er hat in Europa eine jahrtausendealte Geschichte. In der Moderne mündete er im von Deutschen ins Werk gesetzten Holocaust und währt auch danach bis heute fort. Im Schwerpunkt zu *Antisemitismus vor und nach dem „7. Oktober"* wird mit Blick auf Sachsen-Anhalt sowie bundesweite Entwicklungen diskutiert, inwieweit die mit diesem Datum verknüpften Ereignisse eine Zäsur markieren (S. 48–67). Auch im Panel *Rassistische Gewalt in Sachsen-Anhalt* (S. 68–88) stehen Kontinuität und Wandel der Konstruktion von Differenzen, Abwertung und Ausgrenzung in der DDR und vereinten Bundesrepublik im Vordergrund. Ein Schwerpunkt liegt dabei auf den Konjunkturen rassistischer Gewalt in Sachsen-Anhalt.

Die Beiträge zu Panels in der Panelrunde 2 unter dem Titel *Perspektiven* thematisieren Bereiche, die in jüngerer Zeit und aus unterschiedlichen Gründen besondere Aufmerksamkeit erhalten haben oder verdienen. Dazu zählt die in vergangenen Jahren insbesondere auch in der Sozialen Arbeit verstärkte Auseinandersetzung mit der Prekarisierung großer Bevölkerungsteile, die im Panel *Mobilisierung der heterogenen Klasse* (S. 91–102) in den Blick rückt. Im Panel *Demokratiearbeit jüdischer Institutionen* (S. 103–116) kommen Expert:innen zu Wort, die Anforderungen an jüdische bzw. als jüdisch wahrgenommene Organisationen von außen zu eigenen Wünschen und Möglichkeiten ins Verhältnis setzen. Schließlich geht es im Panel *Digitalität: Manipulation und Mobilisierung* (S. 117–125) um Herausforderungen und Möglichkeiten fortschreitender Digitalisierung für demokratische Kultur – nicht zuletzt durch Entwicklungen im Bereich der künstlichen Intelligenz.

Organisierung: Angewandte Forschung im Dialog mit Praxis

Für das Projekt IDLSA und das Institut für demokratische Kultur, die sich angewandter Forschung verschrieben haben, stellt sich stets die Frage der Praxisrelevanz sowie des wechselseitigen Transfers insbesondere mit zivilgesellschaftlichen Öffentlichkeiten.

Dies wird in den Beiträgen zur Panelrunde 3 *Organisierung* verfolgt.
Transdisziplinäre Perspektiven auf *Ökologische und soziale Gerechtigkeit* (S. 164–175) nehmen das Spannungsverhältnis zwischen ökologischen Notwendigkeiten und sozialen Gerechtigkeitsansprüchen auf. Sie blicken vor diesem Hintergrund auch auf die Entwicklung der Landwirtschaft und ihrer Rahmenbedingungen in Ostdeutschland und versuchen Antworten zu geben, wie die divergierenden Ziele in Einklang zu bringen wären. In den Beiträgen zum Panel *Strategien gegen Armut und Ungleichheit* (S. 152–163) wird die Problematik der Prekarisierung und mangelnden Mitwirkungsmöglichkeiten sozial benachteiligter Bevölkerungsgruppen aufgenommen. Wie dem im Rahmen von Sozialer Arbeit und zivilgesellschaftlichen Initiativen begegnet werden kann, wird anhand eines Community-Organizing-Projekts und der Vision der „Sorgenden Städte" diskutiert. Die Beiträge zum Panel *Alle zusammen gegen den Faschismus?* (S. 139–151) diskutieren Allianzen und Spannungen demokratischer (Protest-)Bündnisse gegen die äußerste Rechte und den politischen Rechtstrend in Sachsen-Anhalt und darüber hinaus.
Die Tagung fand kurze Zeit nach der Kommunal- und Europawahl 2024 statt. Davon ausgehend diskutierten auf dem Abend-Podium *Nach der Wahl ist vor der Wahl* (S. 127–130) Vertreter:innen unterschiedlicher zivilgesellschaftlicher Akteure aus Sachsen-Anhalt. Eine Synthese der Diskussion beschreibt ihre Perspektiven auf das Erstarken antidemokratischer Kräfte und auf zukünftige Strategien, etwa in Hinblick auf die 2026 anstehenden Landtagswahlen. Abschließend werden zentrale Aspekte aus den *Recaps* benannt (S. 131–137). Dieses Format der Tagesrekapitulationen (nach den jeweiligen Panelrunden) lud alle Teilnehmenden ein zusammenzukommen. Die Recaps boten Gelegenheit, offene Punkte und Spannungen zu diskutieren sowie gemeinsam Schlussfolgerungen zu ziehen. Am Tagungsende wurden sehr vielfältige Strategien für die emanzipatorischen Wege aus den Krisen benannt.
Die Keynotes, das Abendpodium sowie die Recaps waren Tagungsformate, zu denen es keine parallelen Angebote gab und die allen Teilnehmenden offenstanden. Sie wurden mittels eines Graphic Recordings von Mimi Hoang aufgezeichnet; bei den Recaps geschah dies „live" sichtbar und stützte damit den Gesprächsverlauf. Die Zeichnungen sind Teil des Bandes und geben einen visuellen Eindruck der vielfältigen Diskussionen wieder. Gemeinsam ist wissenschaftlichen Erkenntnis- und zivilgesellschaftlichen Emanzipationsprozessen ihre prinzipielle Unabgeschlossenheit. Dieser Band dokumentiert *Analysen*, *Perspektiven* und Ansätze der *Organisierung*, um darauf aufbauen und auch Utopien entwickeln zu können. In diesem Sinne versteht sich die Publikation nicht als abschließende Darstellung, sondern als Beitrag zu einem reflexiven und dynamischen Diskurs, der sowohl wissenschaftliche als auch gesellschaftliche Transformationsprozesse (selbst-)kritisch begleitet.
Wir danken allen, die die Tagung und diese Publikation inhaltlich sowie organisatorisch ermöglicht und damit bereichert haben. Unseren Leser:innen wünschen wir eine anregende Lektüre!

Stendal, Magdeburg im März 2025

Auftaktveranstaltung

Grußworte

Keynote - Prof. Dr. Klaus Dörre

Keynote - Prof.in Dr.in Naika Foroutan

Grußwort des Staatsministers beim Bundeskanzler und Beauftragten der Bundesregierung für Ostdeutschland, Carsten Schneider

Sehr geehrte Frau Rektorin, liebe Frau Prof. Schwartz, liebe Frau Prof. Reimer-Gordinskaya, lieber Herr Prof. Quent, meine sehr verehrten Damen und Herren,

leider kann ich aus terminlichen Gründen nicht persönlich in Magdeburg sein.
Doch lassen Sie mich auf diesem Wege Danke sagen, dass Sie diese spannende Veranstaltung durchführen.
Wir leben in Zeiten mehrfacher Krisen. Einige sprechen von der „Polykrise". Viele dieser Krisen haben internationale oder sogar globale Ursachen, aber starke regionale und lokale Folgen. Der Klimawandel führt zu trockenen Böden in Brandenburg und Hochwassern in Bayern. Der russische Angriffskrieg vertreibt die Menschen aus der Ukraine nach Europa und Deutschland. Und der Konflikt zwischen Israel und der Hamas hat Proteste und Debatten auch hier bei uns zur Folge. Die Welt ist unübersichtlicher und unsicherer geworden. Das beunruhigt uns alle. Umfragen zeigen: Selten haben sich die Menschen in Deutschland so viele Sorgen gemacht wie heute. Daraus versuchen populistische und extreme Kräfte Kapital zu schlagen. Mit einfachen, oftmals radikalen Antworten. Mit Falschinformationen und extremer Polarisierung. Leider zeigen die jüngsten Wahlergebnisse, dass sie damit derzeit zum Teil Erfolg haben. Umso wichtiger ist es, darüber nachzudenken, wie wir die großen gesellschaftlichen Herausforderungen anpacken und die Menschen auf diesem Weg mitnehmen können.
Ihre Tagung kommt deshalb genau zur richtigen Zeit. Klar ist aber auch: Unsere Demokratie ist stabil und wehrhaft. Für hektischen Aktionismus gibt es keinen Grund. In diesem Jahr feiern wir 75 Jahre Grundgesetz und den 35. Geburtstag der friedlichen Revolution von 89. Beide Jubiläen sind ein Anlass, um als Bürgerinnen und Bürger über Zustand und Zukunft unserer Demokratie zu sprechen. Wo drückt der Schuh, und wie sollte sich unsere Demokratie weiterentwickeln? Auch zu solchen Fragen kann ihre Tagung einen wichtigen Beitrag leisten. In diesem Sinne wünsche ich Ihnen gute Diskussionen, viele neue Ideen und interessante Gespräche. Machen Sie es gut,

Ihr Carsten Schneider

Grußwort des Staatssekretärs im Ministerium für Wissenschaft, Energie, Klimaschutz und Umwelt des Landes Sachsen-Anhalt, Thomas Wünsch

Ich freue mich sehr, bei der heutigen Tagung als Vertreter der Landesregierung dabei sein zu dürfen, und möchte Sie herzlich begrüßen. Dankbar bin auch, dass der Ansprechpartner für jüdisches Leben in Sachsen-Anhalt und gegen Antisemitismus, Herr Dr. Schneiß, und einige Kolleginnen und Kollegen aus der aktiven politischen Szene heute hier dabei sind.

Ich will vorab die Arbeit des Instituts für demokratische Kultur (IdK) würdigen und mich dafür bedanken, dass es den Weg nach Sachsen-Anhalt gefunden hat.

Aus der Perspektive des Wissenschaftsressorts war und ist es eine echte Bereicherung. Das gilt vor allem, weil das IdK mit seiner Arbeit als auch mit seiner Präsenz hier in Sachsen-Anhalt die demokratische Gestaltung des sozialen Wandels in Sachsen-Anhalt begleitet. Es widmet sich den zentralen Herausforderungen der Radikalisierungsprävention und der Demokratieförderung in unserem Land.

Die Vorfälle aus jüngster Zeit, bei denen Veranstaltungen blockiert, Politikerinnen und Politiker angegriffen und politische Gespräche verhindert wurden, zeigen, wie wichtig es in diesen Tagen ist, diesen mit Instrumenten der Demokratie zu begegnen. Erforderlich ist es allerdings, einen kulturvollen Umgang miteinander zu pflegen und den Ansatz zu verfolgen, sich nicht nur Gedanken zu machen, sondern das Thema auch wissenschaftlich und präsent – wie mit dieser Tagung – zu begleiten.

Ich bin schon sehr gespannt, welche Ergebnisse die Tagung erzielen wird und wie wir unsere eigene politische Arbeit damit anreichern und besser strukturieren können.

Wir, auf der politischen Seite stehend, sind dankbar, von Ihren Ideen und Vorschlägen zu partizipieren.

Was ist mir in diesem Kontext wichtig?

Ein Thema, welches uns hier in Sachsen-Anhalt nach den Ereignissen in Halle (Saale) im Oktober 2021 besonders betroffen gemacht hat, ist der Antisemitismus. Die Landesregierung hat es sich zur Aufgabe gemacht, nicht nur Antisemitismus zu bekämpfen und Maßnahmen dazu zu ergreifen, sondern gleichzeitig das jüdische Leben in den Fokus zu rücken. Es ist in unserem Land von enormer Bedeutung, dass wir unter den Religionen harmonisch miteinander umgehen, miteinander leben, einander tolerieren und das jüdische Leben in Gänze in Sachsen-Anhalt unterstützen.

Wir sind dankbar, durch das IdK gut und wissenschaftlich begleitet zu werden. Das Ganze in einem Bild zu transportieren, macht es möglich, uns alle weiter zu sensibilisieren.

Ein weiteres Thema ist das wachsende Risiko, wenn man mit Engagement Politik macht. Im Rahmen der anstehenden Kommunalwahlen habe auch ich Plakate gehängt, Flyer verteilt und am Wahlprogramm geschrieben. Dass, was wir aber erlebt haben – im Diskurs mit unseren Mitmenschen als auch in deren Umgang mit demokratischen, aktiven Kräften –, hat eine neue Qualität erreicht. Diese macht ratlos, manchmal auch hilflos. Es besteht bei vielen Menschen kein Interesse mehr, miteinander in die – auch politische – Diskussion zu gehen, egal ob man auf der Straße angesprochen wird oder ob man selbst ein Gespräch anbietet.

Das macht betroffen, und ich bin dankbar dafür, dass Sie sich mit diesen verschiedenen Thematiken intensiv auseinandersetzen. Es ist hilfreich, um auf jeder politischen Ebene aktiv zu bleiben. Und es ist der pure Wunsch, am Ende dieses Konflikts um eine Lösung zu wissen. Und ich glaube nach wie vor, dass wir eine gefestigte demokratische Kultur hier in unserem Land haben: Eine wehrhafte Demokratie, die wir in den nächsten Jahren unter Beweis stellen müssen. Es bestehen natürlich in den Regionen Unterschiede: Hier bei uns in Sachsen-Anhalt, im Osten ganz allgemein, ist wohl eine besondere Emotionalität zu berücksichtigen.

Ich möchte Ihnen am Ende jedoch noch ein bisschen Hoffnung machen, wie Demokratieförderung gelingen kann.

Ich bin politisch im Ministerium nicht nur für den wissenschaftlichen Bereich zuständig, sondern auch für den Bereich der Energie. Gestern hatte ich die Gelegenheit, beim Branchentag Erneuerbare Energien in Weimar vor Branchenvertreterinnen und -vertretern zu reden, die bisher auf der Sonnenseite der guten Ideen, der Begleitung und der Bekämpfung des Klimawandels stehen, nämlich durch Schaffung erneuerbarer Energien und Vermitteln von Zukunftsperspektiven.

Ich darf Ihnen berichten, gestern war schon eine leichte Resignation zu spüren. Es gibt mittlerweile einen verunsicherten Teil der Aktiven als auch unter den Teilnehmenden dieser Konferenz, die an Haltung verlieren und sich langsam zurückziehen, weil sie geprägt sind von Unsicherheiten auch darüber, ob das Projekt, welches sie unterstützen, das richtige war bzw. ist.

Meines Erachtens kann mehr Transparenz und Aufklärung helfen. Das Ganze läuft auch unter der Perspektive „Demokratie-Projekt der erneuerbaren Energien“.

Wir erleben es täglich bei der Frage, ob es hier noch einer PV-Anlage bedarf, da noch ein Windrad aufgebaut werden soll oder irgendwas substituiert werden kann oder ob es andere Varianten gibt.

Wenn man Bürgerinnen und Bürger vor Ort nicht mitnimmt; wenn man sie, bevor Entscheidungen getroffen werden, nicht seriös informiert und einbindet, dann geht das regelmäßig schief. Praktisches Beispiel hierfür ist die Gemeinde Südliches Anhalt. Hier will ein privates Unternehmen Nahwärmenetze bauen, Windräder und PV-Anlagen dafür errichten, um die für die Wärmeerzeugung notwendige Energie zu produzieren. In zwei Gemeinden ist es gut gelungen, in einer nicht. In letzterer gründete sich eine Bürgerinitiative, Protest und Unverständnis wurde bekundet: *Der eine gegen den anderen.*

Wenn wir schon mit dieser Idee einrücken, dass erneuerbare Energien ein sinnvoller Ansatz sind, dem Klimawandel zu begegnen, dann müssen Bürgerinnen und Bürger etwas davon haben: Sie müssen nicht nur informiert werden, sondern sollten auch mit Blick auf das, was erzeugt wird, insbesondere in finanzieller Hinsicht, partizipieren.

In der ersten Phase der erneuerbaren Energie, Ende der 90er und Anfang der 2000er, gab es einen Schub im Ausbau erneuerbarer Energien. Es wurden viele Windräder gebaut. Alle Erträge liefen in Richtung der Investoren.

Zwischenzeitlich ist viel passiert. Die Gewerbesteuerzerlegung ist neu justiert worden, so dass wesentliche Teile der finanziellen Erträge vor Ort bleiben.

Wir können es als Land, als Landesregierung noch besser machen, in dem wir eine pflichtige Abgabe gesetzlich verankern: Für jede Kilowattstunde, die produziert wird, kommt ein Teil direkt den Kommunen zugute. Die Kommunen können sodann frei von Zwängen, egal ob im horizontalen oder vertikalen Finanzausgleich, über diese Ressourcen verfügen. Das schafft Akzeptanz und auch eine Möglichkeit, mit diesem Ansatz ein echtes Demokratieprojekt für die Zukunft zu entwickeln.

Ich bin gespannt auf Ihre Tagung, auf die Ergebnisse und würde mich freuen, wenn wir weiter im Gespräch bleiben.

Vielen Dank für Ihre Aufmerksamkeit.

Grußwort der Rektorin der Hochschule Magdeburg-Stendal, Prof. Dr. Manuela Schwartz

Sehr geehrte Teilnehmerinnen und Teilnehmer, sehr geehrter Staatssekretär Wünsch, sehr geehrte Engagierte aus der Zivilgesellschaft, sehr geehrte Studierende, die dieser Tagung lauschen. Es freut mich sehr, dass wir hier so zahlreich vertreten sind, um uns mit den emanzipatorischen Wegen aus den Krisen gemeinsam auseinanderzusetzen.

Wahrscheinlich wünschen sich alle hier im Saal, dass eine Tagung mit dem Thema Polykrisen gar nicht notwendig sein sollte. Aber die Tagung ist notwendig und aus meiner Sicht geradezu dringend gefordert! Das Bild der zurückliegenden und aktuellen Krisen, das sich in vielerlei Hinsicht auf der Basis von Meinungen, Statements, Stereotypen und Privatinteressen zusammenfügt, soll und muss durch *Analysen*, *Perspektiven* und *Organisierung*, also die drei Ausrichtungen, die die Organisatorinnen und Organisatoren für diese Tagung gewählt haben, ergänzt und angepasst werden.

Es gibt deutschlandweit einige Forschungsinstitute, die sich den Themen, denen sich auch das Institut für demokratische Kultur (IdK) zuwendet, in Teilen widmen. Ich möchte betonen, dass die Analyse, die das IdK hier mit uns gemeinsam an einer Hochschule für angewandte Wissenschaften durchführt, durch den Transfer in die Gesellschaft hinein eine dringend notwendige Akzentuierung setzt. Das Programm und die Zusammensetzung des Publikums zeigt, dass der Weg der *Analyse* sich nicht nur für ein Fachpublikum, sondern auch für eine interessierte Öffentlichkeit eignet.

Die *Perspektive* ist die Anwendung, auch die Auseinandersetzung mit Bedarfen und Ansprüchen sowie den Fragen, die uns alle akut bewegen. Die Perspektive ist in all ihren Facetten Teil des Wissenstransfers. Es ist die Öffnung des akademischen Elfenbeinturms, organisiert von dem Projekt „Integrative Demokratieforschung im Land Sachsen-Anhalt (IDLSA)“, welches durch die Landesregierung, hier vertreten durch Staatssekretär Thomas Wünsch, finanziert wird, um so dem gesellschaftlichen und politischen Auftrag der integrativen Demokratieforschung gerecht zu werden.

Letztes Stichwort, *Organisierung*. Deswegen werde ich morgen Abend zur Podiumsdiskussion *Nach der Wahl ist vor der Wahl* erneut dazukommen, denn in allen Diskussionen, die ich seit dem 9. Juni 2024, den EU- und Kommunalwahlen, erleben durfte, waren die Bestürzung, die Furcht, aber auch das Erstaunen über den Ausgang der Wahl groß. Aber was wir tun können und müssen ist, uns zu organisieren, um gemeinsam das Gut „Demokratie“ intensiver zu leben, zu vermitteln und für dieses zu begeistern.

Ich freue mich sehr auf diese Trias – Analyse, Perspektive, Organisierung –, die Sie erleben dürfen, und wünsche Ihnen streithafte Gespräche, gute Auseinandersetzung und wunderbare Vorträge. Ich bedanke mich noch einmal bei den beiden Keynote-Speakerinnen und beim Institut für Demokratische Kultur, Frau Prof.in Reimer-Gordinskaya und Herrn Prof. Quent, für die Gesamtorganisation. Vielen Dank.

Abschied vom Klimaschutz? Rechtsruck, Arbeiterschaft und die Vision eines ökologischen Sozialstaates

Klaus Dörre

Ich weiß nicht, wie es Ihnen geht, aber ich habe mich in den letzten Wochen verstärkt gefragt, ob das, was ich mache, auch wissenschaftlich mache, überhaupt einen Sinn hat. Denn es treten Ereignisse ein, von denen ich eigentlich gedacht habe, dass sie nicht eintreten könnten. Ich habe mich gefragt, ob wir nicht zu sehr mit unseren Veranstaltungen, Diskussionen usw. innerhalb einer Blase bleiben, die sowieso überzeugt ist. Ich möchte deshalb den Blick auf diejenigen richten, die nicht überzeugt sind. Ich beginne mit Anton, einem Arbeiter aus dem Opelwerk in Eisenach, und ich werde mit Antonia schließen, die ebenfalls dort arbeitet.

Anton ist gewerkschaftlicher Vertrauensmann und bekennender Wähler der AfD. Er ist der Meinung, eine Partei wie die AfD, die nicht verboten und demokratisch gewählt ist, sei ebenfalls demokratisch. Er begründet, warum alle, die etwas anderes sagen, nur wollen, dass unliebsame Konkurrenz für die etablierten Parteien aus der Welt geschafft wird. Er verweist auch noch auf den ehemaligen Verfassungsschutzpräsidenten Maaßen, der sich ebenfalls differenziert geäußert habe. Für Anton ist völlig klar: die AfD ist die Stimme des Volkes, und zwar die einzige Stimme des Volkes, und nur diese Partei kann man überhaupt noch wählen.

Wie gesagt, Anton ist ein aktiver gewerkschaftlicher Vertrauensmann. Er steht nach Schätzung der Betriebsräte etwa für ein Drittel der Belegschaft. Wir können es nicht genau nachweisen, aber das ist etwa die Größenordnung, von der wir ausgehen müssen. Anton und das Opelwerk in Eisenach sind keine Ausnahmen. So zeigt etwa die Studie von Andreas Zick und Mitarbeiterinnen, also die sogenannte Bielefelder Mitte-Studie, dass etwa 13 Prozent der Gewerkschaftsmitglieder ein geschlossen rechtsextremes Weltbild haben (Zick u. a. 2023). Die überdurchschnittlich große Zustimmung zu rechtsextremen Topoi kann laut Studie nicht auf Zufälligkeit beruhen. Das ist ein Befund, der sich bei den letzten Europaparlamentswahlen bestätigt hat; 33 Prozent derjenigen, die sich als Arbeiter bezeichnen, haben AfD gewählt; innerhalb der Arbeiterschaft ist die AfD die mit Abstand stärkste politische Kraft.

Was ist eigentlich das zentrale Motiv für Arbeiter:innen, eine Partei zu wählen, die programmatisch in Teilen noch immer marktradikal ist? Wir wissen, es gibt viele Gründe, viele Ursachen. Ich konzentriere mich jetzt auf einen Gedankengang: In den mehr als 30, fast 40 Jahren Forschung, die ich zum Thema gemacht habe, hat sich für mich etwas herausgeschält, was die amerikanische Kollegin Arlie Hochschild als „Deep Story" bezeichnet (Hochschild 2016). Arlie Hochschild ist ja bekannt, sie war im Deep South der USA, noch bevor Trump gewählt wurde, und hat dort mit Menschen, die die Tea-Party-Bewegung unterstützt haben, zusammengelebt. Ihre Frage war, was treibt die eigentlich um? Und als Soziologin hat sie festgestellt, so schrecklich reaktionär sind die Menschen im Süden eigentlich gar nicht. Es gibt vieles, worin man übereinstimmt, selbst bei ökologischen Themen. Aber das Grundgefühl ist: Wir stehen am Fuße eines Berges der Gerechtigkeit, vielleicht sind wir auch schon ein Stück hochgekommen, aber dauernd gibt es Gründe, warum es nicht weitergeht oder wir sogar wieder absteigen müssen. Und plötzlich kommen Leute, die wir nicht gerufen haben, die nur – jetzt Zitate aus unseren Interviews – „wegen eines Krieges", „wegen einer Krise" zu uns kommen, oder „weil sie ein besseres Leben wollen". Und die kriegen, wörtliches Zitat aus unseren Interviews, „plötzlich alles, und wir haben das Nachsehen". Also, jetzt gewechselt von den USA in den Osten und nicht nur im Osten der Bundesrepublik: Wir wohnen auf dem Land in Sachsen-Anhalt oder Thüringen, in einem kleinen Ort; da schrumpft die Bevölkerung, Männerüberschuss, erst ist der Konsum weg, dann wird die Schule dichtgemacht, es gibt keine Buslinien mehr usw. Und wir sehen auch nicht, dass

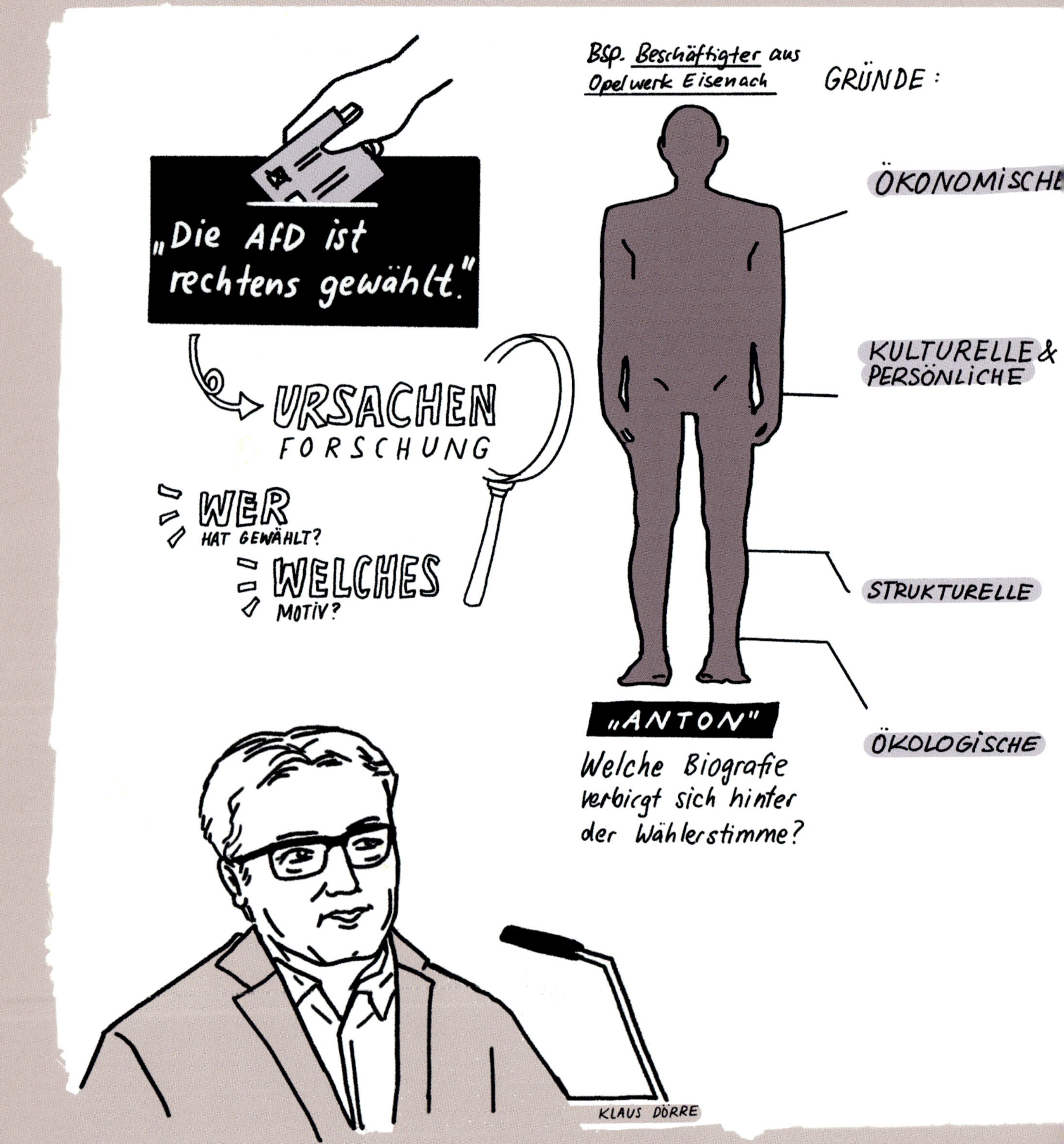

„Die AfD ist rechtens gewählt."
URSACHEN FORSCHUNG
WER HAT GEWÄHLT?
WELCHES MOTIV?
Bsp. Beschäftigter aus Opelwerk Eisenach
GRÜNDE:
ÖKONOMISCHE
KULTURELLE & PERSÖNLICHE
STRUKTURELLE
ÖKOLOGISCHE
„ANTON"
Welche Biografie verbirgt sich hinter der Wählerstimme?
KLAUS DÖRRE

DEN BLICK ÜBER DAS ÖKONOMISCHE HINAUS SCHÄRFEN:
AFD-Wählerschaft ist nicht komplett „arm und arbeitslos."
ANTON
GEFÜHLE
NEUE EREIGNISSE → VERUN-SICHERUNG → GEFÜHL DER MACHTLOSIGKEIT
FÜHLEN SICH NICHT GESEHEN
UNGERECHT! DAS IST „UNSER" GELD!
IE VERGESSENE ARBEITERKLASSE"
R MÜSSEN „DIE ANTONS" VERSTEHEN.
ER RESEARCH NICHT NUR IM MARKETING!
as hat das ma mit dem ema zu tun?
100
50
ZAHLENDE
ERURSACHENDE
WER STEHT ANTON GEGENÜBER?
QUEER
FEMINISTIN
Wählt nicht die AFD!
AUTHENTIZITÄT DURCH AUGENHÖHE UND PARTIZIPATION DER KOLLEG:INNEN
ÜBERZEUGUNG DER ANDEREN
„ANTONIA"
VERTRAUENSFRAU
Macht die Ärgernisse/ Sorge der Bevölkerung gezielt zum Thema.
WIR WOLLEN
BETEILIGUNG
AN
TRANSFORMATION
heute
morgen
Mimi Hoang 2024
GRETA GO HOME
limaschutzkonzepte wirken wie von oben diktiert. → Diesel? Jetzt erst recht! (Protest)
ntons fühlen sich ihrer Freiheit beschnitten.
usrichtung der Werke vollständig von Entscheidungen er EU abhängig – keine Planungssicherheit. → Antons Kredit in Gefahr – Haus in Gefahr (Beschäftigter)

es sich bessert. Nie ist Geld für Dinge da, die wir tagtäglich brauchen. Und plötzlich kommen „die", und dann zitiert man aus den Blogs der AfD: „‚Die' Migranten kosten pro Nase 10.000 Euro, und das ist unser Geld, das ‚die' bekommen. Das empfinden wir als zutiefst ungerecht!"

Das ist so das Grundbefinden, was Leute dazu bringt, tatsächlich in Richtung AfD zu tendieren. Und ich will nur einen Zusatz machen: Es gibt ja so eine Debatte, sind das jetzt ökonomische Gründe, sind das kulturelle Gründe, die zur Wahl der AfD führen? Aus meiner Sicht gilt: sowohl als auch. Der entscheidende Punkt bei den Arbeiter:innen ist, dass sie sich als „nicht gesehen" fühlen, dass sie mit ihren Problemen in den gesellschaftlichen und politischen Öffentlichkeiten nicht wahrgenommen werden. Also die soziale Frage, auch wenn man sich die Wahlanalysen anschaut und die weiterführenden Analysen, die soziale Frage wird immer verengt auf arbeitslos, arm oder besonders prekär usw. Und wenn das alles nicht der Fall ist, dann kann es keine sozialen Ursachen geben für die Wahl von rechts außen. Die Probleme, die Anton und Co. haben: Arbeit in 152-Sekunden-Takten, er kommt vom Land, ÖPNV gibt es nicht, er muss mit der eigenen Kiste ins Werk fahren. Er weiß, zwei mal neun Minuten Pause, eine 23-Minuten-Mittagspause, und eine Stunde vor der Mittagspause ist er platt. So, und wenn er dann aus dem Werk rausgeht, will der erst mal von nichts weiter etwas wissen, was mit Arbeit zu tun hat. Anton und seinesgleichen wollen dann tun und lassen können, was ihnen vorschwebt, sie wollen wirklich frei sein. Das ist so ein Grundempfinden. Ein Arbeiter wie Anton will sich nicht von Leuten, die keine Ahnung von Bandarbeit haben, reinreden lassen, was er zu tun und zu lassen hat. Aber diese Probleme, dass selbst ein relativ gut verdienender Arbeiter in der Stammbelegschaft bei Opel Eisenach durchaus Probleme hat, Belastungen hat, dass er ständig um seinen Arbeitsplatz zittern muss, um die Zukunft des Werks usw., das findet in dieser Weise in der Öffentlichkeit gar nicht statt. Öffentlichkeit gibt es, wenn überhaupt, eher noch für größere Werke wie das in Eisenach, aber von den Schwierigkeiten im Bereich der kleinen, mittleren Zulieferer – 30.000 Arbeitsplätze in Sachsen-Anhalt, von denen nicht weniger etwa 15.000 bedroht sind –, davon weiß die Öffentlichkeit wenig.

Soweit zur Problembeschreibung. Jetzt komme ich zu den tieferliegenden Ursachen. Das wird Ihnen vielleicht etwas antiquiert vorkommen, denn jetzt führe ich nämlich den Begriff der Klasse wieder ein. Jahrzehntelang vernachlässigt, gerade im deutschsprachigen Raum, fängt jetzt in der Soziologie die Debatte um soziale Klassen wieder an. Mit meiner Forschungsgruppe habe ich eine Klassenheuristik entwickelt, das sogenannte Jena-Klassenmodell, das auf der Auswertung von knapp 20.000 Erwerbsfällen beruht. Diejenigen, die wir da der Herrschenden Klasse zugerechnet haben, machen nicht einmal ein Prozent der Erwerbstätigen aus. Als Kriterien für die Zuordnung zur Herrschenden Klasse haben wir die Kontrollmacht über mehr als 250 Mitarbeitende und die Verfügung über Privateigentum an Produktionsmitteln genutzt – also wir sind bei den Zuordnungskriterien schon sehr weit in Richtung soziale Mitte gegangen, sonst wären das nicht 0,9 Prozent. Innerhalb dieser 0,9 Prozent, die wir zur Herrschenden Klasse zählen, sind es aber nur winzige Gruppen, die über die Geschäftsmodelle und die Produktionsstrategien entscheiden. Diese Minderheiten befinden über das Was, das Wie, das Wozu und das Womit der Produktion. Der große Rest der Erwerbsbevölkerung ist von solchen Entscheidungen völlig ausgeschlossen. Die Tatsache, dass die deutsche Autoindustrie Gewinne lange Zeit ausschließlich im Segment der Financial Services und im Bereich der Luxuskarossen – energieintensiv, hoher Stromverbrauch – gemacht hat, entzieht sich sowohl den Entscheidungen der Beschäftigten als auch der Regionen und der Zulieferer. Es gibt also einen dreifachen Ausschluss von solchen Entscheidungen.

Das führt dazu, wie der Philosoph Günther Anders gesagt hat, dass wir tagtäglich eine Trennung von Produktion und Gewissen einüben. Wenn man keinen Einfluss auf das hat, was hergestellt wird, dann ist es einem auch relativ gleichgültig, was man produziert. Und dann kann man aus der niedergehenden Zulieferindustrie ohne Gewissensbisse auch gleich zu Rheinmetall gehen, also zu einer boomenden Rüstungsfirma.

Aber was hat das jetzt zu tun mit dem Thema? Führen wir uns die Klimasituation vor Augen, wie wir sie gegenwärtig erleben. Die Orientierungsmarke, die die Pariser Klimaziele setzt, ist die Begrenzung der Erderhitzung auf 1,5 Grad Celsius. Um das zu erreichen, müssten wir in der Bundesrepublik bis 2045 netto emissionsfrei sein. Die gesamte Wirtschaft müsste emissionsfrei sein. Das wäre der größte Wandel, den die Wirtschaft und vor allem die Carbon-Branche seit der ersten industriellen Revolution durchlaufen hätte. Doch was geschieht wirklich? Gegenwärtig laufen wir auf ein 2,7-Grad- oder ein 2,8-Grad-Erderhitzungsszenario zu. Das sind abstrakte Zahlen. Aber um es einmal beispielhaft zu quantifizieren: Es gibt eine neue Studie britischer Klimawissenschaftler. Die haben ausgerechnet, was eine 2,7-Grad-Erderhitzung bis zum Jahrhundertende bedeuten würde. Käme es dazu, müsste ein Drittel der Menschheit die angestammten Klimanischen verlassen, weil man dort nicht mehr leben könnte.

Wichtig ist in diesem Zusammenhang eine Studie des Ökonomen Lucas Chancel, der den Zusammenhang von sozialer Ungleichheit und klimaschädlichen Emissionen im Zeitraum von 1990 bis 2019 untersucht hat (Chancel 2022). Es ist so, dass sich Arbeiter wie Anton bei den Pro-Kopf-Emissionen tatsächlich auf die Pariser Klimaziele für 2030 zubewegen. Zum Teil haben sie sie sogar erreicht, beim individuellen CO_2-Ausstoß. Aber wenn wir auf das oberste eine Prozent der Vermögenden gucken, dann hat das im gleichen Zeitraum um 26 Prozent zugelegt bei den Emissionen. Und die obersten 0,08 Prozent, also die Superreichen, haben gar um 80 Prozent zugelegt.

Daran wird deutlich: Der Klimawandel wie alle ökologischen Großgefahren beinhalten stets auch ein soziales Gerechtigkeitsproblem. Und das bedeutet umgekehrt, wenn man ökologische Nachhaltigkeit ohne soziale Nachhaltigkeit und unter Ausklammerung des Problems sozialer Gerechtigkeit definiert und praktiziert, geht der Schuss nach hinten los. Dafür gibt es viele Beispiele. Wir haben in der Automobilzulieferindustrie, bei der Post, in den Kohlerevieren und in der Stahlindustrie in verschiedenen Bereichen geforscht. Das, was wir festgestellt haben, ist, dass sich diese Trennung von Produktion und Gewissen tatsächlich bemerkbar macht. Ein anderer Arbeiter, eigentlich mein Lieblingsarbeiter, nennen wir ihn Albert, hat das Interview mit einer Provokation angefangen. Er hat uns beschrieben, wie er seinen 2-Liter-Diesel tunt, um damit auf der Autobahn Teslas zu jagen, bis die mit überhitztem Akku rechts ranfahren müssen. Das könnte man jetzt als Ausdruck einer petro-fossilen Maskulinität deuten und kritisieren, die zu Recht ihrem Untergang entgegensieht. Für Albert ist das, was er als sein Hobby beschreibt, indes Klassenkampf. Weil der Tesla-Fahrer glaubt, mit seinem teuren Auto etwas fürs Klima zu tun und natürlich nicht glaubt, dass ein 2-Liter-Diesel ihn überholen kann. Das Problem fängt schon da an, dass, wo immer ich das Beispiel bringe, die Empörung allein Albert gilt; der Tesla-Fahrer bleibt ausgespart. Böse Sachen wie die Klimakleber sollen nur kommen, da rutscht der Fuß vom Gas, das Problem ist gelöst, sagt Albert „im Scherz". Aber was steckt bei ihm dahinter? Es steckt dahinter die Wahrnehmung, dass Leute, die besser gestellt sind, ihm in seiner arbeitsfreien Zeit erklären wollen, wie er zu leben hat. Das empfindet er zutiefst als Bevormundung. Im Betrieb ist der Konflikt relativ stillgestellt, aber wir haben zum Zeitpunkt des sogenannten Heizungsgesetzes untersucht, dass das Ungerechtigkeitsbewusstsein mit Blick auf die Politik regelrecht explodiert ist. Und zwar auch bei Leuten, die früher politisch keineswegs rechtsradikal waren. Weil sie den Eindruck hatten, jetzt geht es ans Eingemachte. Die Alterssicherung, das kleine Häuschen, wir können das nicht mehr finanzieren, wir können Kredite nicht bezahlen usw. Das war nicht alles real, diese Angst, aber es hat gezündet. Nehmen wir als Beispiel einen durchaus gut gestellten Manager im Ruhestand und seinen Kommentar zum „Gebäudeenergiegesetz":

> „Womit fängst du denn an? Du musst ja bei der sozialen Gerechtigkeit beginnen. Du musst ja erst mal über Förderrichtlinien sprechen, bevor du anfängst, den Leuten die Häuser auseinanderzureißen. Ich sage dir mal ein konkretes Beispiel. Das Haus hier, Baujahr 59, nicht gedämmt. Also, wir haben das vor 20 Jahren gekauft für vergleichsweise billiges Geld und haben das gemacht, was man zu dem Zeitpunkt machen konnte. Wir haben das Dach gedämmt und wir haben Solarthermie eingebaut. Das Einzige, was wir nicht gemacht haben, ist Außendämmung. Jetzt sind wir in der Situation, wir müssten jetzt die Wärmepumpe einführen. Okay. 20.000 bis 30.000 Euro, machen wir! Wir mussten schon andere Sachen machen. 50 Grad Vorlauftemperatur reicht nicht. Wir haben 66 bis 75 Grad, je nach Kälte. Das heißt, wir müssen jetzt dämmen. Auf das Dach passt keine Solar-

anlage, keine Photovoltaikanlage. Das heißt, round about müssten wir 200.000 bis 300.000 Euro investieren. Das Geld habe ich schlicht und ergreifend nicht. Selbst wenn ich es wollte, ich habe es nicht. Und ich habe jetzt gerade mit dem Nachbarn gesprochen. Dem geht es ganz genauso. Genau das gleiche Problem. Wir sind obere Mittelschicht. Wir sind nicht reich, wir sind alles andere als arm. Aber einfach mal eben 300.000 Euro hinlegen mit maximal 30 Prozent Förderung, ja, das heißt: Haus verkaufen. Das heißt im Grunde genommen verjagt werden hier. Aber Haus verkaufen in dem Falle würde heißen, den Verkaufspreis zu halbieren. Ja, damit geht genau meine Altersversorgung flöten. So, jetzt bin ich aber einigermaßen politisch aufgeklärt. Sonst wäre ich jetzt ein Kandidat für eine AfD-Wahl. [Lachen.] ‚So die Scheißkerle, denen werde ich es mal zeigen hier. Das lasse ich mir nicht gefallen, mir hier alles unterm Arsch wegzureißen. 30, 40 Jahre geackert wie blöde; jetzt will ich es mal ein bisschen schön haben!' Und das bringt die Leute auf die Palme!" (ehemaliger Manager VW)

Das sagt ein ehemaliger Manager mit guter Rente. Der hat dann nicht AfD gewählt, aber er kennt viele, die das getan haben.

Das, was ich beschrieben habe, führt zu einer Polarisierung, die im politischen Raum nicht zwischen links und rechts läuft. Jedenfalls nicht offenkundig. Sie verläuft zwischen Grün und Blaubraun. Gegenwärtig, in den meisten Konfliktarenen, außer in der Ober-Unten-Arena, stellt auch die Forschergruppe um Steffen Mau fest. Hinzu kommt: Der ostdeutsche Wirtschaftsaufschwung hing über Jahrzehnte stark an der verarbeitenden Industrie und an den Arbeitsplätzen, die dort geschaffen wurden. Jetzt haben Sie folgende Situation: Der Automobil-Cluster in Zwickau-Chemnitz hängt vollständig am Erfolg der E-Mobilität und der E-Antriebe. Die Belegschaft von VW Zwickau war anfangs sehr skeptisch gegenüber der E-Mobilität. Management, Betriebsräte und IG Metall mussten die Arbeiter:innen regelrecht missionieren, um sie für die Herstellung von E-Antrieben zu gewinnen. Große Teile der Belegschaften auch der Zulieferer waren sehr skeptisch eigestellt. Dann lief die Nachfrage nach E-Fahrzeugen zunächst regelrecht aus dem Ruder. Man glaubte, die Kapazitäten reichten nicht aus, um die Nachfrage zu befriedigen. Doch dann wurde die Umweltprämie gestrichen. Im Anschluss daran sind die Verkaufs- und Zulassungszahlen für die E-Autos eingebrochen – und zwar in einem Ausmaß, das für Europa singulär ist. Bei VW Zwickau mit 10.000 Beschäftigten musste man bereits die dritte Schicht streichen, Leiharbeitskräfte und befristet Eingestellte wurden nicht weiterbeschäftigt. Dann kam die VW-Krise und die Drohung mit Werksschließungen. Das VW-Werk in Zwickau hat nach der Einigung der Tarifparteien zwei Produktlinien verloren. Es könnte auf einen Tod in Raten hinauslaufen. Sie können sich vorstellen, was da los ist und wer da haftbar gemacht wird. Die Betriebsräte und die Gewerkschafter:innen als Erstes – und das, obwohl sie auf grundlegende Produktionsentscheidungen keinen Einfluss haben. Aber in großen Teilen der Belegschaften besteht der Eindruck, als seien Gewerkschaft und Interessenvertretung mitverantwortlich für die Misere der Auto- und Zulieferindustrie. Darin werden sie seitens der liberal-konservativen Eliten zusätzlich bestärkt. Man nehme nur die Kampagne zum Aus für das Aus von Verbrennermotoren in der EU. Solche Kampagnen sorgen innerhalb der Branche und der gesamten Wirtschaft für völlige Verunsicherung. Das bedeutet, dass man den Unternehmen die Planungssicherheit nimmt, dass nicht mehr investiert wird in Ladeinfrastruktur usw. Die Auswirkungen dieses Zickzackkurses der Politik sind katastrophal. Mit ihren Plädoyers für Technologieoffenheit und dem Festhalten am Verbrennen fossiler Energieträger sorgen die Protagonist:innen dieser Rolle rückwärts dafür, dass sich die deutsche Auto- und Zulieferindustrie von den Anforderungen der Leitmärkte in China und den USA immer weiter entfernt. Dort sind die Entscheidungen zugunsten von E-Mobilität und klimafreundlicher Technologie längst gefallen. Doch die Anteile deutscher Hersteller an E-Fahrzeugen vor allem in China sind verschwindend gering. Industrie- und gesellschaftspolitisch haben Empfehlungen zugunsten fossiler Energieträger deshalb eine verheerende Wirkung. Sie sind Wasser auf die Mühlen einer radikalen Rechten, die suggeriert, man könne weitermachen wie bisher.

Lässt sich der AfD und noch weiter rechts stehenden Formationen, wie den Freien Sachsen oder den Freien Thüringern, in der betrieblichen Arbeitswelt etwas entgegensetzen? Antonia, eine queere Gewerkschafterin, die ebenfalls bei Opel Eisenach arbeitet, liefert eine Antwort. Die Betriebsrätin lebt mit einer Partnerin zusammen und beginnt die Debatten mit Anton und seinen Kollegen, die AfD wählen, so: „Magst du mich?“ Das ist ihre Frage. Natürlich wird sie gemocht. Dann erklärt sie ihrem Gegenüber, was die AfD mit Menschen wie ihr vorhat, wie das Familienbild der radikalen Nationalist:innen aussieht. Antonia ist – trotz Alice Weidel – tatsächlich erfolgreich darin, Kolleginnen und Kollegen zu überzeugen, nicht AfD zu wählen, sondern, falls nicht anderes möglich, z. B. die Satirepartei „Die Partei“.

Was kann man aus diesem Beispiel für emanzipatorische Strategien lernen? Erstens, besonders erfolgreich ist gegenwärtig das persönliche Gespräch, das nicht sofort das ganze Weltbild des Gegenübers infrage stellt, das gar nicht großartig mit Zahlen, Daten, Fakten kommt, sondern das auf der Authentizität der Kommunikation beruht, also auf Augenhöhe. Antonia ist eben auch eine Arbeiterin. Zweitens zeigt das aber auch, dass es überhaupt keinen Sinn macht, wie das gegenwärtig in der Politik gespielt wird, dass man sagt: Wahlniederlage, jetzt nehmen wir mal Abschied von den sogenannten identitätspolitischen Themen und setzen mal wieder auf die arbeitnehmerische Mitte, auf Löhne, Arbeitsbedingungen usw. Das hätte man schon viel früher machen können. Aber erfolgreich ist diese Vertrauensfrau, weil sie ihr Zusammenleben mit einer Partnerin eben nicht hintenanstellt, sondern zum Thema macht. Und das unterscheidet sie auch von denen, die die soziale Frage von rechts einnehmen wollen. Also Vorsicht mit Strategien, die jetzt sagen: Jetzt gehen wir mal auf die arbeitnehmerische Mitte zu und liquidieren mal kurz die sogenannte Identitätspolitik. Und der dritte Punkt: Natürlich gilt für Anton wie für Antonia, dass sie so etwas brauchen wie Sicherheit in der Transformation. Von Transformation würden die meisten Arbeiter:innen gar nicht reden. Im Osten assoziieren viele mit Transformation die Deindustrialisierung nach der Vereinigung. Man müsste also von Umbau reden usw. Das, was wir eigentlich brauchen würden, wäre so etwas wie ein ökologischer Sozialstaat, der nach dem Prinzip arbeiten würde, Menschen gemäß ihres ökologischen und Klimafußabdrucks an den Kosten der Transformation zu beteiligen. Das würde nämlich heißen, dass die obersten 0,9 Prozent und die superreichen 0,08 Prozent ganz anders beitragen müssten als die unteren Klassen. Den grundsätzlich gilt: Ökologische Nachhaltigkeit ist ohne soziale Gerechtigkeit nicht zu haben.

Literatur

Chancel, Lucas: Global carbon inequality over 1990–2019, in: Nature Sustainability, 5, 931–938 (2022), DOI: https://doi.org/10.1038/s41893-022-00955-z (20.05.2025).

Chmelik, Rico u. a.: Die Zukunft des Automobils. Innovation, Industriepolitik und Qualifizierung für das 21. Jahrhundert, Frankfurt am Main 2024.

Hochschild, Russel Arlie: Strangers in Their own Land. Anger and Mourning on the American Right. A Journey to the Herat of Our Political Divide, New York 2016.

Zick, Andreas/Küpper, Beate/Mokros, Nico (Hg.): Die distanzierte Mitte. Rechtsextreme und demokratiegefährdende Einstellungen in Deutschland 2022/23, Bonn 2023.

Emanzipation und Stagnation. Zur Widersprüchlichkeit postmigrantischer Gesellschaften

Naika Foroutan

In der Auseinandersetzung mit dem Thema Emanzipation lohnt es sich, auf eine grundlegende Definition zurückzugreifen, um zentrale Motive zu verstehen: Emanzipation umfasst den Zugewinn an Freiheit und Gleichheit, meist verbunden mit einer Kritik an Diskriminierung oder hegemonialen Strukturen. Diese Überlegungen führen direkt in das Feld der Migrationsforschung, in welchem die Auseinandersetzung mit Fragen der Gleichberechtigung und der sozialen Gerechtigkeit eine entscheidende Rolle spielt. Auch wenn der Begriff „Emanzipation“ in der Migrationsforschung nicht immer explizit im Zentrum steht, so sind die Themen Gleichstellung und die Infragestellung von hegemonialen Strukturen von großer Bedeutung.

Deutschland, ein Einwanderungsland

Migration ist ein wesentlicher Teil der deutschen Geschichte und die Frage danach, ob Deutschland ein Einwanderungsland ist oder nicht, wurde jahrzehntelang kontrovers diskutiert. Politische Führungen wehrten sich in der Vergangenheit vehement gegen die Vorstellung, dass Deutschland ein Einwanderungsland sei. So sagte etwa Hans-Dietrich Genscher 1984: „Wir sind kein Einwanderungsland und können es nach unserer Größe nicht werden und auch nicht wegen unserer dichten Besiedelung.“ Auch Helmut Kohl schloss sich dieser Haltung an und bekräftigte: „Deutschland ist kein Einwanderungsland und wird es auch eigentlich nie werden.“ Erst unter Angela Merkel wandelte sich das Bild, indem sie die Veränderung Deutschlands zwar anerkannte, sie aber zugleich wieder einschränkte und betonte: Deutschland sei kein „klassisches“ Einwanderungsland.

Inzwischen befinden wir uns, Stand 2024, in einer Situation, in der Deutschland so migrationsplural ist wie niemals zuvor seit den Aufzeichnungen des Statistischen Bundesamtes. Knapp 29 Prozent der Bevölkerung haben einen Migrationshintergrund; bei den Kindern unter 18 sind es bereits 40 Prozent (Destatis 2023). Wenn wir die Dynamik des letzten Jahrzehnts weiter voraussetzen würden, dann wären wir in 10 Jahren bei einer sogenannten *Majority-Minority-Wende*. Das heißt, bei den Kindern unter 18 Jahren wären schon über 50 Prozent Kinder mit Migrationsbiografie. Bei der diesjährigen Europawahl hatten bereits 17 Prozent aller deutschen Wahlberechtigten einen Migrationshintergrund (Destatis 2024).

Es fällt auf, dass der Faktor Migration zwar alle bewegt, aber in Wahrheit keine der etablierten Parteien sich besonders damit hervortut, um diese Wähler:innen zu werben oder ein tatsächlich emanzipatorisches, migrationspolitisches Angebot für die Gesellschaft zu machen. Eine Partei, die paradoxerweise um migrantische Stimmen wirbt, ist die AfD. Wir beobachten, dass der Prozentsatz der migrantischen Personen, die bereit sind, die AfD zu wählen, zunimmt (Wüst 2022). Betrachtet man die demografische Entwicklung, ist es durchaus denkbar, dass ein beachtlicher Anteil der Jugendlichen, die für die AfD gestimmt haben, selbst einen Migrationshintergrund hat.

Pluralitätsangst und Migrationsabwehr

Wir haben es de facto mit einer hohen Pluralisierung zu tun. Und diese Pluralität ist nicht einfach nur eine numerische Frage, sondern auch eine Frage, die Gesellschaften immer wieder verändert und dazu führt, sich zu fragen: „Wer sind wir eigentlich heute?“ Dabei ist Pluralisierung nicht nur mit Migration verbunden, sondern auch mit Klasse, mit Geschlechterpluralität und ebenso mit der Pluralität politischer Positionen. In diesem Zusammenhang möchte ich ein Zitat von Hannah Arendt aus ihrer „Vita Activa“ (1960) anführen: „Nur wo Dinge, ohne ihre Identität zu verlieren,

DEUTSCH B2
SIE HABEN GESAGT, ES GÄBE AUFSTIEGS-CHANCEN & BILDUNG FÜR UNS IN DEUTSCHLAND
GERMANY
IN WIRKLICHKEIT HAT MAN DIESE NUR, WENN MAN NICHT MURAT HEIẞT ODER KEIN KOPFTUCH TRÄGT
REINIGUNGS-KRAFT
POLIZIST:IN
LEHRER:IN
FLEISCHER:IN
MAX
MURAT
MAMA, WARUM BEKOMMT MAX FÜR DIE GLEICHE SCHULLEISTUNG BESSERE NOTEN?
2+
3-
REINE ILLUSION DIESES GRUND-GESETZ
FACHKRÄFTE BRAUCHEN? JA!
DEUTSCHE ARBEIT-GEBER
NAIKA FOROUTAN

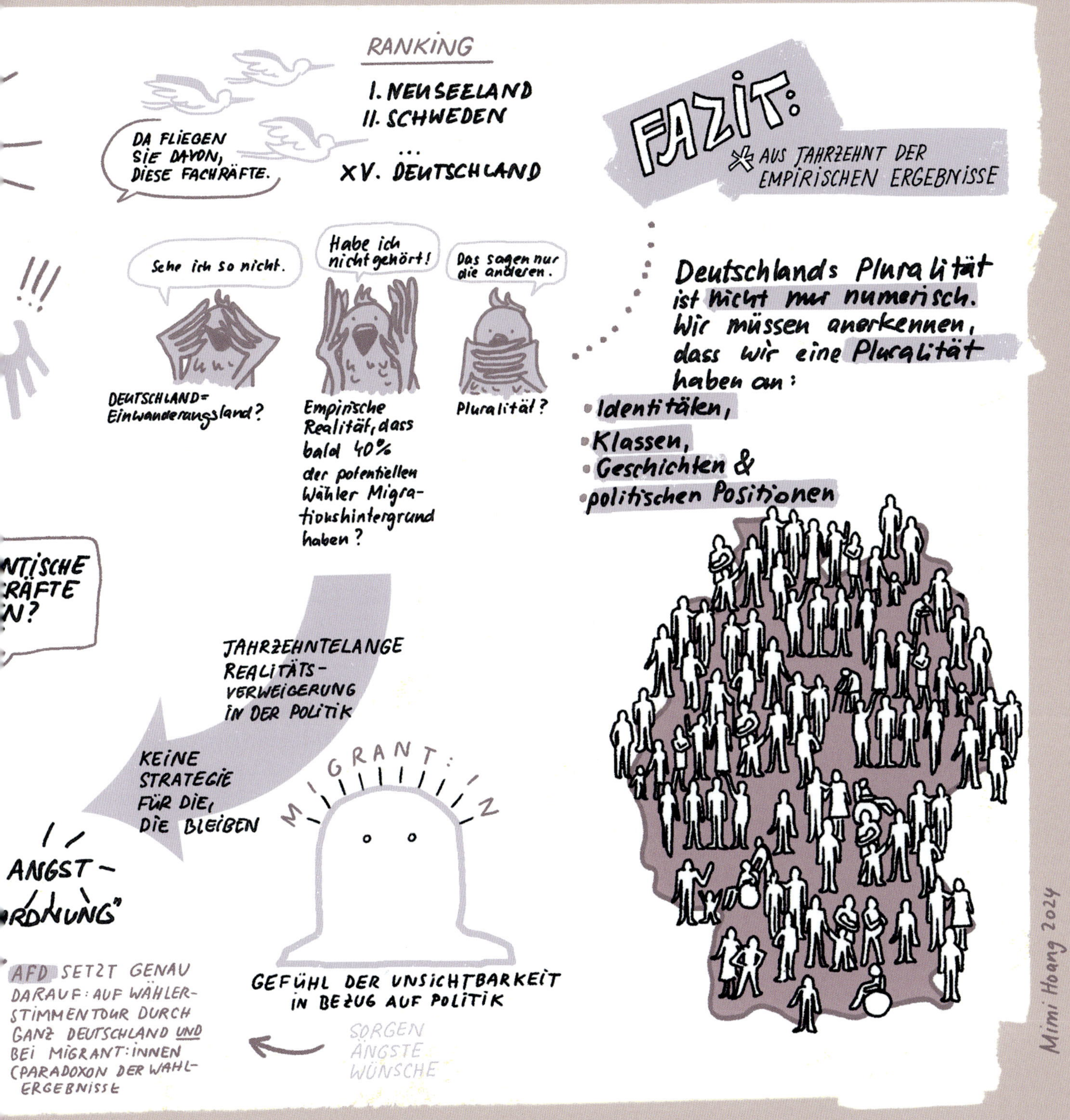
RANKING
I. NEUSEELAND
II. SCHWEDEN
...
XV. DEUTSCHLAND
DA FLIEGEN SIE DAVON, DIESE FACHRÄFTE.
!!!
Sehe ich so nicht.
Habe ich nicht gehört!
Das sagen nur die anderen.
DEUTSCHLAND= Einwanderungsland?
Empirische Realität, dass bald 40% der potentiellen Wähler Migrationshintergrund haben?
Pluralität?
NTISCHE
RÄFTE
N?
JAHRZEHNTELANGE REALITÄTS-VERWEIGERUNG IN DER POLITIK
KEINE STRATEGIE FÜR DIE, DIE BLEIBEN
„ANGST-
RDNUNG"
MIGRANT:IN
GEFÜHL DER UNSICHTBARKEIT IN BEZUG AUF POLITIK
AFD SETZT GENAU DARAUF: AUF WÄHLER-STIMMENTOUR DURCH GANZ DEUTSCHLAND UND BEI MIGRANT:INNEN (PARADOXON DER WAHL-ERGEBNISSE
SORGEN
ÄNGSTE
WÜNSCHE
FAZIT:
AUS JAHRZEHNT DER EMPIRISCHEN ERGEBNISSE
Deutschlands Pluralität ist nicht nur numerisch. Wir müssen anerkennen, dass wir eine Pluralität haben an:
• Identitäten,
• Klassen,
• Geschichten &
• politischen Positionen
Mimi Hoang 2024

von vielen in einer Vielfalt von Perspektiven erblickt werden, kann die menschliche Pluralität eigentlich in Erscheinung treten." Für Arendt ist es von zentraler Bedeutung, „daß die um sie Versammelten wissen, daß ein Selbes sich ihnen in äußerster Verschiedenheit darbietet". Arendt plädiert also für eine radikale Pluralität, für den Blick auf jede Person im Einzelnen und nicht als Gruppe, denn „sprechend und handelnd unterscheiden sich Menschen aktiv voneinander, anstatt lediglich verschieden zu sein". Arendts Gedanken laden uns dazu ein, die Frage nach Assimilation neu zu stellen. Wenn sie der Überzeugung ist, dass das unterschiedliche Sprechen und Handeln „die Modi, in denen sich das Menschsein selbst offenbart", seien, dann kann sie nicht an Anpassung, Verlust der eigenen Sprache und Unsichtbarwerdung der eigenen kulturellen Praxis und Religion gedacht haben. Ich führe das an, um zu zeigen, dass Kritik an Assimilation tief im philosophischen Denken verankert ist.

Pluralität ist also nicht nur eine numerische, sondern auch eine normative Frage. Gleichzeitig sehen wir, dass Pluralität bei einem nicht unwesentlichen Teil der Menschen Angst auslöst. Wir haben dies vor einiger Zeit am Deutschen Zentrum für Integrations- und Migrationsforschung (DeZIM) empirisch erfasst und versucht, eine Art generalisierte Pluralitätsangst unabhängig von Migration zu messen. Mit Aussagen wie: „Es nervt mich, dass Supermärkte jeden Ernährungstrend mitmachen", oder: „Es sollte nicht mehr als zwei Geschlechter geben." Wir sind zu dem Ergebnis gekommen, dass ungefähr ein Drittel grundsätzlich ein Unbehagen mit Pluralität hat – relativ unabhängig davon, ob es sich um Migration handelt oder nicht (Wölfer/Foroutan 2022). Außerdem konnten wir feststellen, dass diejenigen, die eine generalisierte Pluralitätsangst haben, häufiger auch migrationsfeindlich sind. Die Ergebnisse haben gezeigt, dass Migration vor allen Dingen mit sichtbarer Pluralisierung verbunden wird. Pluralisierung wird mit Unordnung verbunden. Wenn man hier also einen Dreischritt gehen würde, dann ist Migration so etwas wie ein Synonym für Unordnung, und Unordnung löst Ambivalenz und Unbehagen aus.

In meinem Buch zur postmigrantischen Gesellschaft habe ich untersucht, warum Migration häufig als Stellvertreter für Pluralität betrachtet wird, obwohl gleichzeitig zahlreiche andere Formen von Diversität wie Geschlecht, sexuelle Orientierung, Religion und soziale Schicht existieren (Foroutan 2019). All diese Faktoren definieren gleichzeitig eine plurale Gesellschaftsordnung. In qualitativen und quantitativen Analysen zeigt sich, dass Migration subjektiv oft als Ausgangspunkt für Heterogenisierung wahrgenommen wird. Dies geschieht, obwohl historische Rückblicke, etwa auf die deutsche Geschichte im Jahr 1848, zeigen, dass Deutschland von Beginn an eine hochplurale, multikulturelle, multireligiöse und mehrsprachige Gemeinschaft war. Diese Vielfalt ist keine neue Erzählung einer modernen, urbanen Elite, sondern war bereits im Gründungsmoment des deutschen Staates vorhanden.

Dennoch bleibt die Tatsache bestehen, dass Pluralität eine Herausforderung für demokratische Gesellschaften darstellt. Sie erschwert das Versprechen der Gleichheit, da immer mehr soziale Gruppen gleiche Rechte für sich einfordern. Sie stellt hohe Anforderungen an das Konzept der Freiheit, da mehr Menschen Anerkennung für ihre individuelle Entfaltung verlangen. Für viele entsteht dadurch das Gefühl, dass ihre Sicherheit bedroht ist, weil immer mehr Privilegien in bislang homogenen Räumen infrage gestellt werden.

Das Versprechen der Gleichheit – Widersprüchlichkeit und Ambivalenz

Ich habe eben schon angedeutet: Pluralität und Parität sind nicht etwas, das erst mit Migration nach Deutschland gekommen ist, sondern sie sind in der Gründungsgeschichte Deutschlands und im deutschen Grundgesetz verankert. „Alle Menschen sind gleich vor dem Gesetz", sagt Artikel drei. Aber auch in der Religionsfreiheit, in der Würde des Menschen, in der Meinungsfreiheit – überall ist die Frage der Pluralität im Grundgesetz eingeschrieben. Wir haben es also mit einem großen Versprechen der Gleichheit in einer pluralen Demokratie zu tun, das auch noch normativ in der Verfassung bzw. im Grundgesetz angelegt ist. Dieses Versprechen feierte 2024 75 Jahre Bestehen und gleichzeitig blicken wir auf eine empirische Realität, die sehr stark von Ungleichheit geprägt ist.

Seit Jahren gibt es Zahlen, die nachweisen, dass dieses große Versprechen der Gleichheit sich täglich in der Lebenswelt von Migrant:innen bricht, und nicht nur dort. Auch Alleinerziehende, Ostdeutsche, Arbeiter:innen oder Kinder gehören zu den Gruppen, die überproportional von Armut oder Desintegration betroffen sind. Sowohl strukturell als auch in der Teilhabe an der großen Erzählung von Gleichheit und Gerechtigkeit, Teilhabe durch Integration oder Aufstieg durch Bildung. Die zentralen Versprechen unserer Gesellschaft wirken für viele Menschen so, als seien sie hohl. Dies gilt für Migrant:innen und ihre Nachkommen manchmal auch dort, wo wir versuchen, vermeintlich gerecht zu sein. So gibt es beispielsweise im Bildungsbereich Studien, die nachgewiesen haben, dass bei gleicher Leistung ungleiche Noten vergeben werden, wenn die Kinder unterschiedlich heißen (Bonefeld/Dickhäuser 2018). Diese Befunde gibt es für alle möglichen Korrespondenzstudien – besonders beim Zugang zum Arbeitsmarkt (Veit/Arikan 2023). Dort, wo gleiche Bewerbungen eingeschickt werden, aber nur der Name variiert oder ein Kopftuch getragen wird, und sogar bei Outperformer-Leistungen: Sobald das Kopftuch da ist, wird die Leistung weniger gewertet, die Personen haben geringere Einladungsquoten (Weichselbaumer 2016). All diese empirischen Befunde zeigen eine tiefe strukturelle Ungleichheit, die im Widerspruch zum großen Versprechen der Gleichheit steht.

Zugleich konnten wir in unserem Rassismus-Monitor, den wir am DeZIM jährlich erheben, nachweisen, dass eine überwältigende Mehrheit der Bevölkerung Rassismus in Deutschland erkennt (Foroutan u. a. 2022). 90 Prozent der Bevölkerung sind der Meinung, dass es Rassismus in Deutschland gibt. 65 Prozent sind der Meinung, dass es Alltagsrassismus und rassistische Diskriminierung in Behörden gibt. Dass wir grundsätzlich in einer rassistischen Gesellschaft leben, finden 50 Prozent. Dies spricht dafür, dass strukturelle und institutionelle Formen von Rassismus sehr wohl reflektiert werden. Die Ergebnisse zeigen aber auch: Wenn es um jüdische oder um schwarze Menschen geht, wird sehr viel stärker erkannt, dass etwas rassistisch ist oder antisemitisch. Sobald es aber um andere Gruppen geht, ganz spezifisch um Muslime oder Sinti und Roma, wird bei demselben Faktor, zum Beispiel jemanden nicht einzustellen in der Apotheke, die Wohnung nicht zu geben oder in der Schule das Kind nicht aufzunehmen, seltener erkannt, dass es sich hierbei um Rassismus handelt. Es gibt also tatsächlich so etwas wie rassistische Hierarchien, über die es sich lohnen würde, in einem nächsten Schritt weiter nachzudenken.

Fazit: Was bedeutet diese Ambivalenz für uns als Gesellschaft?

Wir stehen vor einem großen Mismatch, und das ist im Moment die größte Ambivalenz: ein Mismatch zwischen Migrationsbedarfen und Migrationsabwehr. Es wird zunehmend betont, dass viele Arbeitskräfte benötigt werden und dass Unternehmen Schwierigkeiten haben, genügend Fachkräfte zu finden. Im Jahr 2023 blieben nahezu zwei Millionen Ausbildungsplätze unbesetzt (Fitzenberger/Leber/Schwengler 2024). Zudem wird prognostiziert, dass bis zum nächsten Jahrzehnt etwa 30 Prozent der Arbeitskräfte in Rente gehen und bis 2036 mehr als die Hälfte der Beschäftigten in der öffentlichen Verwaltung in den Ruhestand treten wird (Baumann u. a. 2019, S. 7). Diese Entwicklungen schaffen einen enormen Druck, insbesondere auf mittelständische Unternehmen in Branchen wie der Gastronomie und im öffentlichen Verkehrssektor, die händeringend nach Arbeitskräften suchen. Gleichzeitig ist die Stimmung in Bezug auf Migration so negativ wie seit Jahren nicht mehr.

Gedanklich möchte ich den Faktor Remigration daher nochmal anders in den Raum stellen: Was wäre, wenn künftig kaum jemand käme – wir tatsächlich geschlossene Grenzen und nur noch EU-Migration hätten? Oder was wäre, wenn all jene Migrant:innen, die die AfD remigrieren möchte, tatsächlich weggingen? Höcke spricht von einer „Afrikanisierung, Orientalisierung und Islamisierung“, der sich die AfD widersetzen wolle, gemeint sind Migrant:innen aus Afrika, dem Nahen und Mittleren Osten und Süd-Ost-Asien – also mehrere Millionen. Aktuelle Erhebungen zeigen einen kontinuierlichen Anstieg der Menschen, die den Wunsch äußern auszuwandern (Zajak u. a. 2024). Dies bedeutet nicht zwangsläufig, dass sie tatsächlich gehen, aber die Zahlen sind höher als je zuvor. Verschiedene Studien belegen bereits, dass Deutschland für ausländische Fachkräfte zunehmend unattraktiv wird. Im Vergleich innerhalb der OECD ist Deutschland das Land, aus dem Migrant:innen mit am schnellsten wieder auswandern (OECD 2024). Sollte sich die politische Situation nicht ändern, könnte sich diese Tendenz weiter verschärfen. Dann würde Deutschland seinen sozialen und ökonomischen Status nicht mehr aufrechterhalten können.

Ich schließe mit einem Zitat von Hannah Arendt, die sagt: „Versprechen sind Inseln des Voraussehbaren und Wegweiser in ein noch unbekanntes und unbegangenes Gebiet. Sobald Versprechen aufhören, solchen Inseln in einem Meer der Ungewissheit zu gleichen, verlieren sie ihre bindende Kraft und heben sich selbst auf." Und die Frage, die wir uns stellen müssen, ist: Wie sehr gilt das Versprechen, das im Grundgesetz unter Artikel drei verankert ist – die Gleichheit aller Menschen vor dem Gesetz – heutzutage noch? Und was passiert, wenn immer mehr Menschen an dieses Versprechen nicht mehr glauben? Hebt sich dann, 75 Jahre nach seiner Gründung, das Grundgesetz als bindende Kraft auf? Um Demokratien zu erhalten, müssen die Menschen an die bindende Kraft ihrer Institutionen glauben – aber auch an die bindende Kraft ihrer Großerzählung.

Literatur

Arendt, Hannah: Vita activa oder Vom tätigen Leben, Stuttgart 1960.

Baumann, Anne-Luise u. a.: Ein Zeitfenster für Vielfalt. Chancen für die interkulturelle Öffnung der Verwaltung, Bonn 2019.

Bonefeld, Meike/Dickhäuser, Oliver: (Biased) grading of students' performance: Students' names, performance level and implicit attitudes, in: Frontiers in Psychology, 9, 481 (2018), S. 1–13.

Destatis: Mikrozensus 2023; Tabelle 12211-52: Bevölkerung insgesamt im Jahr 2023 nach Migrationsstatus und Einzelaltersjahren, 2024, https://www.destatis.de/DE/Methoden/Qualitaet/Qualitaetsberichte/Bevoelkerung/mikrozensus-2023.pdf?__blob=publicationFile&v=6 (20.05.2025).

Destatis: 24,3 % der Bevölkerung hatten 2022 eine Einwanderungsgeschichte, 20.04.2023, https://www.destatis.de/DE/Presse/Pressemitteilungen/2023/04/PD23_158_125.html (30.09.2024).

Fitzenberger, Bernd/Leber, Ute/Schwengler, Barbara (Hg.): IAB-Betriebspanel. Rekordhoch beim Anteil der unbesetzten Ausbildungsstellen, in: IAB-Kurzbericht, 16, Nürnberg 2024.

Foroutan, Naika: Die postmigrantische Gesellschaft. Ein Versprechen der pluralen Demokratie, Bielefeld 2019.

Foroutan u. a.: Rassistische Realitäten. Wie setzt sich Deutschland mit Rassismus auseinander?, Berlin 2022, https://www.dezim-institut.de/fileadmin/user_upload/Demo_FIS/publikation_pdf/FA-5331.pdf (20.05.2025).

OECD: Der Weg nach Deutschland. Online verfügbar unter, 2024, https://migrant-integration.ec.europa.eu/library-document/oecd-studie-der-weg-nach-deutschland_de (30.09.2024).

Veit, Susanne/Zühal, Arikan: Diskriminierung auf dem Arbeitsmarkt, in: Albert Scherr/Anna Cornelia Reinhardt, Aladin El-Mafaalani (Hg): Handbuch Diskriminierung, Wiesbaden 2023, S. 279–296.

Weichselbaumer, Doris: Discrimination against Female Migrants Wearing Headscarves, in: Industrial and Labor Relations Review, 73, 3 (2020), S. 600–627.

Wölfer, Ralf/Foroutan, Naika: Plurality resistance: Effects on intergroup relations and the mediating role of stereotypes, in: International Journal of Intercultural Relations, 87 (2022), S. 42–50.

Wüst, Andreas M.: Politische Präferenzen von Menschen mit Migrationshintergrund, 28.11.2022, https://www.bpb.de/themen/migration-integration/kurzdossiers/515078/politische-praeferenzen-von-menschen-mit-migrationshintergrund/ (21.05.2025).

Zajak, Sabrina u. a.: Ablehnung, Angst und Abwanderungspläne. Die gesellschaftlichen Folgen des Aufstiegs der AfD, Berlin 2024.

Panelrunde 1

ANALYSEN:

Tiefenströmungen unter der rechten Welle

Antisemitismus vor und nach dem „7. Oktober"

Rassistische Gewalt in Sachsen-Anhalt

Tiefenströmungen unter der rechten Welle

Nikolas Dietze

Rechtsextreme Einstellungen nehmen in Deutschland wieder zu, so eine der zentralen Aussage der Leipziger Autoritarismus-Studie (Decker u. a. 2024): Nachdem über mehrere Jahre der Anteil derer mit einem geschlossen rechtsextremen Weltbild zurückgegangen war, wurde 2024 sowohl in Ost- als auch in Westdeutschland erstmals wieder ein Anstieg verzeichnet. Parallel dazu nimmt die Demokratiezufriedenheit ab. Während in Westdeutschland nur noch 45,5 Prozent und in Ostdeutschland 29,7 Prozent mit dem aktuellen Funktionieren der Demokratie in Deutschland zufrieden sind, wünschen sich bundesweit 17,6 Prozent „eine einzige starke Partei, die die Volksgemeinschaft insgesamt verkörpert" (ebd., S. 38). In den ostdeutschen Bundesländern ist der Anteil von Menschen mit einem geschlossen rechtsextremen Weltbild in Sachsen-Anhalt mit 11,6 Prozent am höchsten und nahezu doppelt so hoch wie in Sachsen, Brandenburg oder Mecklenburg-Vorpommern (Decker/Kiess/Brähler 2023). Die Zufriedenheit mit der Demokratie fällt im Vergleich zu den anderen ostdeutschen Bundesländern in Sachsen-Anhalt deutlich geringer aus (ebd.). Während dieser Blick auf die Ebene der politischen Einstellungen, die Zuspitzungen und komplexen Herausforderungen für die Lage der Demokratie im Bundesland klar unterstreicht, klaffen in der Ursachenforschung – insbesondere mit Blick auf regionale Spezifika und moderne Erscheinungsformen – große Lücken. Das Panel *Tiefenströmungen unter der rechten Welle* hat anhand von vier Impulsen, vorgetragen durch Ayline Heller, Florian Spissinger, Benjamin Kerst und Nikolas Dietze, sozialpsychologische, affektive und sozialräumliche Ursachen für das Erstarken der äußersten Rechten miteinander und gemeinsam mit den Tagungsteilnehmenden über Gegenstrategien diskutiert.

Die Mechanismen hinter dem Erstarken der äußersten Rechten

Ayline Heller lieferte mit ihrem Input einen Überblick über die Langzeiterhebung der Leipziger Autoritarismus-Studie, die seit 2002 beständig die Verbreitung rechtsextremer und autoritärer Einstellungen auch und gerade in der Mitte der Gesellschaft erfasst. Ihr Zugang stellt vor allem das Konzept des Autoritarismus und dessen Weiterentwicklung in den Vordergrund. Dieses Konzept wird als Grundlage für verschiedene Formen von Vorurteilen gesehen, die sich in unterschiedlichen Einstellungen und Verhaltensweisen manifestieren, die sich wiederum durch gesellschaftliche Krisen und Unsicherheiten verstärken können. Vor allem autoritär geprägte Individuen neigen zur Komplexreduktion, womit die Tendenz zum Ausdruck gebracht wird, schwierige Zusammenhänge zu vereinfachen. Widersprüche und Mehrdeutigkeiten können kaum ausgehalten werden, stattdessen werden einfache Einteilungen in Kategorien wie „gut" und „böse", „oben" und „unten" vorgenommen. Heller bezieht sich dabei auf die Sozialpsychologin Else Frenkel-Brunswik, die dies als eine mangelnde Ambiguitätstoleranz beschreibt, die häufig mit dem Verlangen einhergeht, sich einer Führungsfigur zu unterwerfen, die eben diese Kategorien bespielt (Adorno u. a. 1950). Negative Affekte wie Wut, Aggression oder Neid werden auf eine Außengruppe projiziert und das einzelne Individuum geht in einer sich diesen Idealen unterordnenden Masse auf, die das gleiche Feindbild eint. Heller versinnbildlicht dies durch den Begriff des Radfahrersyndroms, wodurch eine Person beschrieben wird, die nach oben, gegenüber Autoritäten, „buckelt" und gegenüber Minderheiten nach unten tritt. Florian Spissingers ethnografische Untersuchung knüpfte daran an, indem diese die einflussreiche emotionale Strategie der AfD beleuchtet. Diese Partei mobilisiert ihre Anhänger:innen durch den Wechsel zwischen Untergangsszenarien und Rettungsversprechen. Das Konzept der „Gefühlsgemeinschaft" verdeutlicht, wie rechte Erzählungen Kritik umdeuten, indem sie diese als Beleg für eine vermeintliche „links-grüne Meinungsdiktatur" darstellen. Gleichzeitig erzeugt die AfD das Empfinden einer demokratischen Befreiungsbewegung, die ihre Anhänger:innen als Teil einer widerständigen Elite positioniert.

Benjamin Kerst erweiterte die Perspektive durch klimawandelbezogene Tiefenströmungen. Seine quantitativen Daten zeigen, dass junge Menschen, die den Klimawandel als ernstes Problem wahrnehmen, weniger anfällig für rechtsextreme Narrative sind. Negative Gefühle wie Wut oder Angst über Umweltprobleme korrelieren mit einer Ablehnung der AfD, während klimawandelskeptische Einstellungen häufiger mit Sympathien für die Partei verbunden sind.

Nikolas Dietze lenkt die Aufmerksamkeit auf kommunale Dynamiken. Anhand der Fallbeispiele Bitterfeld-Wolfen und Raguhn-Jeßnitz wird diskutiert, wie die AfD auf lokaler Ebene gezielt Normalisierungsstrategien verfolgt. Durch die Inszenierung einer scheinbar pragmatischen Sachpolitik, wie im Fall des AfD-Bürgermeisters Hannes Loth, wird die Partei als handlungsfähige und legitime Alternative dargestellt, wodurch antidemokratische Tendenzen verschleiert werden. Gleichzeitig zeigt sich, dass breit aufgestellte zivilgesellschaftliche Bündnisarbeit durchaus in der Lage ist, Wahlerfolge der AfD zu verhindern.

Gemeinsame Diskussion über Gegenstrategien

Die Inputs der Panelist:innen unterstreichen die Vielschichtigkeit der Ursachen für das Erstarken der äußersten Rechten. Autoritäre Dynamiken, emotionale Mobilisierung und sozialräumliche Faktoren greifen ineinander. Gleichzeitig bieten sie Ansatzpunkte für Gegenstrategien, die in der anschließenden gemeinsamen Diskussion von Zuhörenden und Vortragenden deutlich wurden. Der Erhalt und Ausbau sozialer und kultureller Infrastruktur sowie die Anpassung ungleicher Lebensverhältnisse und die sukzessive (finanzielle) Unterstützung demokratischer Strukturen können echte Teilhabemöglichkeiten schaffen und tragen dazu bei, sozioökonomische Ungleichheiten zu verringern. Dies kann autoritären Dynamiken entgegenwirken und die Demokratie resilienter machen. Auch auf die erfolgreichen Potenziale zivilgesellschaftlicher Mobilisierung und Vernetzung wurde in der Diskussion hingewiesen. Neben kurzfristigen Perspektiven wurde zusammen auch über den mittel- und langfristigen Umgang mit der AfD beraten. Die Ambiguitäten zwischen einer zunehmenden Rechtsradikalisierung der Partei auf Bundes- und Landesebene sowie einer auf lokaler Ebene inszenierten Darstellung als sachpolitisch orientierten Kümmererpartei, können Irritationen hervorrufen. Praxispartner:innen verweisen an dieser Stelle in der Diskussion auf die Bedeutung einer verstetigten, sattelfesten und präsent in Erscheinung tretenden demokratischen Alltagskultur, teilen zeitgleich aber auch ihr Empfinden nach teilweiser Machtlosigkeit und dem Eindruck, nicht gehört zu werden. In diesem Zusammenhang wurde auf den Erfolg niedrigschwelliger Beteiligungsprojekte verwiesen, die eine entscheidende Rolle bei der Stärkung einer demokratischen Alltagskultur spielen. Vor allem das Entwickeln narrativer Gegenangebote und ein eigenes Agenda-Setting wird durch praxisnahe Stimmen in der Diskussion als Schlüsselzugang angesehen, um eine nachhaltige demokratische Praxis zu etablieren, die die Deutungshoheit über gesellschaftliche Themen nicht der AfD überlässt und die Vormachtsansprüche der Partei erfolgreich hinterfragen lässt.

Die wirkmächtige Gefühlsarbeit der AfD

Florian Spissinger

Die extreme Rechte prägt die Gesellschaft nicht erst, wenn sie regiert und Gesetze erlässt. Sie nimmt schon längst und durchaus gezielt Einfluss auf das Denken und Fühlen der Menschen. Die AfD und ihr neurechtes Umfeld verbreiten seit Jahren Narrative etwa vom „Bevölkerungsaustausch" oder einer „linken Meinungsdiktatur", platzieren Begriffe wie „Klimawahn", „Gender-Ideologie" oder „Remigration" und versuchen so den gesellschaftlichen Diskurs zu verschieben. Die sogenannte „Neue Rechte" bezeichnet diese außerparlamentarische Strategie als „Metapolitik". Dabei geht es immer auch um die „Prägung alltäglicher Gefühlswelten und emotionaler Haltungen", wie der Medienwissenschaftler Simon Strick (2021, S. 80) mit Blick auf den rechten Kulturkampf im digitalen Raum zeigt.

In meiner ethnografischen Studie zur „Gefühlsgemeinschaft der AfD" (Spissinger 2024) bin ich der Frage nachgegangen, wie es der AfD gelingt, dass sich ihre Unterstützer*innen und Sympathisant*innen bei einer für viele andere Menschen abstoßenden Gemeinschaft wohlfühlen und am richtigen Platz sehen. Für meine Forschung war ich 2019 bei Vortragsveranstaltungen, Stammtischen und an Wahlkampfständen der AfD. Ich habe die Reden und Reaktionen im Publikum studiert, mich den Stimmungen, Interaktionen und Narrativen ausgesetzt und mit rund vierzig AfD-Anhänger*innen gesprochen. Zudem habe ich AfD-Flyer und Wahlwerbespots sowie Beiträge aus neurechten Zeitschriften in die affektsensible Analyse einbezogen. Meine Forschung zeigt, wie die *Gefühlsarbeit* der AfD funktioniert und weshalb die erzeugte *Gefühlswelt* für ihre Anhänger*innen so antreibend und attraktiv ist. Entlang von drei Thesen fasse ich zentrale Ergebnisse zusammen.

1 Die AfD betreibt eine ambivalente Gefühlsarbeit

Für die permanente Mobilisierung der Anhänger*innen ist die ambivalente Gefühlsarbeit der AfD entscheidend. Sie erzeugt eine Gefühlswelt im Spannungsfeld von (a) Untergang und Rettung sowie von (b) Unterdrückung und Befreiung.

a) Die AfD und ihr neurechtes Umfeld verbreiten Untergangserzählungen und entwerfen bedrohliche Zukünfte, die bei den Anhänger*innen massiven Handlungsdruck erzeugen: „Islamisierung", „Großer Austausch", „ethnische Bürgerkriege" sind dafür die einschlägigen antimigrantischen Formeln; „Öko-Diktatur", „systematische Deindustrialisierung", „Blackout-Gefahr" sind antiklimapolitische Varianten, die ebenfalls seit Jahren kursieren. Die neurechten Untergangsnarrative verdichten sich zu einer Gefühlswelt, die das alltägliche Erleben prägt. Döner-Imbisse, kinderlose Paare, Lastenfahrräder, vegane Produkte und vieles mehr können dann als Symptome eines nationalen Niedergangs erscheinen. Wer sich in der neurechten Gefühlswelt bewegt, findet so permanent die Bestätigung dafür, dass die Politik der „Altparteien" Deutschland zerstöre und die Zukunft „der Deutschen" in Gefahr sei. Die Verbreitung von Bedrohungs- und Untergangsnarrativen sollte dennoch nicht auf Angstpolitik reduziert werden. Schließlich inszeniert sich die AfD dabei zugleich als „letzte Rettung". Wer die Partei unterstützt, kann sich dann als Teil einer „Widerstandsgemeinschaft" gegen die imaginierte Zerstörung Deutschlands, als Hoffnungsträger*in und gar als Zukunftsgestalter*in sehen. Der Einsatz für die AfD kann sich dadurch gar konstruktiv und progressiv anfühlen.

b) Die gegenwärtige Rechte arbeitet außerdem intensiv am Gefühl einer totalitären Gesellschaft: „links-grüne Meinungsdiktatur", „Political Correctness", „Wokeness", „Cancel Culture", „Faschismus-Keule", „AfD-Bashing" usw. sind dafür die einschlägigen Formeln. AfD-Unterstützer*innen verstehen sich dementsprechend als „Unterdrückte" und „politisch Verfolgte". Sie sehen ihre Partei nicht als Subjekt, sondern als Objekt von Hass- und Angstkampagnen. Dabei geht es jedoch nicht einfach um das Verharren in einer gefühlten Opferposition. Vielmehr lässt sich, ausgehend von der Gefühlsposition als „Unterdrückte", der Einsatz für die AfD wie eine mutige und rebellische Befreiung aus politischen und moralischen Zwängen der imaginierten „Meinungsdiktatur" erleben. Man sieht und fühlt sich in der AfD-Gemeinschaft dementsprechend als letzte Verteidiger*innen von „Demokratie" und „Wahrheit". In ihren Augen verbreiten AfD-Unterstützer*innen etwa am Wahlkampfstand auch keine rassistische Propaganda, sondern leisten wichtige „Aufklärungsarbeit" in einer Welt von medial indoktrinierten „Schlafschafen". In ihrer Gefühlswelt sind sie besonders politik- und medienkompetent. Sie sehen sich als kritische Bürger*innen, die sich nicht „verblenden" lassen und die „Lügen des Mainstreams" durchschauen. Sie halten sich für Freidenker*innen in einem totalitären Politik- und Mediensystem. Bei der AfD-Gemeinschaft kann man sich folglich als Teil einer demokratischen Befreiungsbewegung fühlen.

Die gängige Vorstellung von „negativer" Gefühlspolitik – etwa vom „Ängste schüren" – greift zu kurz. Sie verpasst nicht bloß die „positiven", die angenehmen und aufwertenden Identitäts- und Gefühlsangebote für AfD-Sympathisant*innen. Sie übersieht auch die *ambivalente* Gefühlsarbeit und deren mobilisierende Wirkung. Die AfD entwirft Untergangsszenarien *und* verbreitet Optimismus, sie vermittelt Unterdrückungsgefühle *und* verspricht Befreiung, sie lässt ihre Anhänger*innen verzweifeln *und* macht ihnen Mut. In diesen gefühlspolitischen Spannungsfeldern entstehen der rechte Antrieb und das Gefühl, bei der AfD am richtigen Ort zu sein.

2 Die neurechte Gefühlswelt immunisiert gegen Kritik

Die Warnhinweise vor der AfD sind über die Jahre der Radikalisierung der Partei immer deutlicher geworden. Doch selbst die behördliche Einstufung mehrerer Landesverbände als „gesichert rechtsextrem" sowie die gerichtliche Bestätigung der Gesamtpartei als „rechtsextremistischer Verdachtsfall" (Mai 2024 am OVG Münster) stand den jüngsten Wahlerfolgen der AfD nicht im Weg. Überzeugte Anhänger*innen werden von Warnungen und Einwänden nicht irritiert oder gar umgestimmt. Meine Untersuchung legt nahe, dass ein gefühlsweltliches Deutungsraster, wie es die AfD bereitstellt, gegenüber Kritik immunisiert.

Entscheidend dafür ist der Eindruck, in einer „linken Meinungsdiktatur" zu leben. Denn aus dieser Weltsicht heraus lässt sich Kritik an der AfD und ihren Wähler*innen leicht als „antidemokratische Zensur" bzw. als Unterdrückung „unbequemer Wahrheiten" einordnen und so direkt abblocken. In der neurechten Gefühlswelt werden Verfassungsschutzgutachten zum Symptom eines totalitären Unterdrückungssystems umgedeutet. Wer davon ausgeht, dass die „Mainstream-Medien" politische Propaganda betreiben, kann kritische Berichterstattung stets als „Lüge", „Manipulation" und „Ideologie" auffassen. Und selbst der gut gemeinte kritische Einwand aus dem privaten Umfeld erzeugt keinen Zweifel mehr, wo er als „Desinformation" von medial verblendeten „Schlafschafen" erscheint.

In einer Weltsicht, in der Kritik zum Beweis dafür wird, in einer ideologisch geprägten und totalitären Gesellschaft zu leben, bestätigt sie lediglich das Gefühl, mit der AfD „Demokratie", „Freiheit" und „Wahrheit" zu verteidigen.

3 Rechte Gefühle und Identitäten werden trainiert

Die von der AfD und ihrem Umfeld verbreitete Gefühlswelt wird bei rechten Zusammenkünften weiter normalisiert und verfestigt. So konnte ich bei AfD-Veranstaltungen wiederkehrend spöttisches Gelächter und kollektives Schimpfen etwa über Geflüchtete, Klimaaktivist*innen oder auch „die Altparteien", „die Grünen" und „die Medien" beobachten. Solche Praktiken verstehe ich als ein *neurechtes Identitäts- und Gefühlstraining*. Damit meine ich, dass in rechten Räumen geteilte Selbstverständnisse und Gefühle aktualisiert, eingeübt und intensiviert werden. Das gemeinsame Schimpfen und Spotten wirkt identitätsstiftend, verbindend und ermächtigend. Es vertieft zugleich den Graben zur Welt des verachteten und verlachten „Mainstreams".

Die Funktionsweise des Spotts zeigt sich etwa in den Reden bei AfD-Veranstaltungen. Ob beim Thema Klimaschutz, geschlechtergerechte Sprache oder Asyl-

politik, die mitunter spöttischen Ausführungen der Redner*innen zielen stets darauf ab, dem Publikum vorzuführen, wie „abgehoben" und „realitätsfern" die anderen Parteien und wie „verblendet" und „ideologisiert" deren Anhänger*innen seien. Im kollektiven Gelächter erheben sich die versammelten AfD-Anhänger*innen dann über diejenigen, die sie für naive „Gutmenschen" und desinformierte „Schlafschafe" halten und bestätigen sich damit selbst, im „aufgeklärten Widerstand" zu sein.
Trainingsgelegenheiten für rechte Gefühle und Identitäten gibt es nicht nur bei AfD-Veranstaltungen, sondern ebenso in den sozialen Medien oder im privaten Raum: letztlich überall dort, wo Gleichgesinnte zusammenkommen. Die Gefühlstrainings tragen dazu bei, dass AfD-Anhänger*innen ihre Ansichten für richtig und clever halten und sich über Warnungen vor der AfD mit einem überlegenen Grinsen hinwegsetzen können.

Fazit

Die extreme Rechte ist Geschichtenerzählerin, Gefühlsarbeiterin und Deutungsgeberin (vgl. Strick 2021; Schilk 2024; Spissinger 2024). Ich halte es daher für verkürzt, rechte Zustimmung geradlinig aus gesellschaftlichen Ereignissen, Krisen und Veränderungen (Globalisierung, Liberalisierung, Migration etc.) abzuleiten. Rechte Gefühle sind keine Reflexe, sondern Ausdruck „metapolitischer" Gefühlsarbeit. Erst mit dem entsprechenden Gefühls- und Deutungsraster wird aus Zuwanderung „Islamisierung", wird aus Klimaschutz der Weg in die „Öko-Diktatur" und aus Kritik an der AfD der gefühlte Beweis für eine „linke Meinungsdiktatur". Zugespitzt gesagt: Die neurechte Gefühlsgemeinschaft erzählt und entwirft die bedrohlichen Zukünfte und gefühlten Katastrophen selbst, an deren Horizont sie als Rettungs- und Hoffnungsprojekt erscheint. Die Vorstellung, die AfD hole bloß bestehende Gefühlslagen ab, greift daher zu kurz. Die Partei ist mehr als ein attraktives Gefühlsangebot für rechtsgerichtete Wähler*innen. Sie ist gesellschaftlich wirkmächtige Gefühlsarbeiterin und generiert selbst emotionale Nachfrage.
Die Gefühlsarbeit der AfD wirkt außerdem moralisch entlastend und bestärkend. Wer sich in die neurechte Gefühlswelt hineinbegeben hat, erlebt die politische Konkurrenz als „unterdrückerisch", „deutschlandfeindlich", „zerstörerisch", „ideologisch", „extremistisch" und „totalitär". Die AfD wird im Gegenzug zur Partei der „Freiheit" erhoben und rechtes Engagement zum mutigen Einsatz für „Demokratie" und „Wahrheit". Diese Gefühlswelt verteilt politische Legitimität um: Für Hass und Ausgrenzung, Lüge und Ideologie stehen immer alle anderen. Gefährlich und problematisch ist in dieser Weltsicht nie die AfD. Während die Politik- und Medienlandschaft des „Mainstreams" verdächtig und abstoßend erscheint, werden äußerst rechte Positionen mit angenehmen Gefühlen besetzt. Die Zielrichtung der gefühlspolitischen Verdrehungen – ob strategisch oder intuitiv verfolgt – ist folgende: Rechtssein soll sich überall in Deutschland unproblematisch und normal, gar moralisch richtig und gut anfühlen. Mancherorts ist es schon so weit.

Klimawandelbezogene Tiefenströmungen unter der rechten Welle

Benjamin Kerst

Die abnehmende Relevanz der Klimawandelthematik

Grundlage des folgenden Tagungsbeitrags sind ausgewählte Ergebnisse aus dem Forschungsprojekt „Rechtsextremismus in ökologischen Transformationsräumen" (RIOET).[1]

Ziel von RIOET ist es zu verstehen, wie der Klimawandel die politische Sozialisation von Jugendlichen und jungen Erwachsenen (16–27 Jahre) in Ost- und Westdeutschland beeinflusst, insbesondere hinsichtlich lokaler sozialökologischer Transformationsprozesse in Sachsen-Anhalt, Hessen und Nordrhein-Westfalen. Im Mittelpunkt standen dabei die Transformationsprozesse Kohleausstieg (LSA, NRW), die Energiewende am Beispiel von Windkraftanlagen (Hessen) und der Umgang mit dem Waldsterben im Harz (LSA). Damit einhergehend legt das Forschungsprojekt einen besonderen Schwerpunkt darauf zu untersuchen, wie junge Menschen auf äußerst rechte und verschwörungsideologische Narrative in Bezug auf den Klimawandel und die Klimapolitik reagieren.

Nach dem historischen Hitzesommer 2018 und Greta Thunbergs Entscheidung, einen Schulstreik zu beginnen, entstand eine beispiellose globale Klimaschutzbewegung, die vor allem von jungen Menschen getragen wurde und auch in Deutschland Millionen zu Protesten mobilisierte. Sechs Jahre später, nach Jahren der Pandemie, dem immer noch anhaltenden russischen Angriffskrieg und dessen negativen wirtschaftlichen Folgen, der erneuten Hochkonjunktur des Migrationsthemas, scheint das Thema in der BRD jedoch an gesellschaftlicher und politischer Relevanz verloren zu haben.

So spielte nur noch für 14 Prozent anstatt für 23 Prozent der Wähler*innen (Oberverwaltungsgericht Münster 2024) das Thema „Klima/Umwelt" die größte Rolle im Vergleich zur Europawahl 2019 (an erster Stelle stand das Thema „Friedenssicherung" mit 26 Prozent). Gleichzeitig musste die Partei Bündnis90/Die Grünen, als deren Kernthema der Klimaschutz gilt, im Vergleich zur vorherigen Wahl Verluste von über 8 Prozent verzeichnen (N. N. 2024c). Diese beliefen sich bei der Gruppe der 16- bis 24-Jährigen sogar auf 23 Prozent (Schwesinger 2024). Die AfD hingegen, die als einzige im Bundestag vertretene Fraktion die Energiewende und Klimaschutzpolitik vollständig ablehnt (AfD Bundesverband 2025, S. 77–80), kam bei dieser jungen Gruppe auf insgesamt 16 Prozent und konnte mit 11 Prozent die im Vergleich mit allen anderen Parteien stärksten Zuwächse seit 2019 für sich verbuchen (Schwesinger 2024).[2]

Einstellungen gegenüber dem Klimawandel

Trotz der beschriebenen abnehmenden Relevanz des Themas Klimawandel in der gesamten Gesellschaft und bei den jüngsten Wahlentscheidungen scheint die Thematik bei Jugendlichen und jungen Erwachsenen zum einen immer noch auf Interesse zu stoßen und zum anderen emotional aufgeladen zu sein.

Dies zeigen die Ergebnisse der quantitativen Onlineerhebung, die im Rahmen des RIOET-Projekts mit

---

1 Das Projekt wurde unter Förderung des Bundesprogramms „Demokratie Leben" in einer Kooperation zwischen dem Institut für demokratische Kultur der Hochschule Magdeburg-Stendal und dem Forschungsschwerpunkt Rechtsextremismus/Neonazismus (FORENA) der Hochschule Düsseldorf durchgeführt.

2 Dieser Trend – größte Jungwähler*innenverluste für die Grünen und stärkste Zugewinne für die AfD – setzte sich auch in den Landtagswahlen 2024 in Sachsen und Thüringen fort (N. N. 2024b). Auch hier spielte der Klimaschutz für die Wahlentscheidung eine untergeordnete Rolle (N. N. 2024a).

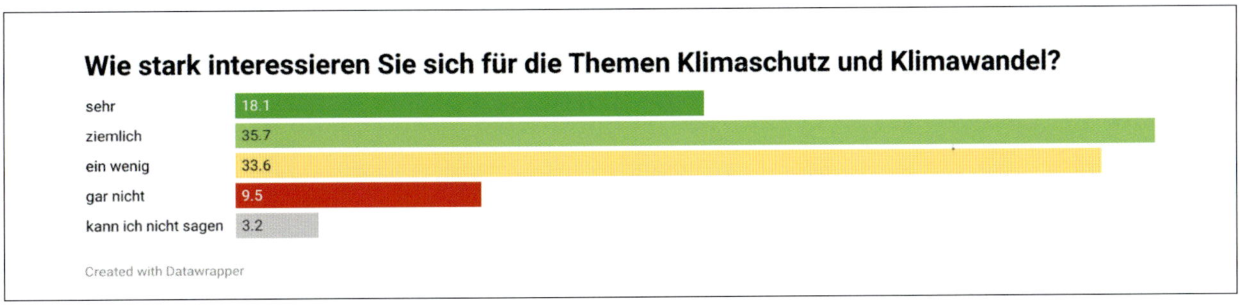

Grafik 1: Interesse für die Themen Klimaschutz und Klimawandel

2.099 jungen Menschen (zwischen 16 und 27 Jahren) von Februar bis März 2024 durchgeführt wurde.
So zeigt sich zum einen, mit gewissen Unterschieden zwischen den Geschlechtern, dass sich mehr als die Hälfte der Befragten „ziemlich" bis „sehr" für die Themen Klimaschutz und Klimawandel interessieren (53,8 Prozent) und ein gutes Drittel (33,6 Prozent) gibt an, dass es für diese Themen zumindest „ein wenig" Interesse habe.

Zum anderen bewerten 58,2 Prozent der Befragten das Problem mit dem Klimawandel für sich persönlich mehrheitlich als „eher bis extrem ernst". Diese Einschätzung hatten 56,3 Prozent bezüglich des Problems in Deutschland und fast zwei Drittel der Befragten (67,8 Prozent) mit Blick auf andere Regionen der Welt. Bezüglich der eigenen Region hingegen kommen nur 37,3 Prozent zu dieser Einschätzung.

Für die Auseinandersetzung mit der Wahrnehmung des Klimawandels ist es auch wichtig, einen Blick darauf zu werfen, inwieweit eine Skepsis gegenüber dem Klimawandel in der Zielgruppe verbreitet ist. Hier zeigte sich, dass insgesamt 63,1 Prozent der Befragten die Aussage vollkommen oder eher ablehnen, dass es keine ausreichend wissenschaftlichen Belege für den Klimawandel gebe. Weitere 57,6 Prozent lehnen die Aussage, dass der Klimawandel nicht von Menschen gemacht sei, ebenso eher oder vollkommen ab.
Diese mehrheitliche Anerkennung des Klimawandels und dessen Wahrnehmung als ernsthaftes Problem fand ihre Entsprechung auch im Ausdruck abgefragter negativer Gefühle zu den Themen Umwelt und Klima.
So stimmen beispielsweise 65,4 Prozent aller Befragten „eher" bis „vollkommen" zu, dass sie menschengemachte Umweltprobleme wütend machen, und 57,8 Prozent waren (eher) beunruhigt bezüglich des Gedankens, in welchen Umweltverhältnissen zukünftige Generationen leben müssen. 50,9 Prozent der Befragten stimmen zu, (eher) Angst vor den Folgen des Klimawandels zu haben, während 48,7 Prozent der Aussage zustimmen, dass sie das Verfehlen der Klimaschutzziele Seitens der BRD (eher) wütend mache.

Werden an dieser Stelle die bisher präsentierten Umfrageergebnisse zusammengefasst, lässt sich das Folgende feststellen: Die Themen „Klimaschutz" und „Klimawandel" stießen bei einer Mehrheit der befragten jungen Menschen auf Interesse. Der Klimawandel

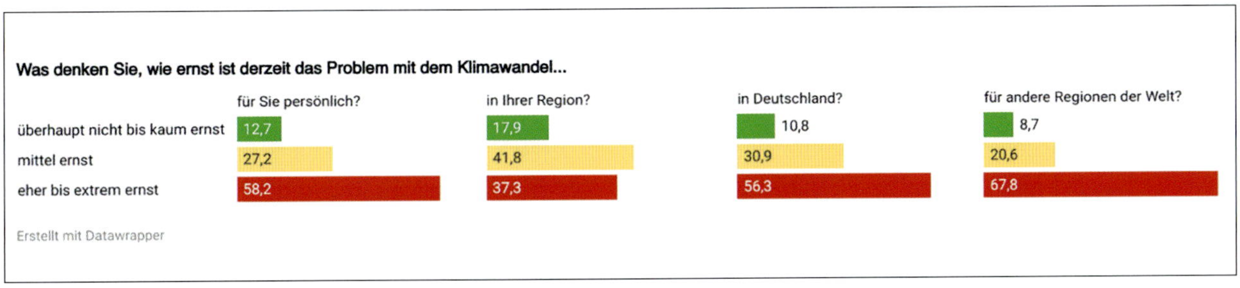

Grafik 2: Ernstnehmen des Problems Klimawandel

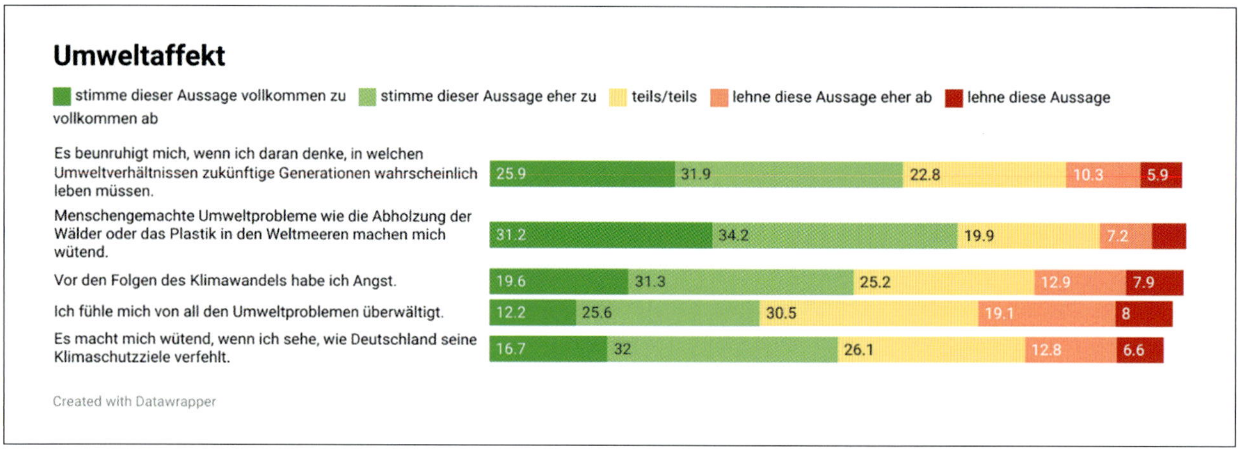

Grafik 3: Negative Gefühle Umwelt und Klima

wurde zudem mehrheitlich als wissenschaftlich belegtes und menschengemachtes Problem wahrgenommen, das als ernst erachtet und häufig mit negativen Gefühlen belegt wurde.

Klimawandel unter der rechten Welle?

In der RIOET-Umfrage wurden unter anderem auch äußerst rechte Einstellungen abgefragt, sowie die Sympathie zu verschiedenen Parteien – darunter die Sympathie zur AfD und dem Bündnis90/Die Grünen. Abschließend sollen die entsprechenden Ergebnisse ins Verhältnis zu den oben erörterten klimawandelbezogenen Einstellungen und Gefühlen gesetzt werden: Es zeigt sich, dass Befragte, die das Problem des Klimawandels tendenziell ernster einschätzen, klimawandelskeptischen und äußerst rechten Aussagen weniger zustimmen. Im Gegensatz dazu stimmen diejenigen, die das Problem des Klimawandels tendenziell weniger ernst einschätzen, solchen Aussagen häufiger zu. Ebenso lehnen Befragte, die klimawandelskeptische Aussagen tendenziell ablehnen und tendenziell negative Gefühle mit Umweltproblemen und dem Klimawandel verbinden, rechte Äußerungen eher ab, während dies bei Befragten, die solche Aussagen nicht ablehnen, weniger der Fall ist.

Auch die Sympathie für die Parteien AfD und Bündis90/Die Grünen stand in einem signifikanten Zusammenhang mit Ansichten und Gefühlen zum Klimawandel. So lehnen Befragte, die die AfD unsympathisch fanden, tendenziell klimawandelskeptische, aber auch äußerst rechte Aussagen ab. Zudem äußerten sie tendenziell eine höhere Zustimmung zu den Aussagen, in denen sich negative Gefühle gegenüber Umweltproblemen und Klimawandel ausdrückten (siehe Abb. 3 „Umweltaffekt“). Im Gegensatz dazu neigen Befragte, die das Bündnis90/Die Grünen eher unsympathisch finden, eher dazu, äußerst rechten und klimawandelskeptischen Aussagen zuzustimmen und negative Gefühle im Zusammenhang mit dem Klimawandel abzulehnen.

Das bedeutet zusammengefasst, dass Befragte, die den Klimawandel eher als wissenschaftlich belegtes, menschengemachtes, ernstes und besorgniserregendes Problem anerkennen, klimaskeptische und äußerst rechten Einstellungen eher ablehnen sowie die AfD eher als unsympathisch empfinden.

Was die Anfangs aufgeworfene Frage zur Mobilisierungskraft der Klimawandelthematik für äußerst rechte Akteur*innen und Kampagnen betrifft, lassen sich auf Grundlage der präsentierten Daten folgende Thesen aufstellen:

Zunächst ist festzuhalten, dass vor dem Hintergrund der im Rahmen des RIOET-Projekts erhobenen quantitativen Daten das Thema Klimawandel im Allgemeinen, trotz seiner gesamtgesellschaftlich und politisch abgenommenen Relevanz, immer noch bei vielen jungen Menschen auf Interesse stößt und als ernstes und besorgniserregendes Problem wahrgenommen

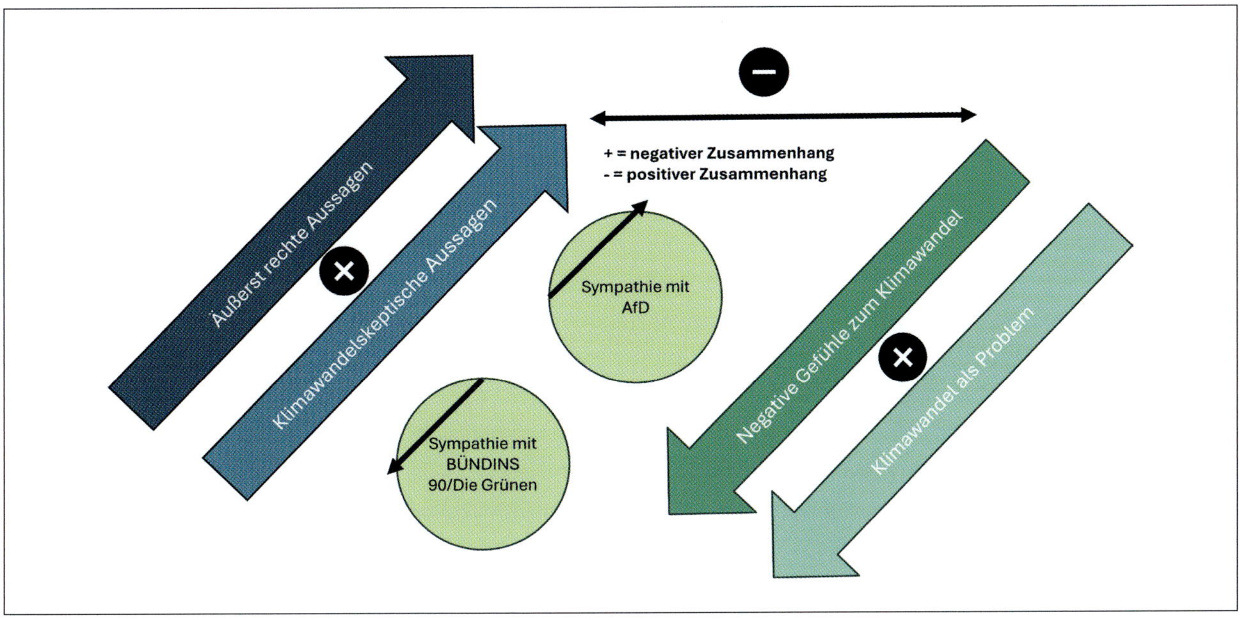

Grafik 4: Zusammenhänge zwischen äußerst rechten und klimawandelbezogenen Einstellungen und Parteiensympathie

Erklärung: Eine nach oben gehende Pfeilrichtung bedeutet eine tendenziell größere Zustimmung zu äußerst rechten und/oder klimawandelskeptischen Aussagen und/oder eine größere Sympathie für die AfD. Eine nach unten gehende Pfeilrichtung bedeutet eine tendenziell kleinere Zustimmung zu Aussagen, die negative Gefühle gegenüber Umweltproblemen und den Klimawandel ausdrückten und/oder eine Wahrnehmung des Klimawandels als Problem. Pluszeichen/Minuszeichen bedeuten einen positiven/negativen statistischen Zusammenhang zwischen verschiedenen Aussagen: Personen, die diesen Aussagen tendenziell mehr/weniger zustimmen, stimmen auch den anderen Aussagen eher/weniger zu.

wird. Gleichzeitig ist die klimabewusste Gruppe junger Menschen, auf die das zutrifft, weniger anfällig für äußerst rechte Ideologien und Akteur*innen. Dies gilt auch für die klimawandelskeptischen Positionen, die äußert rechte Akteur*innen häufig vertreten und zur Mobilisierung nutzen. So zeigt die Gruppe der klimabewussten jungen Menschen eine gewisse Resilienz gegenüber äußerst rechter Ideologie und Klimawandelskeptizismus und findet die AfD tendenziell eher unsympathisch. Dies kann ein Indiz dafür sein, dass äußerst rechte potenzielle Mobilisierungsversuche, insbesondere in den Themenbereichen „Klimawandel" und „Klimaschutz", bei dieser Gruppe weniger erfolgreich sind.

Auf der anderen Seite jedoch könnten solche Mobilisierungsversuche bei jungen Menschen, für die der Klimawandel ein weniger ernstes und besorgniserregendes Problem darstellt und die möglicherweise klimawandelskeptische sowie äußerst rechte Einstellungen teilen und/oder das Bündnis90/Die Grünen eher unsympathisch finden, mehr Erfolg haben. Insofern kann die Klimawandelthematik ein Faktor unter der rechten Welle sein, gleichzeitig aber auch ein Faktor, der zur Abschwächung dieser beitragen könnte.

Wie die AfD den kommunalen Raum für ihre Normalisierung nutzt[1]

Nikolas Dietze

Trotz großer Zugewinne in kommunalen Parlamenten und bei den Europawahlen ist im Frühsommer 2024 eine „blaue Welle" der Eroberung weiterer kommunaler Ämter durch die AfD noch ausgeblieben. Auch in Bundesländern, in denen 2024 Bürgermeister:innen und Landrät:innen gewählt wurden, legte die Rechtsaußenpartei zwar zu, erlangte aber keine weiteren lokalen Regierungsämter. Dort, wo die Partei kommunal bereits in Regierungsverantwortung ist, wurde nicht weniger, sondern mehr AfD gewählt. Im sachsen-anhaltinischen Raguhn-Jeßnitz, wo mit Hannes Loth seit September 2023 der erste AfD-Bürgermeister im Amt ist, hat es die Partei nicht geschwächt, sondern gestärkt, dass sie vor Ort den Bürgermeister stellt. Mit 43 Prozent der Stimmen erlangte sie hier das mit Abstand höchste Ergebnis für die Wahl des Kreistages Anhalt-Bitterfeld und eines der besten im Bundesland. Die Stadtratswahlen konnte die Partei ebenfalls gewinnen und stellt fortan die größte Fraktion. Anstatt sich, wie vielseitig erhofft wurde, zu entzaubern, profitiert die rechtsextreme Partei vom Amt des Bürgermeisters.

Der erste hauptamtliche Bürgermeister der AfD

Am lokalen Beispiel von Raguhn-Jeßnitz lässt sich eine Normalisierungsstrategie der Partei nachzeichnen. Bürgermeister Hannes Loth, der seit 2013 Parteimitglied ist, mäandert zwischen Nähe und Distanz zu seiner Partei. Ein entpolitisierter Wahlkampf sparte die Polarisierung von ideologischen Kernthemen der AfD aus. Stattdessen betonte Loth viel eher für eine funktionale Sachpolitik innerhalb seiner Kommune zu stehen – eine Strategie, die vor Ort aufzugehen scheint. In seiner bisherigen Amtsbeurteilung dominiert das Persönliche vor dem Parteipolitischen. Er kann auf einen hohen Bekanntheitsgrad und den Ruf des engagierten Kümmerers bauen, gilt in der lokalen Zivilgesellschaft als fest verwurzelt. Faktoren, die auf kommunaler Ebene ausschlaggebender für die Wahlentscheidung sind als die Parteizugehörigkeit. Politische Kontrahent:innen üben kaum Kritik an der Politik Loths. Dies ermöglicht anderen kommunalpolitischen Akteur:innen, die Zusammenarbeit mit ihm zu rechtfertigen und die Notwendigkeit einer Brandmauer zu hinterfragen. Hannes Loth zählt nicht zu den Hardlinern seiner Partei, die in Sachsen-Anhalt als gesichert rechtsextrem gilt. Bislang findet sich im Handeln des Bürgermeisters nichts, was eindeutig auf die völkische Ideologie der AfD hinweist. Die wahrgenommene Normalität steht der bundesweit an Fahrt aufnehmenden Radikalisierung der Partei entgegen. In dieser Ambiguität steckt die Gefahr: Dieser scheinbare Machtpragmatismus trägt zur überregionalen Normalisierung der AfD samt ihrer antidemokratischen Agenda bei. Loth verdeutlicht durch seine Funktion als hauptamtlicher Bürgermeister, dass die AfD für ihren „Marsch durch die Institutionen" bereit ist und Verantwortung übernehmen kann. Der symbolische Wert dieser kommunalen Erfolge ist äußerst entscheidend, da er die Handlungsfähigkeit und Effektivität der Partei unterstreichen soll. Diese stärken einerseits das Vertrauen der Wähler:innen in die Partei selbst (wie die Ergebnisse der Kommunalwahlen 2024 verdeutlichen) und können neue Wählergruppen erschließen. Andererseits versucht man sich dadurch auf überregionaler Ebene als politischer Koalitions- und Kooperationspartner ins Spiel zu bringen und den *cordon sanitaire* (umgangssprach-

1 Der ausführliche Projektbericht von Dietze/Müller/Quent (2024) ist unter https://idk-lsa.de/wp-content/uploads/2024/07/Das-Ringen-der-AfD-um-kommunale-Aemter_Bericht.pdf (17.04.2025) abrufbar. Die Übertragbarkeit der Fallstudie ist durch die unterschiedliche kommunale Politikgestaltung der AfD eingeschränkt. Vielmehr werden zwei konkrete Beispiele kontrastiert, die die Notwendigkeit, weitere Fälle zu untersuchen, unterstreichen.

lich als Brandmauer bezeichnet) aufzubrechen. Für kommunale Amts- und Mandatsträger kann der lokale Raum zudem ein Sprungbrett sein, auf dem diese sich für höhere Posten in der Partei empfehlen und schulen lassen.

Der kommunale Raum als Anker und Sprungbrett

Die AfD versucht sich aber auch deshalb im kommunalen Raum zu normalisieren, um auf Landes- und Bundesebene an Einfluss zu gewinnen. Diese Strategie ist langfristig und schrittweise zu denken. Manifestiert wird sie durch mehrere Faktoren. Die AfD strebt eine gezielte Besetzung von kommunalen Ämtern und Posten an – von Kreisräten über Stadträte bis in die Ortschaftsräte hinein – um ihre Präsenz in diesen lokalen Entscheidungsstrukturen zu verstärken und ihre politische Agenda effektiver einzubringen. Der kommunale Raum ist strategisches Testgelände für die Partei, das zeigt, welche Themen sich auch auf Landes- und Bundesebene extrapolieren lassen. Aktuelle Forschungsergebnisse verdeutlichen, dass die AfD sich vor allem bei sachbezogenen Themen mit direktem lokalem Bezug und direkter Zuständigkeit – beispielsweise Verkehr und Infrastruktur – die Kooperation mit demokratischen Parteien sichert und nicht bei ihren ideologischen Kernthemen wie Asyl oder innerer Sicherheit (Schroeder/Ziblatt/Bochert 2024). Entgegen dem spezifischen Kurs von Hannes Loth als Bürgermeister von Raguhn-Jeßnitz zeigen sich andernorts viele kommunalpolitische Akteur:innen der AfD weniger an Sachfragen interessiert. Stattdessen bespielen sie in ihrer Kommunikation bewusst lokale Themen mit emotionaler und unmittelbarer Relevanz für die Menschen vor Ort. Damit sollen gesamtgesellschaftliche Diskurse angeknüpft und gezielt befeuert werden, wodurch die Partei ein breiteres Unterstützerfeld schaffen und sich über die Kommunalebene hinaus als normaler politischer Akteur etablieren will. Die Rechtsaußenpartei profitiert in strukturschwachen, kleinstädtischen bis ländlichen Räumen dabei von einer Repräsentationskrise demokratischer Parteien – sowie der Strukturschwäche von Gewerkschaften, Kirchen und großen Institutionen – die im Alltagsleben der Menschen wenig bis kaum präsent sind (Begrich 2024). Dementgegen baut die AfD im öffentlichen Raum das Narrativ einer engagierten, bürgernahen und kompetenten Alternative bereits im vorpolitischen Raum auf. Werbestände an Supermärkten, Bürgersprechstunden und Kundgebungen sollen die lokale Sichtbarkeit und Akzeptanz als legitimer politischer Akteur fördern. Diese strategische Dauerpräsenz und Basisarbeit verfolgt die Partei nicht nur im analogen, sondern gleichermaßen im digitalen Raum und inszeniert sich in der Rolle des alleinigen „Volksverstehers".

Mehr als zehn Jahre nach der Gründung der AfD steht die Partei nun vor der strategischen Frage, wie sie ihr Rechtsaußen-Image „entdämonisieren" und sich langfristig bundesweit als akzeptierten politischen Akteur etablieren kann. Vieles – unter anderem internationale Forschungsergebnisse – deutet darauf hin, dass die Besetzung von kommunalen Ämtern wie Bürgermeister und Landratsposten auf der lokalen Ebene der bundesweiten Normalisierung der Partei zugutekommt (Paxton 2023).

Kurzfristige Interventionen gegen die AfD

Anstatt den Blick nur auf die Siege der Rechtsaußenpartei zu richten und zur Reproduktion einer Erfolgsgeschichte beizutragen, sollte auch auf die Orte geschaut werden, in denen die AfD nicht als Wahlsiegerin hervorgeht. Die inhaltliche Auseinandersetzung mit der AfD und die Konfrontation der Partei mit den antidemokratischen Aspekten ihrer Agenda hat sich im Fall der Oberbürgermeisterwahl in Bitterfeld-Wolfen ausgezahlt. In der 38.000 Einwohner:innen zählenden Industriestadt und Nachbargemeinde von Raguhn-Jeßnitz fanden im Herbst 2023 ebenfalls Wahlen um das Amt des Oberbürgermeisters statt. Dort gelang es dem lokalen AfD-Kandidaten zwar den ersten Wahlgang zu gewinnen, jedoch unterlag dieser im zweiten Wahlgang dem bis dato Amtsinhaber der CDU. Ein breit aufgestelltes und getragenes Bündnis aus Reihen der lokalen Zivilgesellschaft hatte dazu beigetragen, den Stichwahlsieg des AfD-Kandidaten zu verhindern. Eine vergleichbare

Mobilisierung aus den Reihen der Zivilgesellschaft hatte kurz zuvor im thüringischen Nordhausen den Stichwahlsieg des AfD-Kandidaten im Rennen um das Oberbürgermeisteramt verhindert. Trotz gegenwärtig hoher Präsenz und Einflusses der AfD, die sie auch ohne kommunales Amt und faktischer Stadtratsmehrheit in Bitterfeld-Wolfen hat, können bürgerschaftliche Aktivitäten und Mobilisierungen breit aufgestellter Zusammenschlüsse, für Demokratie und gegen Rechtsextremismus, Machtgewinne der AfD kurzfristig verhindern.

Mittel- und langfristige Perspektiven

Mittel- und langfristig bedarf es einer kontinuierlichen Stärkung und Unterstützung der demokratischen Alltagskultur in den Kommunen, die Demokrat:innen (wieder) sichtbar werden lässt. Kommunen brauchen finanzielle Handlungsspielräume, die demokratische Mitbestimmung ermöglichen, Begegnungsorte erhalten und sozialkulturelle Infrastruktur ausbauen können. Dies bedeutet, lokale Projekte, Vereine und Initiativen demokratischer Teilhabe und Erlebbarkeit aufrechtzuerhalten, um das Auftreten der AfD als „Kümmerin" und „Lückenfüllerin" zu schwächen. Demokratische Parteien, Gewerkschaften und Wohlfahrtsverbände sollten in den öffentlichen Räumen stärker präsent sein, um der AfD nicht die Rolle als *Volksversteherin* zu überlassen. Und zuletzt kann die Qualität und das Erleben lokaler Demokratie durch die demokratischen Fraktionen der Kreis- und Gemeinderäte selbst gestärkt werden, indem diese den schmalen Grat zwischen kommunaler Handlungsfähigkeit und Selbstbehauptung gegen die antidemokratischen Aspekte der Agenda der AfD von Fall zu Fall präzise ausleuchten.

Literatur des Panels *Tiefenströmungen unter der rechten Welle*

Adorno, Theodor W. u. a.: The Authoritarian Personality, in: Max Horkheimer/Samuel H. Flowerman (Hg.): Studies in Prejudice, Bd. 3, New York 1950.

AfD Bundesverband: Zeit für Deutschland. Programm der Alternative für Deutschland für die Wahl zum 21. Deutschen Bundestag, Berlin 2025, https://www.afd.de/wp-content/uploads/2025/02/AfD_Bundestagswahlprogramm2025_druck.pdf (07.02.2025).

Begrich, David: Ostdeutschland: Was nach den Demos kommen muss, in: Blätter für deutsche und internationale Politik, 3 (2024), S. 9–12.

Decker, Oliver u. a.: Vereint im Ressentiment. Autoritäre Dynamiken und rechtsextreme Einstellungen. Leipziger Autoritarismus Studie 2024, Gießen 2024.

Decker, Oliver/Kiess, Johannes/Brähler, Elmar: Autoritäre Dynamiken und die Unzufriedenheit mit der Demokratie. Die rechtsextreme Einstellung in den ostdeutschen Bundesländern, in: EFBI Policy Paper, 2 (2023), S. 2–29.

Dietze, Nikolas/Müller, Marvin/Quent, Matthias: Normalisierung von unten. Das Ringen der AfD um kommunale Ämter. Fallstudien aus Sachsen-Anhalt mit unterschiedlichen Wahlausgängen, Magdeburg 2024, https://idk-lsa.de/wp-content/uploads/2024/07/Das-Ringen-der-AfD-um-kommunale-Aemter_Bericht.pdf (6.02.2025).

N. N. [2024a]: Was waren die Hauptgründe für das Wahlergebnis?, 02.09.2024, https://www.tagesschau.de/wahl/archiv/2024-09-01-LT-DE-SN/umfrage-aktuellethemen.shtml (07.02.2025).

N. N. [2024b]: Wen wählten Jüngere und Ältere?, 02.09.2024, https://www.tagesschau.de/wahl/archiv/2024-09-01-LT-DE-SN/umfrage-alter.shtml (07.02.2025).

N. N. [2024c]: Europawahl 2024: Endgültiges Ergebnis, 03.07.2024, https://bundeswahlleiterin.de/info/presse/mitteilungen/europawahl-2024/42_24_endgueltiges-ergebnis.html (07.02.2025).

Paxton, Fred: Restrained Radicals. Populist Radical Right Parties in Local Government, Cambridge 2023.

Schroeder, Wolfang/Ziblatt, Daniel/Bochert, Florian: Brandmauer – is still alive! Empirische Ergebnisse zur Unterstützung der AfD in den ostdeutschen Kommunen durch etablierte Parteien (2019–2024), in: Wissenschaftszentrum Berlin für Sozialforschung (Hg.): Discussion Paper, SP V 2024–503, Berlin 2024, https://bibliothek.wzb.eu/pdf/2024/v24-503.pdf (21.11.2024).

Schilk, Felix: Die Erzählgemeinschaft der Neuen Rechten. Zur politischen Soziologie konservativer Krisennarrative, Bielefeld 2024.

Schwesinger, Holger: So viel Denkzettel steckt im Wahlergebnis, 10.06.2024, https://www.tagesschau.de/europawahl/analyse-wahlabend-100.html (07.02.2025).

Spissinger, Florian: Die Gefühlsgemeinschaft der AfD. Narrative, Praktiken und Räume zum Wohlfühlen, Opladen/Berlin/Toronto 2024.

Strick, Simon: Rechte Gefühle. Affekte und Strategien des digitalen Faschismus, Bielefeld 2021.

Antisemitismus vor und nach dem „7. Oktober“

Katrin Reimer-Gordinskaya

Der Titel des Panels beinhaltet eine Vermutung, die angesichts der langen Geschichte, des Wandels und der Kontinuität von Antisemitismus sowie seiner Konjunkturen, prekär ist: dass die Ereignisse und Folgen des 7. Oktobers 2023 die Dynamik des Antisemitismus entscheidend verändert haben könnten. Ob es so ist, wird sich erst im Rückblick aus größerer zeitlicher Distanz erweisen. Noch leben wir inmitten einer verschlungenen Kette von Ereignissen, die sich nur mühsam entwirren lässt. Die Vermutung ist, dass in diesem Moment größere Teile des linken und linksliberalen Spektrums dreifach versagen – zum einen, weil der in ihm ventilierte Antizionismus den Blick auf den Nahostkonflikt derart verstellt, dass es kaum eine der Komplexität angemessene Beschreibung der Ereignisse zu liefern vermag; zweitens, weil in ihrem Antizionismus der Antisemitismus enthalten ist „wie das Gewitter in der Wolke“ (Amery 1969), es also teils auch zu den Trägergruppen antisemitischer Ressentiments und Praxen gehört; drittens, weil dies dazu führt, dass es als kraftvoller Bündnispartner gegen die Bedrohung, der Juden:Jüdinnen konkret und akut ausgesetzt sind, ausfällt. Dass wir (selbst-)kritisch auf Antizionismus, Antisemitismus und mangelnden Anti-Antisemitismus in progressiven Milieus schauen, bedeutet dabei nicht, den Antisemitismus und die mangelnde Gegenwehr gegen ihn in anderen Milieus zu vernachlässigen. Die folgende Rahmung der Panelbeiträge wirft vor diesem Hintergrund Schlaglichter auf längerfristige Entwicklungen, Wissensbestände und -lücken sowie praktische Herausforderungen in Bezug auf Antisemitismus in Deutschland und Sachsen-Anhalt.

Zur Geschichte, Kontinuität und Gegenwart von Antisemitismus

„Antisemitismus“ ist die kritische Bezeichnung eines Phänomens, das im 19. Jahrhundert von (selbst-)bewussten Antisemiten als Weltanschauung entwickelt und als politisches Programm vertreten wurde (vgl. zum Folgenden z. B. Schäfer 2020). Sie wollten die begonnene Emanzipation der Juden rückgängig machen und projizierten negative Folgeerscheinungen der unverstandenen Moderne auf das angebliche geheime Wirken machtvoller jüdischer Kreise. Aufsetzen konnte dieser pseudowissenschaftliche, moderne Antisemitismus auf den jahrhundertealten christlichen Antijudaismus. Dessen zentrale Motive – Gottesmord, Ritualmord, Hostienschändung und Brunnenvergiftung – wurden weitergetragen und modifiziert. Konstruiert wurden Juden dabei als „Rasse“, die nicht einfach eine andere Nation, ein anderes Volk, sondern das Gegenvolk schlechthin konstituiert. Dieses als machtvoll und gefährlich imaginierte Gegenvolk zu vernichten, wurde zum Programm des Nationalsozialismus und mündete im Holocaust. Nachdem das nationalsozialistische Deutschland von den Alliierten niedergerungen worden war, gab es kaum noch bekennende Antisemiten. Die antisemitische Weltanschauung unterlag in beiden postnazistischen deutschen Staaten einem Tabu. Sie zerfiel in nicht immer eindeutig erkennbare Bestandteile, weste hüben wie drüben sowie im vereinten Deutschland in teils veränderter Form fort. Drei Aspekte sollen mit Blick auf Wandel und Kontinuität nach 1945 hervorgehoben werden. Erstens werden antijudaistisch-antisemitische Ressentiments in Chiffren transportiert, von „Juden“ (als Phantasma) muss dabei nicht direkt die Rede sein. „Ostküste“ lässt sich etwa dechiffrieren als „jüdisches Finanzkapital, das die US-Finanzen und dadurch die Welt kontrolliert“ (vgl. Amadeu Antonio Stiftung o. J.), also als Fortschreibung des Glaubens an eine jüdische Weltverschwörung. Zweitens zieht seit seiner Gründung Israel antijudaistisch-antisemitische Ressentiments auf sich, wenn etwa seine Repräsentanten durch Hörner, bluttriefende Fangzähne o. Ä. als Teufel bzw. Satan dargestellt werden oder die Wendung „Kindermörder Israel“ das mittelalterliche

Motiv des Ritualmordes evoziert (ebd.). Dabei steht drittens der Holocaust dem Ausdruck antisemitischer Ressentiments im Weg, weshalb die Tat geleugnet oder relativiert, die Täter ausgeblendet oder zu Opfern gemacht und die Opfer zu (Mit-)Schuldigen oder Tätern gemacht werden (Holz/Haury 2021, S. 85 ff.). Angesichts der auszumachenden Kontinuität im Wandel des Antisemitismus wäre zu erwarten, dass dieses Phänomen und die Gefahr, die von ihm für Juden:Jüdinnen und die demokratische Alltagskultur ausgehen, selbstverständlicher Bestandteil der kritischen Praxis der demokratischen Zivilgesellschaft sind. Inwiefern dies für die Zeit des vereinten Deutschlands zutrifft, wird folgend betrachtet.

Antisemitismus als Gegenstand zivilgesellschaftlicher Auseinandersetzung

Betrachtet man die Schwerpunkte der demokratischen Zivilgesellschaft seit den 1990er Jahren fällt auf, dass Antisemitismus als eigenständiges und kontinuierliches Phänomen eine späte ‚Entdeckung' ist (Reimer-Gordinskaya/Tzschiesche 2021, S. 183 ff.). Zwar wurde er in den 1990er Jahren in der historisch-politischen Bildung mit Blick auf den Nationalsozialismus thematisiert, kaum aber in seiner Virulenz in beiden deutschen Staaten oder der jungen vereinten Republik. Das änderte sich seit Ende der 1990er bzw. Anfang der 2000er Jahre insoweit, als in Ostdeutschland, später dann bundesweit, Maßnahmen zur Auseinandersetzung mit aktuellem Rechtsextremismus, Rassismus und Antisemitismus staatlicherseits gefördert und umgesetzt wurden. Auslöser einer flächendeckenderen Auseinandersetzung mit diesen demokratiegefährdenden Kräften war im Sommer 2000 ein antisemitischer Terrorakt. Bis heute tendieren zivilgesellschaftliche Initiativen und insbesondere antifaschistische Mobilisierungen dennoch dazu, Antisemitismus teils aus den Augen zu verlieren. So wird die rechte Erzählung vom ‚Großen Austausch', also der angeblichen von dunklen Mächten orchestrierten Migration zum Zwecke der Zerstörung des als ethnisch-kulturell homogen gedachten Volkes, weithin als rassistisch markiert, die antisemitischen Ober- und Untertöne aber seltener erwähnt. Verortet, angeprangert und bekämpft wird Antisemitismus, wenn, dann in politisch rechten Milieus. Begründet ist dies insofern, als der moderne Antisemitismus im Kontext des Nationalismus als Ideologie der politischen Rechten entstand (Holz 2001) und während der nationalsozialistischen Herrschaft im Zivilisationsbruch mündete. Und in den rechtsextremen Organisationen des postnazistischen Deutschlands gehört radikaler Antisemitismus zum ideologischen Kernbestand, wie nicht zuletzt an Aktionen des sogenannten NSU abzulesen war (Peaceman 2018). Nicht zuletzt zeigen repräsentative Erhebungen, dass antisemitische Einstellungen im höheren Ausmaß bei Befragten zu finden sind, die sich im politischen Spektrum rechts und rechts außen verorten (Decker u.a. 2022, S. 70). Mitnichten beschränkt sich Antisemitismus deshalb aber auf diese Spektren. Vielmehr ist er in unterschiedlichem Ausmaß und unterschiedlicher Ausprägung in (fast) allen politischen Milieus zu finden, auch des linken (ebd.). Folgend wird betrachtet, welche Erkenntnisse über die Verbreitung von antisemitischen Ressentiments in Sachsen-Anhalts Bevölkerung vorliegen.

Verbreitung antisemitischer Ressentiments in Sachsen-Anhalt – lange unterschätzt

Die Datenlage deutet für die 1990er Jahre darauf hin, dass antisemitische Ressentiments in Ostdeutschland weniger verbreitet waren als in Westdeutschland. Seit Anfang der 2000er Jahre geben Repräsentativerhebungen systematischer Auskunft über die Verbreitung antisemitischer Ressentiments und ihrer Entwicklung in Deutschland, auch im West-Ost-Vergleich. Demnach haben sich die Niveaus bis 2012 in etwa angeglichen und liegen seitdem in Ostdeutschland teils höher (Decker u.a. 2020, S. 46). Ein direkter Vergleich der Bundesländer ist aufgrund der zu geringen Fallzahlen meist nicht möglich, aber länderspezifische Erhebungen können einen Einblick zur Lage im jeweiligen Bundesland geben. Der seit 2007 durchgeführte Sachsen-Anhalt-Monitor erhob mit je zwei Items tradierten Antisemitismus und Schuldabwehrantisemitismus, erst ab 2020 auch israelbezogenen Antisemitismus. Im Bericht zur Verbreitung antisemitischer Ressentiments wurden dabei (wie bei anderen Vorurteilen auch) ausschließlich diejenigen benannt, die einer antisemitischen Aussage „voll und ganz" zustimmten. Auf dieser Grundlage schien tradierter Antisemitismus 2020 mit 3 Prozent lediglich bei einem sehr kleinen Teil der Bevölkerung vorzuliegen, israelbezogener Antisemitismus mit 6 Prozent ein wenig verbreiteter und lediglich der Schuldabwehrantisemitismus mit 19 Prozent bei einem relevanten Teil der Bevölkerung vorhanden zu sein (Holtmann o. J., S. 155 f.). Betrachtet man dieselben Daten (Tabellenband Sachsen-Anhalt-Monitor 2020, S. 172 ff.) nicht allein mit Blick auf die extremen Ränder, sondern die Mitte der Gesellschaft und unter Berücksichtigung des Tabus, mit dem die Äußerung antisemitischer Ressentiments belegt ist, ergibt sich ein anderer Befund. Dieser Sicht folgend werden jene Antworten, mit denen einer Aussage „voll und ganz" oder „überwiegend" zugestimmt wird, als Ausdruck eines manifesten Antisemitismus interpretiert; jene, die „teils zustimmen, teils ablehnen", werden als Ausdruck latenter Ressentiments interpretiert. So kann abgeschätzt werden, wie anschlussfähig antisemitische Ressentiments in der gesellschaftlichen Mitte sind. Bei tradiertem Antisemitismus ist dies bei bis zu einem Fünftel, bei Schulabwehrantisemitismus bei bis zu zwei Dritteln und bei israelbezogenem Antisemitismus bei mehr als einem Drittel der Bevölkerung der Fall. Man könnte auch umgekehrt sagen: Zwischen einem Fünftel und zwei Dritteln der Menschen in Sachsen-Anhalt sind nicht ‚immun' dagegen, gesellschaftliche Ereignisse, Entwicklungen und Widersprüche (auch) antisemitisch zu deuten. Für eine demokratische Alltagskultur ist dies eine ernste Herausforderung, der sich zivilgesellschaftliche Kräfte (selbst-)kritisch stellen sollten. Wie sich die Lage dabei für (potenziell) Betroffene darstellt, wie folgend betrachtet.

Perspektivwechsel: Antisemitismus- Erfahrungen – und solidarische Allianzen

In jener sozialwissenschaftlichen Forschung, deren Vorgehen und Befunde soeben skizziert wurden, stehen die (potenziellen) Träger antisemitischer Ressentiments im Fokus. Die Perspektive der Betroffenen wurde lange Zeit kaum berücksichtigt. Das änderte sich mit dem Aufkommen der Forschung zu Diskriminierung, wie sie Betroffene erleben. Die erste (nicht-repräsentative) Befragung von Juden:Jüdinnen in Deutschland machte die Perspektivendivergenz deutlich: Knapp 80 Prozent der Befragten konstatierten just in der Zeit, für die eine Abnahme der Verbreitung antisemitischer Ressentiments in der Bevölkerung konstatiert wurde (Bundesministerium des Innern 2017, S. 60), eine leichte oder deutliche Verschärfung von Antisemitismus (Zick u. a. 2017, S. 13). Zudem beschrieb das bundesweit und auch in Sachsen-Anhalt entstehende Monitoring antisemitischer Vorfälle, dass und warum Antisemitismus für Juden:Jüdinnen eine im negativen Sinne „alltagsprägende Erfahrung" ist (Poensgen/Steinitz 2019). Und in unserer Forschung entwickelten wir am Beispiel Berlins eine Beschreibung der Erfahrung von Alltagsantisemitismus und seiner Dynamik in einer nichtjüdischen Mehrheitsgesellschaft. Sowohl voneinander zu unterscheiden als auch miteinander verwoben sind demnach vier wesentliche Erfahrungsbereiche (Reimer-Gordinskaya/Tzschiesche 2021, S. 10 ff.): Das Erleben von Besonderung aufgrund des Unbehagens nichtjüdischer Interaktionspartner:innen im Umgang mit Juden:Jüdinnen; verbale und physische Aggressionen, die von einem breiten antijudaistisch-antisemitischen Repertoire motiviert sind; das Bedrohungspotenzial insbesondere an Orten kollektiven jüdischen Lebens durch terroristische Gewalt rechtsextremer, islamistischer und linksradikaler Gruppen; und, quer dazu, der Israel-Blick der Mehrheitsgesellschaft, in dem der Nahostkonflikt einseitig Israel angelastet wird und jüdische Interaktionspartner:innen, ob israelisch oder nicht, mit diesem Bild identifiziert und für den Konflikt bzw. das Leid der Palästinenser verantwortlich gemacht werden. Mit Blick auf die Entwicklung von Kooperationen und solidarischer Allianzen gegen Antisemitismus und Rassismus wurden gemischte Einschätzungen konstatiert: dass Juden:Jüdinnen alleine stehen, wenn es um Antisemitismus geht, dass es ein nicht sehr großes, antisemitismuskritisch-solidarisches Umfeld gebe bis hin zu teils erfolgreichen Versuchen, breitere Allianzen gegen Antisemitismus,

Rassismus und soziale Ungleichheit zu entwickeln (ebd., S. 93 ff.). Seit 2020 gehörte dazu auch das Festival of Resilience, das infolge des rechtsextremen, antisemitischen und rassistischen Attentats von Halle (Saale) am 9. Oktober 2019 von Überlebenden organisiert wurde. Der Täter hatte vergeblich versucht, in die Synagoge einzudringen, in der sich zu Yom Kippur die Betenden versammelt hatten. Im weiteren Verlauf tötete er die Passantin Jana L. und im ‚Kiez Döner‘ Kevin S. und verletzte weitere Menschen. Das Festival brachte über mehrere Jahre jüdische, migrantische, muslimische Überlebende und Gruppen zusammen. Für einen Teil der jüdischen Aktivist:innen zerbrach diese Allianz nach dem 7. Oktober 2023 am Schweigen der anderen zu den an diesem Tag verübten Gräueltaten (Henkel-Guembel 2024).

7. Oktober 2023: Ereignisse und markante Folgen dieses Tages

In Israel stand das Jahr 2023 unter dem Zeichen des Protests gegen einen juristischen Coup der seit Ende 2022 amtierenden Regierung Netanjahu, der äußerst rechte Kräfte angehörten. Seit Anfang Januar waren Woche für Woche mehr und mehr, bald Hunderttausende im ganzen Land für Demokratie, für die Aufrechterhaltung der Gewaltenteilung und weitere Anliegen auf die Straße gegangen. Teil der Bewegung war auch das heterogene israelische Friedenslager. Und wenngleich die Besatzung kein prominentes Thema war, wurde sie, wie in Haifa, zunehmend sichtbar thematisiert. Das wäre auch am Ausgang von Simchat Thora, am Abend des 7. Oktober 2023, der Fall gewesen. Stattdessen geschah etwas anderes: Am frühen Morgen ging aus dem Gaza-Streifen ein heftiger Raketenbeschuss bis weit ins israelische Kernland nieder. Gleichzeitig durchbrachen militärische Einheiten der Hamas und ihrer Verbündeten den Grenzzaun und griffen vorwiegend grenznahe Kibbutzim an. Dort wie auch auf dem Nova-Festival verübten sie Massaker, entführten Menschen von jung bis alt als Geiseln, die neben verschleppten Toten in Gaza-Stadt der Menge ausgesetzt wurden. Der schwerste Gewaltausbruch gegen Juden:Jüdinnen seit dem Ende des Zweiten Weltkriegs betraf auch Juden:Jüdinnen in Deutschland, in dreifacher Weise: als Familienangehörige und Freund:innen von (mit-)betroffenen Israelis; als jüdische Minderheit, für die Israel angesichts des Antisemitismus in den jeweiligen Mehrheitsgesellschaften ein Schutzversprechen darstellt, das brüchig geworden war; und als Überlebende und Angehörige der zweiten und dritten Generation von Überlebenden der Schoah (Arnold 2024). Die „genozidale Botschaft“ (Diner 2023) der Hamas wurde nicht nur in Israel, sondern auch hierzulande von Juden:Jüdinnen verstanden. Zugleich verschärfte sich das antisemitische Bedrohungspotenzial in Deutschland. Die Reaktion in größeren Teilen der nichtjüdischen Zivilgesellschaft bestand angesichts dessen nicht, wie zu erwarten gewesen wäre, in zahlreichen Solidaritätsadressen und großen Mahnwachen, Kundgebungen oder Demonstrationen. Vielmehr herrschte weitgehend Schweigen. Teils wurde auch Zustimmung laut, wobei schwerste Akte der Gewalt vom 7. Oktober ausgeblendet oder kleingeredet und der Angriff zu legitimem Widerstand gegen die Besatzung umgedeutet wurde. Und in Bezug auf die hiesige Entwicklung wurde vielfach eher darüber gesprochen, was kein Antisemitismus sei, als die Gefährdung von Juden:Jüdinnen zu benennen und sich solidarisch an ihre Seite zu stellen. Dieses Schweigen und diese Untätigkeit haben eine Schieflage erzeugt. Auf dieser schiefen Ebene vollziehen sich die polarisierten Auseinandersetzungen um den Nahostkonflikt einerseits und den Umgang mit Antisemitismus hierzulande andererseits. Positionen, die sich solchen Polarisierungen entziehen, die in Bezug auf den Nahostkonflikt eine differenzierende Betrachtung anmahnen und die den eskalierenden Antisemitismus ernstnehmen, ohne Rassismus (vgl. Panel *Rassismus*) zu entwichtigen oder in die Hände zu spielen, werden kaum hör- und sichtbar.

Die folgenden Beiträge des Panels greifen unterschiedliche Aspekte der skizzierten Konstellation auf.[1] *Nina*

1 Zusätzlich beschrieb Thomas Haury auf der Tagung konzise mentalitäts- und kulturgeschichtliche Vorläufer des Antizionismus in der DDR und bei westdeutschen radikalen Linken. Er erklärt den in diesem Kontext auftretenden Antisemitismus von links (Haury 2002; Holz/Haury 2021) als Ergebnis einer „Gravitation“, die einer in vereinfachten Weltbildern angelegten Kraft folgt.

Heinke und Oliver Decker beschreiben auf der Basis von Daten der jüngsten Leipziger Autoritarismus-Studie, wie sich antisemitische Ressentiments aktuell bundesweit im gesamten politischen Spektrum verteilen. Dabei wurden erstmals Items zu postkolonialem Antisemitismus und antisemitischem Antizionismus genutzt, auf deren Grundlage näher bestimmt wird, wo Antisemitismus auch in linken Spektren auftritt. Danach beschreibt *Charlotte Brandes* auf der Basis der Daten des Monitorings der Recherche- und Informationsstelle Antisemitismus (RIAS) wesentliche Entwicklungen nach dem 7. Oktober in Sachsen-Anhalt vor dem Hintergrund der bundesweiten Dynamik. Sie zeigt eine rapide Zunahme und qualitative Spezifik der Vorfälle nach dem 7. Oktober auf, geht auf die Mobilisierung verschiedener im Antisemitismus konvergierender politischer Spektren ein und thematisiert die Bedeutung dieser Entwicklungen für Juden:Jüdinnen. *Raphael Hoffmann* zeigt schließlich am Beispiel der Schmähplastiken das in die Gegenwart hineinreichende Erbe des christlichen Antijudaismus auf. Und während es einer proaktiven Auseinandersetzung mit diesem Erbe bedurfte, kam eine solche, wie er zeigt, stets erst auf Initiativen Dritter in Gang. Dies gilt auch für die jüngst, vor dem 500-jährigen Reformationsjubiläum angestoßene Debatte, deren Beginn genauer auf typische Muster untersucht wird.

Eine „dunkle Ressource" – Antisemitismus und seine Verbreitung nach politischer Selbstverortung

Nina Heinke/Oliver Decker

Einleitung

Antisemitismus ist in politisch rechten Milieus und der Mitte fest verankert, aber auch in linken Milieus vorhanden (Decker u. a. 2024a). Die spontane und weitreichende Solidarisierung mit der klerikalfaschistischen Hamas nach dem genozidalen Angriff auf Israel vom 7. Oktober 2023 in linken Milieus stellt allerdings nicht nur die Zivilgesellschaft, sondern auch die Forschung vor neue Herausforderungen. Daher ergänzten wir unsere Erhebung für die seit 2002 durchgeführten Leipziger Autoritarismus-Studie 2024 um zwei neue Dimensionen: den Postkolonialen Antisemitismus und den Antisemitischen Antizionismus (Entwicklung, Itemformulierung und Valisierung s. Decker u. a. 2024 a, S. 144; Decker u. a. 2024 b, S. 63 ff.). Im Folgenden berichten wir die Verbreitung unterschiedlicher antisemitischer Motive im Frühsommer 2024 in Deutschland in verschiedenen politischen Milieus. Anschließend ordnen wir die Befunde ein.

Der Anstieg antisemitischer Ressentiments in linken Milieus

In Grafik 1 ist die prozentuale Zustimmung zu den fünf Dimensionen des Antisemitismus nach der politischen Selbstverortung der Befragten dargestellt. Jede Dimension enthält drei Items, die Prozentwerte geben den Anteil der jeweiligen politischen Milieus an, die

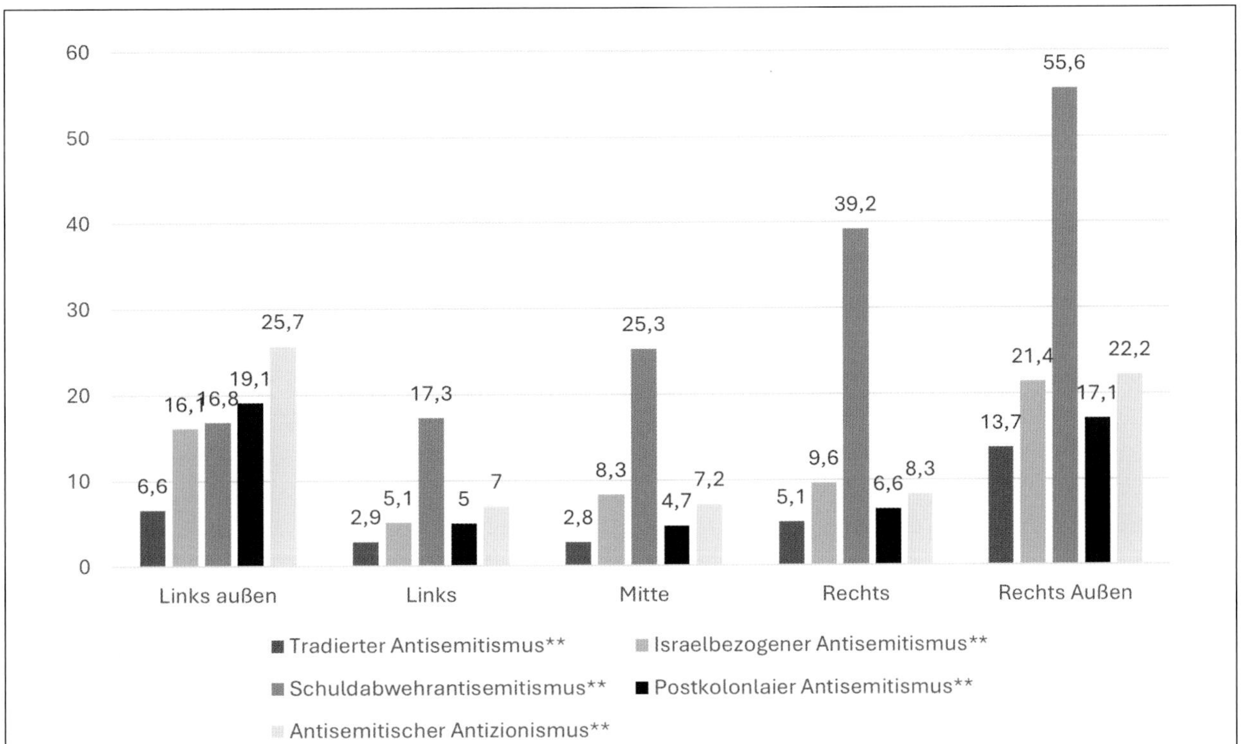

Grafik 1: Zustimmung in den Dimensionen des Antisemitismus nach politischer Selbstverortung (in Prozent)

bei allen drei Aussagen durchschnittlich der jeweiligen Dimension – entweder „stimme zu" oder „stimme voll und ganz zu" – geantwortet haben. Die politische Position wurde von den Befragten auf einer zehnstufigen Skala („Links außen" = 1; „Rechts außen" = 10) markiert und auf eine fünfstufige Skala verkürzt, um die Darstellungen übersichtlich zu halten.

Das Ergebnis ist eindeutig: Rechts außen erfahren alle Aussagen die höchste Zustimmung. Im Vergleich aller anderen Milieus ist Antisemitismus Links außen auf fast allen Dimensionen zustimmungsfähiger als links der politischen Mitte, in der Mitte oder rechts der Mitte. Zwei Ausnahmen bestehen: Schuldabwehrantisemitismus treffen wir mit knapp 17 Prozent bei Befragten Links außen seltener an als bei allen anderen. Und dem postkolonialen Antisemitismus wird Links außen etwas mehr zugestimmt als Rechts außen. Dieses Verhältnis ist erwartungskonform, eher erstaunlich ist, dass Befragte, die sich selbst sehr weit rechts positionieren, dennoch einen Echoraum für diese Form des Antisemitismus bieten. Wer sich Rechts außen verortet, dem ist unabhängig von dessen ideologischer Aufladung jedwede Form von Antisemitismus zur Begründung seines bestehenden Ressentiments recht. Neben der Verbreitung können wir auch zeigen, wie stark gleichförmig diese Ressentiments in den Milieus geteilt werden. Hier belegt die Streuung der Antworten um den jeweiligen Mittelwert, dass die Milieus Links, Mitte und Rechts relativ einheitlich antworten, während Rechts außen und vor allem Links außen starke Polarisierungen auszumachen sind. Die hohe Standardabweichung zeigt an, dass Links außen sowohl starke Anhänger des Ressentiments als auch sehr ablehnende Personen vertreten sind.

Einordnung der Befunde

Antisemitismus wird zwar in extrem rechten Milieus (Rechts außen) leichter und offener geäußert, aber auch innerhalb der Linken offenbart sich als Reaktion auf den 7. Oktober 2023 ein Judenhass, der in diesem Milieu bereits seit Längerem existiert (Schäfer/Dalbert 2013). Die Befunde bestätigen die alte Einsicht: „Jede Epoche konstruiert sich ihr eigenes Judentum" (Koigen 1934, S. 5). Auch in den neuen Erscheinungsformen wirkt die alte Funktion des Antisemitismus, in gewandelter Form: Heute werden Juden nicht mehr gehasst, weil sie einer „fremden Rasse" angehörten, sondern weil sie „Rassisten" seien; sie sind nun nicht mehr bedrohlich, weil sie „heimatlos" sind, sondern weil sie in Israel eine Heimat haben (Simons 2023). Oft genug kommen dann auch und gleichzeitig die tradierten antisemitischen Tropen wieder zu ihrem Recht, denn auch in dieser Heimat seien sie Fremdkörper, nämlich Kolonialisten, die sich geradezu biblischer Verbrechen schuldig machen. Die Bildsprache der Propaganda der Hamas und ihrer Unterstützer weist dazu eindeutige Kontinuitätslinien auf.
Zu den tieferen Ursachen des erstarkenden Antisemitismus in der Linken zählt auch das spezifische Wirken der Identitätslogik, insbesondere die augenfällige Entwicklung von einer Kritik der Identitätslogik hin zur Identitätspolitik in der bewegungsförmigen Linken (Chaouat 2016). Mit der Betonung von Gruppenidentitäten wurden nicht nur die Forderungen der autoritär-völkischen Rechten legitimiert und unter der Hand der Universalismus aufgegeben (Lilla 2017). Es wird zudem sichtbar, wie stark der Wunsch nach Eindeutigkeit und autoritärer Sicherheit auch in den gesellschaftlichen Gruppen ist, deren Gesellschaftsbilder diesen eigentlich entgegenstehen (so sind auch Autoritäre Aggressionen, Konventionalismus und

	Links außen	Links	Mitte	Rechts	Rechts außen
Postkolonialer Antisemitismus	1.23	0.987	0.946	0.954	1.07
Antisemitischer Antizionismus	1.31	0.962	0.967	0.922	1.07
Israelbezogener Antisemitismus	1.14	0.953	0.972	0.969	1.08
Schuldabwehr-Antisemitismus	1.05	1.02	0.931	0.951	0.891
Tradierter Antisemitismus	1.15	0.9	0.948	1.02	1.23

Tabelle 1: Streuung der Antworten nach Selbsteinschätzung in Standardabweichungen

Verschwörungsmentalität als Elemente des Autoritären Links außen häufiger anzutreffen als Links und in der Mitte; vgl. Decker u. a. 2024, S. 150). Hier wie dort wurde und wird die Gruppenidentität mit immer neuen Ausschlüssen erkauft (Knapp 1994). In den Reaktionen innerhalb der Linken – in Deutschland und international – wird deutlich, wie viel mehr als in der Rechten dort lange Zeit die Kommunikationslatenz gegriffen hat (Liebig 2023). Der israelbezogene Antisemitismus in seinen unterschiedlichen Erscheinungsformen ist Ausdruck eines Autoritarismus der „Gerechten“, die sich gleichzeitig in der binären Ordnung der Gesellschaft und ihrem Identitätszwang halten müssen und diesen doch kritisieren wollen (Decker 2023). Die Essentialisierung von Identität findet sich heute nicht nur in den neonazistischen Gruppen wie etwa der „Identitären Bewegung“ und in der Neuen Rechten als dominantem Teil der AfD, sondern hat sich ausgerechnet auch in linken Milieus durchsetzen können.

Antisemitismus in Sachsen-Anhalt nach dem 7. Oktober 2023

Charlotte Brandes

Dieser Beitrag betrachtet die bei der Recherche- und Informationsstelle Antisemitismus (RIAS) eingegangenen antisemitischen Vorfälle in Sachsen-Anhalt 2023 und bettet sie in bundesweite Entwicklungen ein. Im Zentrum steht dabei der Befund, dass der 7. Oktober 2023 eine Zäsur darstellt. An diesem Tag griffen die Terrororganisation Hamas und ihre Verbündeten Israel an und verübten die schwersten Massaker an Juden:Jüdinnen seit der Shoa.
Nach kurzer Erläuterung zur Datengrundlage der RIAS thematisiert der Beitrag die Zäsur mit Blick auf den Umfang antisemitischer Vorfälle und ihre inhaltliche Spezifik. Danach werden die antisemitischen Tätergruppen und ihre Entwicklung thematisiert. Was dies und weitere Tendenzen für Jüdinnen:Juden bedeutet, wird im Anschluss dargestellt. Abschließend werden bundesweite Entwicklungen beschrieben, in die sich der für Sachsen-Anhalt abzeichnende Trend einfügt.

RIAS: Dokumentation antisemitischer Vorfälle in Sachsen-Anhalt und im Bund

Unter dem Leitprinzip der Betroffenenperspektive erfasst RIAS antisemitische Vorfälle unabhängig von ihrer strafrechtlichen Relevanz und bietet eine erste Anlaufstelle für Betroffene. RIAS Sachsen-Anhalt befindet sich seit 2022 in Trägerschaft von OFEK e. V., in anderen Bundesländern existieren diese Anlaufstellen ebenfalls. Der Bundesverband RIAS erstellt bundesweite Lagebilder und Analysen.
RIAS erfasst antisemitische Vorfälle nach einem bundesweit einheitlichen Kategoriensystem, das u. a. verschiedene Erscheinungsformen des Antisemitismus und Vorfalltypen erfasst. Zu den Erscheinungsformen zählen beispielsweise israelbezogener Antisemitismus und antisemitisches Othering, während die Vorfalltypen von antisemitischen Massenzuschriften bis zu Vorfällen extremer Gewalt reichen (OFEK e. V. 2024, S. 52 ff.). Vorfälle können über ein Onlineportal, per E-Mail oder telefonisch gemeldet werden, bei Bedarf auch anonym. Zudem erfasst RIAS Sachsen-Anhalt antisemitische Vorfälle mithilfe proaktiven Monitorings und der Kooperation von Netzwerkpartner:innen. Dabei ist von einem großen Dunkelfeld auszugehen (dazu auch Bundesverband RIAS 2024, S. 8 f.).

Der 7. Oktober 2023 als Zäsur: rapide Zunahme und qualitative Spezifik

Vor dem 7. Oktober hat RIAS Sachsen-Anhalt etwa neun antisemitische Vorfälle pro Monat im Jahr 2023 dokumentiert. Nach dem 7. Oktober verdreifachte sich diese Zahl, im Schnitt wurden bis Jahresende 32 Vorfälle pro Monat erfasst, mit einem Plateau von je 42 Fällen im Oktober und November. Israelbezogener Antisemitismus stand dabei im Vordergrund, von 54 Vorfällen mit israelbezogenem Antisemitismus im Jahr 2023 hat RIAS 43 nach dem 7. Oktober dokumentiert, das sind fast 80 Prozent. Zudem hat sich als besorgniserregender Trend gezeigt, dass dieser Antisemitismus Akteur:innen verschiedenster politisch-weltanschaulicher Hintergründe zusammenbrachte. So nahmen linke Akteur:innen gemeinsam mit islamistischen Gruppierungen an antisemitischen Versammlungen teil. Sollte sich diese Tendenz verstetigen, würde dies ein neues Maß an Normalisierung von Antisemitismus im Alltag bedeuten. Dies ist für die jüdische Gemeinschaft alarmierend, weil sie noch weniger Solidarität aus der nichtjüdischen Mehrheitsgesellschaft erwarten kann und noch stärker in die Isolation geraten würde. Diese Entwicklung geht über Sachsen-Anhalt hinaus und lässt sich bundesweit erkennen (Bundesverband RIAS 2023, S. 21).

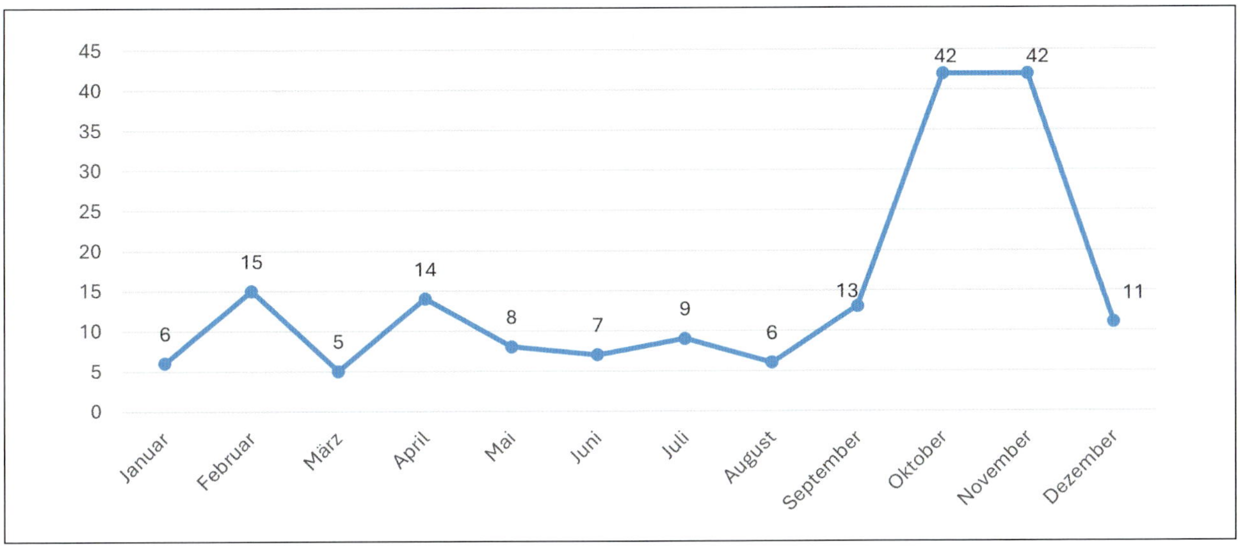

Grafik 1: Antisemitische Vorfälle nach Monaten in Sachsen-Anhalt

Israelhass als prägendes Motiv und Markierung von Juden:Jüdinnen als fremd

Die antisemitische Reaktion in Sachsen-Anhalt auf den Angriff der islamistischen Terrororganisationen auf Israel war einerseits stark geprägt von Israelhass. Wie gesagt wurden knapp 80 Prozent aller Fälle im letzten Quartal erfasst. Unter israelbezogenem Antisemitismus versteht RIAS Vorfälle, in denen antisemitische Einstellungen auf den Staat Israel projiziert werden, sich also etwa Äußerungen zur Politik Israels mit Ideologemen des Antisemitismus verbinden. Dazu zählt auch, die Legitimität der Existenz Israels in Abrede zu stellen, also Vernichtungswünsche auf den jüdischen Staat zu übertragen. Anderseits sticht im Nachgang des 7. Oktober das antisemitische Othering hervor, also die antisemitische Fremdmarkierung von Menschen und/oder Institutionen. So werden Jüdinnen:Juden als nicht zugehörig markiert.

Was sich zeigt ist: Der islamistische Terrorangriff am 7. Oktober auf Israel hat als Gelegenheitsstruktur für Antisemitismus in Sachsen-Anhalt gedient. Das heißt nicht, dass der Terror Ursache antisemitischer Äußerungen oder Handlungen ist, als Gelegenheitsstruktur machte er diese aber wahrscheinlicher. In solchen Gelegenheitsstrukturen wird latenter Antisemitismus manifester, antisemitische Äußerungen also expliziter und antisemitische Taten gewaltförmiger. Dies zeigt sich unter anderem in der Aktivierung unterschiedlicher Milieus.

Mobilisierung verschiedener politischer Spektren

In Gelegenheitsstrukturen zeigt sich nicht nur eine Zunahme individueller antisemitischer Äußerungen und Handlungen, sondern auch eine verstärkte Mobilisierung durch – teils sehr unterschiedliche – politische Akteur:innen.
So fanden nach dem 7. Oktober 2023 mehrfach Kundgebungen und Demonstrationen des linken antiimperialistischen Spektrums statt, die in ihren Ankündigungen und in der thematischen Ausrichtung der teilnehmenden Gruppierungen eine israelfeindliche Einstellung aufwiesen. In diesem Kontext kam es zu antisemitischen Vorfällen in Sachsen-Anhalt. Dabei wurde das Existenzrecht Israels bestritten, Israel als Apartheidstaat dämonisiert und auf gezeigten Landkarten als symbolisch ausgelöscht dargestellt bzw. seine Auslöschung gefordert in Parolen wie „From the river to the sea, Palestine will be free“, die sich auf das gesamte Gebiet zwischen dem Jordan und dem Mittelmeer beziehen. Sechs solcher Vorfälle wurden nach dem 7. Oktober in Sachsen-Anhalt dokumentiert.

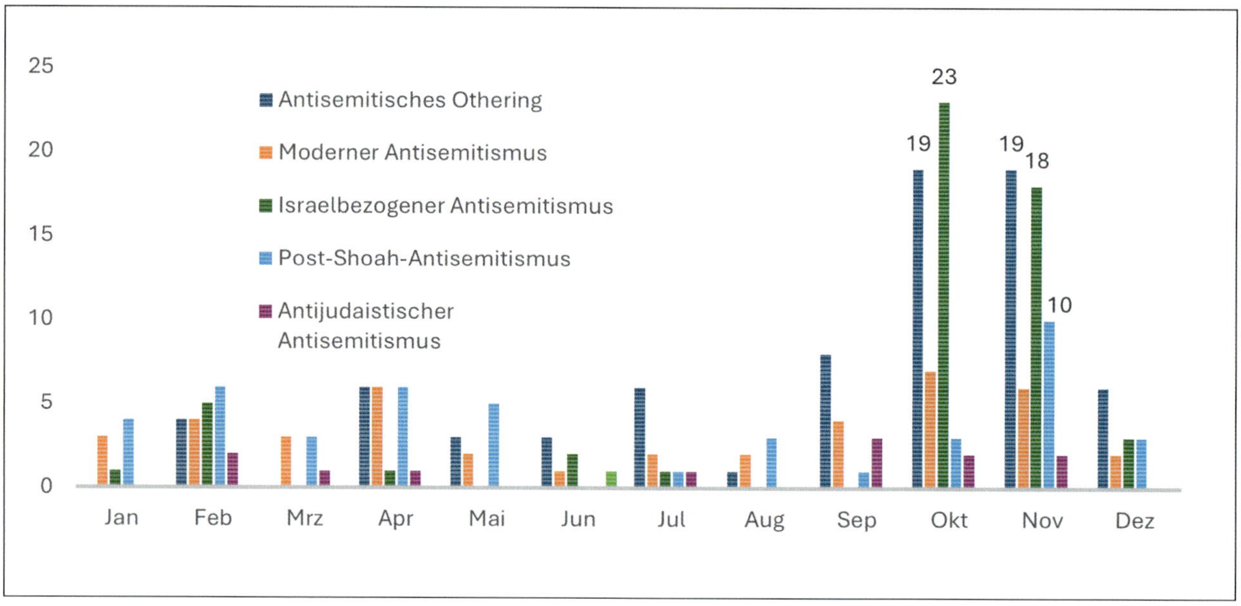

Grafik 2: Erscheinungsformen nach Monaten

Zudem erhalten antisemitische Äußerungen, die auf Versammlungen verbreitet werden, unmittelbaren Zuspruch. Sie erscheinen als legitime Meinungsäußerung und ihr antisemitischer Gehalt wird durch die ständige Wiederholung für die Teilnehmenden normalisiert (vgl. Bundesverband RIAS 2024, S. 42). Besonders israelbezogener Antisemitismus dient hier als Einfallstor für weitere antisemitische Erscheinungsformen und verschiebt darüber hinaus die Grenzen des Sagbaren. So ist es nach dem 7. Oktober sowohl zu weit mehr antisemitischen Vorfällen – aller politischer Hintergründe – als in den Monaten zuvor gekommen, als auch zu expliziteren Vernichtungsdrohungen und antisemitischen Handlungen. In den mehr als neun Monaten vor dem 7. Oktober 2023 sind beispielsweise zwei antisemitische Bedrohungen dokumentiert worden. In den knapp drei Monaten danach kam es zu elf Bedrohungen, durchschnittlich wöchentlich ein Mal (OFEK e. V. 2023, S. 51 ff.).

Bedeutung für Juden:Jüdinnen

Bereits vor dem 7. Oktober hat Antisemitismus als alltagsprägendes Phänomen das Leben von Jüdinnen:Juden in Sachsen-Anhalt maßgeblich mitbestimmt. So ereigneten sich antisemitische Vorfälle zu einem überwiegenden Teil auf offener Straße. Auch in anderen öffentlichen Räumen, wie Grünanlagen, im Stadion oder im ÖPNV kam es in Sachsen-Anhalt zu antisemitischen Vorfällen. Selbst am Arbeitsplatz, an der Universität oder im eigenen Wohnumfeld sahen sich Betroffene mit Antisemitismus konfrontiert.

Die Dynamik nach dem 7. Oktober 2023 hat diese Verunsicherung unter Jüdinnen:Juden in Sachsen-Anhalt verstärkt. So sieht sich die jüdische Gemeinschaft nicht nur an Orten des alltäglichen Lebens, wie am Wohnort, am Arbeitsplatz oder im öffentlichen Nahverkehr, mit Antisemitismus konfrontiert, sondern vermehrt auch aus verschiedenen politischen Spektren (ebd., S. 29). Zudem haben die antisemitischen Vorfälle quantitativ stark zugenommen und sind zusätzlich gewaltförmiger geworden. Während Jüdinnen:Juden bereits zuvor zwischen der Sichtbarkeit der eigenen jüdischen Identität und der Sicherung der eigenen körperlichen Unversehrtheit durch Unsichtbarmachung abgewogen haben, hat sich die Situation seitdem dramatisch verschärft.

All dies erschwert den vor Ort lebenden Jüdinnen:Juden außerdem die Bewältigung der Geschehnisse vom 7. Oktober. Betroffene müssen den Schock des islamistischen Terrorangriffs der Hamas, den Tod von Angehörigen oder Freund:innen und die existenzielle Bedrohung unter stark erschwerten Bedingungen zu bearbeiten versuchen, da sie sich zugleich mit einem eskalierten Antisemitismus vor Ort konfrontiert sehen.

Sachsen-Anhalt vor dem Hintergrund bundesweiter Entwicklungen

Die Zäsur des 7. Oktober zeigt sich auch bundesweit (vgl. zu den folgenden Ausführungen Bundesverband RIAS 2024). In ganz Deutschland waren etwa Bildungseinrichtungen besonders häufig Orte antisemitischer Vorfälle. Im Schnitt kam es dort zu 25 antisemitischen Vorfällen pro Woche, 301 von 471 Vorfällen insgesamt fanden nach dem 7. Oktober statt, davon allein 113 an Hochschulen. Ebenso sind das eigene Wohnumfeld und der Arbeitsplatz wesentlich Orte antisemitischer Vorfälle dokumentiert. Sie sind besonders belastend für die Betroffenen, da diese den Alltag der Betroffenen maßgeblich strukturieren und ihnen nur erschwert entgangen werden kann.
RIAS dokumentierte deutschlandweit nach dem 7. Oktober insgesamt 143 Vorfälle im Wohnumfeld von Betroffenen – zwischen Januar und dem 7. Oktober 2023 waren es 78 Vorfälle. Mehrfach wurden etwa Wohnungen von Jüdinnen:Juden mit Davidsternen oder Hakenkreuzen markiert. Dies erinnert an eine Kennzeichnungspraxis der Nationalsozialisten, die vor allem jüdische Geschäfte mit Davidsternen markierten.
Die Gefährdung von Jüdinnen:Juden in Deutschland insgesamt hat seit dem 7. Oktober objektiv zugenommen. Die Auswirkungen des 7. Oktober sind sowohl auf institutioneller Ebene als auch im Alltag von Jüdinnen:Juden deutlich spürbar. So haben einerseits Terrordrohungen zugenommen, israelische Restaurants mussten schließen, jüdische Institutionen müssen noch stärker als bisher geschützt werden, und andererseits haben antisemitische Vorfälle Einzelpersonen in Situationen ihres täglichen Lebens stärker getroffen, wie etwa in der Schule oder im nachbarschaftlichen Austausch.
Israelbezogener Antisemitismus war seit dem 7. Oktober wesentlich für das Vorfallgeschehen bundesweit, so wurden antisemitische Stereotype auf Israel übertragen und Vernichtungsphantasien aktualisiert. 71 Prozent der nach dem 7. Oktober dokumentierten antisemitischen Vorfälle ordnete RIAS dem israelbezogenen Antisemitismus zu. Häufig ging dies mit der zweithäufigsten Erscheinungsform – dem Post-Shoah-Antisemitismus – einher. Beispielsweise wenn die israelische Selbstverteidigung mit dem Nationalsozialismus gleichgesetzt wurde, was sich etwa in einer häufig auf Versammlungen verbreiteten Parole „One Holocaust does not justify another" ausdrückt. Hier zeigt sich nicht nur die Relativierung der Shoah, sondern auch eine Täter-Opfer-Umkehr, was beides typisch für Post-Shoah-Antisemitismus ist. Darunter fasst RIAS das Phänomen, dass Schuld- und Erinnerungsabwehrmechanismen eingesetzt werden, um die während der Shoah begangenen Verbrechen zu verharmlosen, zu relativieren, zu leugnen und/oder sich positiv auf diese zu beziehen.
Noch am Tag des 7. Oktober gab es in Deutschland erste antisemitische Vorfälle, die auf die Massaker in Israel reagierten. Beispielsweise zelebrierten Menschen am Berliner Hauptbahnhof offen den islamistischen Terror, skandierten „From the River to the Sea, Palestine will be free" und freuten sich unverhohlen über die Massaker an der israelischen Bevölkerung, von denen sie Videos auf einem Mobiltelefon abspielten.
Die Terrorangriffe und Massaker waren Ereignisse „extremer Gewalt" (ebd., S. 61) mit genozidalem Charakter. Sie boten auch bundesweit eine Gelegenheitsstruktur für eine qualitative und quantitative Verschärfung antisemitische Vorfälle: 58 Prozent aller antisemitischen Vorfälle im Jahr 2023 fanden nach dem 7. Oktober statt, das ist ein Anstieg von durchschnittlich 7 auf 32 Vorfälle pro Tag.
In der Zeit nach dem 7. Oktober ist auch das Kriegsgeschehen in Israel zu einem Anlass für antisemitische Mobilisierungen und Vorfälle bundesweit geworden. So fanden in den ersten Wochen danach bundesweit Versammlungen mit bis zu 10.000 Teilnehmer:innen statt. Es war außerdem zu beobachten, dass die mediale Berichterstattung etwa durch die Verbreitung von Falschinformationen die Mobilisierung beförderte. Zudem sind Gedenkanlässe wie der 9. November 2023, der internationale Gedenktag zur Erinnerung an die Novemberpogrome 1938, die sich in dem Jahr zum 85. Mal jährten, für antisemitische Reaktionen

auf den 7. Oktober instrumentalisiert worden. Zusätzlich hat sich das Versammlungsgeschehen durch die mediale Verbreitung antiisraelischer Desinformation seitdem intensiviert.
Dies wirkt sich unmittelbar negativ auf die Sicherheit von Jüdinnen:Juden im öffentlichen Raum aus. Außerdem haben bundesweit die gewalttätigen Vorfälle und offenen Vernichtungsdrohungen gegen Jüdinnen:Juden stark zugenommen. Fast drei Viertel der Fälle extremer Gewalt, etwa zwei Drittel aller Angriffe und nahezu zwei Drittel der Bedrohungen sind im Jahr 2023 nach dem 7. Oktober dokumentiert worden. Zudem sind bundesweit die antisemitischen Versammlungen von zwei pro Tag vor dem 7. Oktober auf fünf pro Tag danach angestiegen (Bundesverband RIAS 2023).

Fazit

Es wirkt paradox, dass das in Israel verübte schlimmste Massaker an Jüdinnen:Juden seit der Shoah in Sachsen-Anhalt und Deutschland keine breite gesellschaftliche Solidarität mit den Opfern ausgelöst hat. Vielmehr erfuhren die Täter großen Zuspruch aus verschiedenen politischen Spektren. Der 7. Oktober und die antisemitische Reaktion hier vor Ort hat für die jüdische Gemeinschaft eine neue Realität geschaffen.

„Selbst den Bombenangriff auf die Stadt am 16. April 1945 unbeschadet überstanden" – Antisemitismus in Sachsen-Anhalt im Spiegel des Diskurses um Schmähplastiken 2016

Raphael Hoffmann

Sachsen-Anhalt wird regional wie überregional mit der Reformation und deren zentraler Figur Martin Luther verbunden. So trägt nicht nur Wittenberg offiziell den Beinamen „Lutherstadt". Hier wurde 2017 das 500-jährige Reformations-Jubiläum begangen. Im Vorfeld begann eine öffentliche Debatte um Darstellungen der sogenannten „Judensau", also antijudaistischer Schmähplastiken. Sie inszenieren die auch in Luthers Theologie begründete Abwertung des Judentums, sichtbar für die christliche Mehrheit wie die jüdische Minderheit. Die Debatte kreiste um die Frage, welcher Umgang mit der Schmähplastik in Wittenberg zu finden sei, ob sie abgehängt oder belassen werden sollte. In diesem Beitrag wird die Regionalpresse im Jahr 2016 als Teil dieser Debatte betrachtet. Gefragt wird, wie die mit den Schmähplastiken in Sachsen-Anhalt verbundene antijudaistische Tradition verhandelt wird und welche Schlussfolgerungen sich mit Blick auf den Umgang mit Antisemitismus in Sachsen-Anhalt ziehen lassen.

Zur Bildsprache der Schmähplastiken: Radikaler christlicher Antijudaismus

Seit seiner Ablösung aus dem Judentum befand sich das Christentum zu diesem in einem Spannungsverhältnis, das in eine theologisch begründete Abwertung des Judentums mündete. Im mittelalterlichen Antijudaismus traten neben die neutestamentliche Unterstellung des Gottesmordes als weitere Motive Hostienschändung, Brunnenvergiftung und Ritualmordlegende hinzu, die zwischen dem 13. und 16. Jahrhundert Pogromwellen in deutschen Ländern legitimierten (Lobenstein-Reichmann 2020, S. 268, 276). Ausdruck fand die theologische Hierarchisierung von Christentum und Judentum etwa in der plastischen Darstellung am Magdeburger Dom, wo eine gekrönte, einen Kelch und eine Fahne haltende weibliche Figur eine andere kontrastiert, die blind und deren Stab gebrochen ist und der die Gesetzestafeln entgleiten: „In ihrer Gegenüberstellung drücken Ecclesia (Kirche) und Synagoga (Synagoge) ein hierarchisch wertendes Verhältnis aus: Die jüngere Kirche wird positiv von der älteren Synagoge abgesetzt, das ‚Neue Testament' vom ‚Alten', die Christen von den Juden" (Heil 2012a, S. 172). Die Darstellungen der sogenannten „Judensau" gehen über eine theologische Hierarchisierung hinaus. Das Schwein gilt im Judentum als unreines Tier. Indem ein Rabbiner und durch den „Judenhut" als solche gekennzeichnete Juden im engen Umgang mit dem Schwein dargestellt werden, werden sie als unrein verunglimpft. Zudem wird ein sexualisierter Akt nahegelegt: Dargestellt ist, dass ein Rabbiner den Schwanz einer Sau hebt, wobei er nicht nur den After, sondern auch die Vulva inspiziert. Zudem saugen nicht nur Ferkel, sondern auch Juden an den Zitzen des Schweins, das diese demnach zu mästen scheint. Diese und ähnliche Plastiken sind eine öffentliche, für die damalige, des Lesens unkundige, christliche Mehrheitsgesellschaft verständliche Schmähung des Judentums und von Juden:Jüdinnen.

Solche antijudaistischen Schmähplastiken sind in Sachsen-Anhalt erhalten im Dom in Magdeburg (angebracht im 13. Jh.), an der Ruine der St.-Nikolai-Kirche in Zerbst (angebracht im 15. Jh.), an der St.-Stephani-Kirche in Calbe (vermutlich zuerst im 15. Jh angebracht und im 19. oder 20. Jh. deutlich verändert oder neu angebracht) sowie an der weit über die Landesgrenzen hinaus bekannten Stadtkirche Wittenberg. Letztere entstand im späten 13. Jahrhundert, hing zunächst im Innern, wurde aber im 16. Jahrhundert, also nach bzw. im Zuge der Reformation, an die Außenfassade verlegt und mit einer Beschriftung versehen: „Rabini Schem HaMphoras", die direkt Bezug nimmt auf die so betitelte antijudaistische Schrift von Martin Luther (vgl. Kleinbub 2022, S. 12 f.). Zum Luther- bzw. Reformationsjahr 2017 wurden an der Außenfassade diese Beschriftung sowie die Schmähplastik restauriert.

Indienstnahme im Nationalsozialismus, Kommentierung in der DDR und aktuelle Debatte

Der christliche Antijudaismus wurde im modernen Antisemitismus aufgegriffen und modifiziert. Dies zeigen die Schimpfworte „Judensau", „Judenschwein" und „Saujude", die auf das Motiv der Schmähplastiken zurückzuführen sind (Schoeps 2020). Zudem geht mit Luthers Vorstellung, dass von getauften Juden:Jüdinnen eine besondere Gefahr ausginge, der religiös begründete Antijudaismus in eine aufs „Blut" bezogene (proto-)rassistische Differenzkonstruktion über (Botsch 2014). Nicht erst für seine Spätschriften gilt, dass er „dem Kult der Juden alle Daseinsberechtigung absprach und die Juden geradezu als parasitäre Eindringlinge zeichnete" (Heil 2012b, S. 223). Der radikale Antijudaismus Luthers machte ihn anschlussfähig für radikale nationalsozialistische Antisemiten wie Julius Streicher, den Gründer und Herausgeber des propagandistischen Wochenblattes „Der Stürmer". Noch im Hauptkriegsverbrecherprozess in Nürnberg verteidigte dieser sich am 29. April 1946 mit direkter Bezugnahme auf Luthers antisemitische Schriften (Der Prozess 1984, S. 346 f.).

Diese zutiefst problematische Luther-Tradition stellte in der DDR und in der vereinten Bundesrepublik keinen Hinderungsgrund dafür dar, an Luther anzuknüpfen: Sowohl Wittenberg als auch die Universität Halle behielten durchgängig ihren in den 1930er Jahren verliehenen Beinamen. Eine (selbst-)kritische Auseinandersetzung mit dem plastischen Erbe des christlichen Antijudaismus und Antisemitismus an der Wittenberger Stadtkirche fand erst in den 1980er Jahren statt. Im Zuge der in der DDR inszenierten Veranstaltungen zum Gedenken an die Opfer des 50 Jahre zuvor im gesamten Deutschen Reich in Gang gesetzten Pogroms vom 9. November wurde 1988 am Boden unterhalb der Schmähplastik ein Mahnmal enthüllt. Dessen Text hebt auf den Zusammenhang zwischen der mittelalterlichen Schmähung Gottes und der Vernichtung der Juden im Nationalsozialismus ab. Das Mahnmal fand „seinerzeit fast überall in kritischen Kreisen Zustimmung" und kann als „ein Akt der Unabhängigkeit der Kirche gegenüber staatlichem defizitärem Gedenken bzw. der Bearbeitung von Antisemitismus in der DDR" (Staffa 2020, S. 5) verstanden werden. Dieser Kontext war seit der deutschen Wiedervereinigung nicht mehr gegeben. Folgerichtig wurde nach kontext- und zeitgemäßeren Umgangsweisen gesucht. Eine breitere Debatte kam indes erst 2016 in Gang. Sie setzte mit der Petition von Dr. Richard Harvey, einem Vertreter einer dem Selbstverständnis nach messianisch-jüdischen Strömung, die als christlich eingeordnet wird, ein. Er forderte vor dem 2017 anstehenden 500-jährigen Reformationsjubiläum, die Schmähplastik in Wittenberg zu entfernen. Denn: „Diese Skulptur ist bis heute ein Angriff auf Juden und verspottet sie und ihren Glauben." Daher „sollte [sie] durch etwas ersetzt werden, das den Gott Israels ehrt, respektvoll den Juden gegenüber ist, und somit der Stadtkirche als christlichen Ort des Lobpreises wieder Ehre bringt" (Harvey 2016).

Zur Thematisierung der Schmähplastiken und des Umgangs mit ihnen

Im Zentrum der folgenden Betrachtung steht der Beginn der Debatte im Jahr 2016. In den Blick genommen wurde das Archiv der „Volksstimme" im Zeitraum vom 1. Januar bis 31. Dezember 2016 einschließlich der Regionalausgaben und der Rubriken „Meinung" und „Leser". Der Suchbegriff „Schmähplastik" förderte keinen Text zutage, wohl aber enthielten drei Beiträge das Wort „Schmährelief". Diese drei sowie acht weitere Beiträge konnten über den Suchbegriff „Judensau" gefunden werden. In neun der insgesamt elf Beiträge hat sich keine lokale Zeitungsradaktion damit befasst. Nur zwei Artikel setzen sich mit Hintergründen und regionalen Gegebenheiten im Zusammenhang mit den Schmähplastiken auseinander (Apel 2016, Wegner 2016). Sie erschienen am 13. und 27. Oktober 2016. Die beiden Hintergrundartikel basieren auf Recherchen in der Region. Sie signalisieren kritische Distanz zum Gegenstand, indem das mit dem abwertenden Wort „Judensau“ Bezeichnete im Titel als „Schandmal“ qualifiziert bzw. auf seine Funktion der „Ausgrenzung“ hingewiesen wird. Zudem wird die Bezeichnung durchgängig in Anführungsstriche gesetzt. Insgesamt schildern beide Beiträge einen scheinbar gelungenen Umgang verantwortlicher Akteure in Sachsen-Anhalt mit ihrem plastischen Erbe des christlichen Antijudaismus und Antisemitismus. Dieser Eindruck erweist sich beim näheren Hinsehen als nicht ganz zutreffend, was anhand von drei Strukturmerkmalen veranschaulicht werden soll.

So kommt erstens dem „Anstoß von außen“ für die (selbst-)kritische Auseinandersetzung in den Schilderungen jeweils eine entscheidende Bedeutung zu. Ein Kirchenvertreter wird zu Beginn der in seiner Gemeinde erfolgten Kommentierung antijüdischer Schmähplastiken etwa mit den Worten zitiert: „‚Noch zu DDR-Zeiten erhielten wir einen Brief aus dem Westen, etwas zu unternehmen‘.“ Während in diesem Fall der Beginn einer kritischen Auseinandersetzung mehr als 30 Jahre zurückliegt, wurde eine andere Kirchgemeinde erst später, aber nach demselben Muster aktiv: „Das Thema kam überhaupt erst auf den Plan, als vor Jahren eine E-Mail im Gemeindebüro einging“, die auf die Schmähplastik verwies und deren Absender einen kritischen Umgang einforderte. Eine direkte Kommentierung der Plastik stehe im Raum, „vielleicht mit einer Tafel [...]. Genaueres ist noch nicht geplant.“ Schließlich wird ein dritter Kirchenvertreter so zitiert: „‚Nur alle paar Jahre kommt von außen der Hinweis, wir müssten etwas tun.‘“, wobei diese Anstöße bislang folgenlos blieben. Zwar sei die Plastik „‚ein schreckliches Zeugnis der Geschichte‘“, habe aber „‚derzeit keine Bedeutung‘“ und eine „Kommentierung“ sei auch „mittelfristig nicht geplant“. Im Vergleich der Fälle wird deutlich, dass eine (selbst-)kritische Auseinandersetzung erst durch Anstöße von außen in den Bereich des Möglichen gerückt wurde. Eine eigenständige Befassung aus den Kirchgemeinden und Stadtgesellschaften von Magdeburg, Zerbst oder Calbe hat es offenbar nicht gegeben. Zudem führten diese Anstöße von außen nur in einem der drei Fälle zu einer direkten und in keinem zu einer öffentlich sichtbaren kritischen Kommentierung der Schmähplastiken bis zum Jahr 2016. Explizit angesprochen und als mögliches Problem markiert wird all dies in den Beiträgen nicht.

Zweitens wird bei näherer Betrachtung ein Blick auf den christlichen Antijudaismus deutlich, der die Bedeutung Martin Luthers für dessen Virulenz marginalisiert. Die Mehrzahl der Befragten geht auf dessen Haltung zum Judentum nicht ein bzw. wird nicht dahingehend zitiert. Abwesend ist Luther indes nicht, er wird vielmehr in einem Hintergrundbeitrag direkt eingeführt: „Calbes massive gotische Kirche dominiert das Stadtbild. Ihre 57 Meter hohen Türme gehören zu den höchsten des Landes. Der Innenraum wirkt schroff und kahl, vielleicht so puristisch, wie sich Luther einst Kirchen vorgestellt hat.“ Während er hier positiv markiert wird als ein bis in die Gegenwart präsenter Kirchengestalter, bleibt er unerwähnt, wenn es um die Schmähplastiken geht. So wird die Kommentierung der Plastik in Wittenberg positiv erwähnt, die mit ihr verbundene Inschrift „Rabini Schem HaMphoras“ benannt und als „Begriff [...] für den unaussprechlichen Namen Gottes“ übersetzt. Die oben genannte Verbindung zur antijudaistischen Schrift Luthers wird nicht hergestellt. Im anderen Artikeln werden Luthers antijüdische Lehren genannt, nicht aber ihre Wirkung in seiner Zeit. Zwar wird vermerkt, dass „die Nationalsozialisten [sich] später [auf dessen antijüdische Schriften] bezogen.“ Der im Anschluss aufgerufene Kirchenvertreter könne sich aber „Luthers Hass auf die Juden nicht wirklich erklären“ und meint: „‚Aber Luther ist eben ein Kind seiner Zeit gewesen.‘“ Mit dieser auf kindliche Unschuld abhebenden Redewendung wird Luther quasi zum Opfer jenes Zeitgeistes, den er selbst maßgeblich prägte. Übertragen wird diese Redewendung dann auf einen örtlichen Kaufmann, „der auf einem Zierbalken der Fassade seines Hauses direkt am Markt [...] eine ‚Judensau‘ ins Holz hat schnitzen lassen“. Somit wird dieser politische Akt eines Vertreters der einflussreichen städtischen Oberschicht, der sich mit dem Antijudaismus seiner Zeit schmückte, auch aus der journalistischen Perspektive sprachlich verniedlicht. So wird verständlich, dass weniger der genuine Antijudaismus Luthers als vielmehr die spätere Indienstnahme der Gedanken dieses „Kindes seiner Zeit“ problematisiert wird: „‚Wenn man über das Entfernen des

Reliefs nachdenkt, denkt man an den Holocaust, aber nicht an seinen mittelalterlichen Ursprung'", wird der Kirchenvertreter zitiert.
Ein drittes Strukturmoment der Hintergrundartikel liegt in der komplementären Ab- und Anwesenheit von Juden:Jüdinnen. So bleibt die Bedeutung der Plastiken aus jüdischen Perspektiven unerwähnt, jüdische Personen werden nicht befragt. Diese Leerstelle wird deutlicher im Vergleich mit den (hier nicht näher kommentierten) Agenturmeldungen, in denen bspw. am 5. Oktober 2016 der Vorsitzende des Zentralrats der Juden in Deutschland mit der Forderung zu Wort kommt, die Schmähplastik abzuhängen oder durch eine Tafel zu ergänzen (Volksstimme 2016c, S. 3). Indirekt präsent sind Juden:Jüdinnen in beiden Hintergrundartikeln als namenlose Objekte und Opfer der antijüdischen Gewalt im Mittelalter sowie, schließlich, des Holocaust. Dass es trotz der weitestgehenden Zerstörung jüdischen Lebens in der Region auch nach der Schoah in der DDR jüdische Gemeinden gab, die in der vereinten Republik vor allem durch postsowjetische Migration wuchsen, findet keine Erwähnung. Ihre Perspektive kann dadurch vermutlich auch leichter übergangen werden. Diese Leerstelle wird durch die synonyme Verwendung des Wortes „Gemeinde" für „christliche Gemeinde" deutlich – das Pendent der ehemals in Calbe, Zerbst, Magdeburg und Wittenberg sowie der aktuell existenten „jüdischen Gemeinden" u. a. in Magdeburg fehlt. Und während das Gros der Juden:Jüdinnen aus Calbe, Zerbst, Magdeburg und Wittenberg den Holocaust nicht überlebten, wird zur Schmähplastik berichtet: „An einem Außenpfeiler [der Kirche] hat es selbst den Bombenangriff auf die Stadt am 16. April 1945 unbeschadet überstanden." In gewisser Weise wird damit ausgedrückt, dass die Alliierten zwar das NS-Regime niederringen konnten, nicht aber den virulenten Antisemitismus. Das war und bleibt Aufgabe der nachfolgenden Generationen.

Fazit

Jenseits der überregional und international bekannten Schmähplastik an der Stadtkirche in Wittenberg sind Variationen des Motivs der sogenannten „Judensau" in Sachsen-Anhalt in bzw. an Kirchgebäuden in Magdeburg und Calbe sowie an der Kirchruine in Zerbst und als Holzschnitzerei im dortigen Museum vorhanden. Die Auswertung der auf diese Regionen bezogenen Hintergrundberichte zeigt, dass für die Zeit bis zum Ende des Jahres 2016 kaum von einem proaktiven und flächendeckenden Umgang mit diesem plastischen Erbe des Antijudaismus und Antisemitismus in Sachsen-Anhalt gesprochen werden kann. Zudem konnte gezeigt werden, dass die Bedeutung Martin Luthers für den christlichen Antijudaismus durch wichtige Akteure und im journalistischen Diskurs marginalisiert, während er anderweitig positiv reklamiert wird. Und schließlich folgen die Darstellungen und womöglich auch die konkrete Handhabung vor Ort einem Muster: Juden:Jüdinnen treten als namenlose Opfer auf, kommen aber nicht als konkrete Akteur:innen mit eigener Stimme zu Wort. Für den Beginn der aktuellen Debatte um einen zeitgemäßen Umgang mit dem plastischen Erbe des Antijudaismus und Antisemitismus in Sachsen-Anhalt lässt sich festhalten, dass in den regionalen Stadtgesellschaften und in der medialen Darstellung durchaus Handlungsbedarf dahingehend bestand.

Quellen und Literatur des Panels *Antisemitismus vor und nach dem „7. Oktober“*

Quellen

Apel, Daniela: Judensau erzählt von Ausgrenzung. Theologe stößt Diskussion um mittelalterliche Schmähreliefs an – auch in Zerbst gibt es diese, in: Zerbster Volksstimme, 13.10.2016, S. 9.

Der Prozess gegen die Hauptkriegsverbrecher vor dem Internationalen Militärgerichtshof Nürnberg, Bd. 12, Nürnberg 1947 (ND: München/Zürich 1984).

Harvey, Richard: Verlegen sie die Wittenberger Judensau!, 10.07.2016, https://www.change.org/p/relocate-the-wittenberg-judensau (04.03.2025).

o. A. [Volksstimme 2016c]: „Obszön und aufhetzend“ – Petition fordert Entfernung der „Judensau“, in: Magdeburger Volksstimme, Ressort: Sachsen-Anhalt, 05.10.2016, S. 3.

Wegner, Jörg: „Judensau“: Umgang mit dem Schandmal. Antisemitische Darstellungen in Sachsen-Anhalts Gotteshäusern erinnern an dunkle Seiten der Kirchengeschichte, in: Magdeburger Volksstimme, Ressort: Sachsen-Anhalt, 27.10.2016, S. 3.

Literatur

Amadeu Antonio Stiftung (Hg.): deconstruct antisemitism! Antisemitische Codes und Metaphern erkennen, Berlin (o. J.), https://www.amadeu-antonio-stiftung.de/wp-content/uploads/2021/11/210922_aas_broschuere-da-105x148_web_doppelseiten.pdf (09.03.2025).

Amery, Jean: Der ehrbare Antisemitismus, in: Kritiknetz-Zeitschrift für kritische Theorie der Gesellschaft, 2012 [1969], https://www.kritiknetz.de/images/stories/texte/Amery_der_ehrbare_Antisemitismus_mit_Vorwort_Gess.pdf (09.03.2025).

Antisemitismus in Deutschland – aktuelle Entwicklungen, hg. vom Bundesministerium des Innern, Rostock 2018, https://www.bmi.bund.de/SharedDocs/downloads/DE/publikationen/themen/heimat-integration/expertenkreis-antisemitismus/expertenbericht-antisemitismus-in-deutschland.pdf?__blob=publicationFile&v=12 (09.03.2025).

Arnold, Simon: Eingestürztes Weltvertrauen nach dem 7. Oktober. Antisemitismuserfahrung und Traumatradierung in der Dritten Generation, in: Psychosozial, 47, 178, 4 (2024), S. 68–90.

Botsch, Gideon: Von der Judenfeindschaft zum Antisemitismus. Ein historischer Überblick, 07.07.2014, https://www.bpb.de/shop/zeitschriften/apuz/187412/von-der-judenfeindschaft-zum-antisemitismus/ (04.03.2025).

Bundesverband RIAS e. V. (Hg.): Antisemitische Reaktionen auf den 07. Oktober. Antisemistische Vorfälle in Deutschland im Kontext der Massaker und des Krieges in Israel und Gaza zwischen dem 07. Oktober und 09. November 2023, Berlin 2023, https://report-antisemitism.de/documents/2023-11-28_antisemitische_reaktionen_in_deutschland_auf_die_hamas-massaker_in_israel_2.pdf (26.01.2025).

Bundesverband RIAS e. V. (Hg.): Antisemitische Vorfälle in Deutschland 2023. Jahresbericht, Berlin 2024, https://report-antisemitism.de/documents/25-06-24_RIAS_Bund_Jahresbericht_2023.pdf (23.05.2025).

Chaouat, Bruno: Is Theory Good for the Jews?. French Thought and the Challenge of the New Antisemitism, Liverpool 2016.

Decker, Oliver u. a.: Die Leipziger Autoritarismus Studie 2020: Methode, Ergebnisse und Langzeitverlauf, in: Oliver Decker/Elmar Brähler (Hg.): Autoritäre Dynamiken. Alte Ressentiments – neue Radikalität, Gießen 2020, S. 27–88.

Decker, Oliver: Autoritäre Dynamiken und binäre Ordnungen, in: Zeitschrift für kritische Theorie, 29 (2023), S. 230–254.

Decker, Oliver u. a.: Antisemitismus als individuelles Ressentiment und gesellschaftliches Sediment – empirische Befunde, in: ders. u. a. (Hg.): Vereint im Ressentiment. Autoritäre Dynamiken und rechtsextreme Einstellungen. Leipziger Autoritarismus Studie 2024a, Gießen 2024, S. 133–160.

Decker, Oliver u. a.: Die Leipziger Autoritarismus Studie 2024: Methoden, Ergebnisse und Langzeitverlauf, in: ders. u. a. (Hg.). Vereint im Ressentiment. Autoritäre Dynamiken und rechtsextreme Einstellungen. Leipziger Autoritarismus Studie 2024, Gießen 2024b, S. 29–100.

Diner, Dan: Sie stellen den Israelis den Vernichtungstod in Aussicht, 25.10.2023, https://www.faz.net/aktuell/feuilleton/debatten/israel-krieg-hamas-stellen-israelis-den-vernichtungstod-in-aussicht-19265630.html (09.03.2025).

Eberle, Henrik: Die Martin-Luther-Universität in der Zeit des Nationalsozialismus 1933–1944, Halle 2002.

Haury, Thomas: Antisemitismus von links. Kommunistische Ideologie, Nationalismus und Antizionismus in der frühen DDR, Hamburg 2002.

Heil, Johannes: Ecclesia et Synagoga, in: Dan Diner (Hg.): Enzyklopädie jüdischer Geschichte und Kultur, Bd. 2, Darmstadt 2012a, S. 172–174.

Heil, Johannes: Judenfeindschaft, in: Dan Diner (Hg.): Enzyklopädie jüdischer Geschichte und Kultur, Bd. 3, Darmstadt 2012b, S. 218–224.

Henkel-Guembel, Naomi: Gebrochene Allianzen, 09.10.2024, https://www.juedische-allgemeine.de/unsere-woche/gebrochene-allianzen/ (09.03.2025).

Holtmann, Everhard/Jaeck, Tobias/Völkl, Kerstin: Sachsen-Anhalt-Monitor 2020. 30 Jahre Bundesland Sachsen-Anhalt. 30 Jahre deutsche Einheit, (o. J.), https://lpb.sachsen-anhalt.de/fileadmin/Bibliothek/Politik_und_Verwaltung/MK/LPB/ALPHA_DATEIEN_ab_25062019/Online-Angebote/Downloads/SAM_2020_Onlinefassung.pdf (17.04.2025).

Holz, Klaus: Nationaler Antisemitismus. Wissenssoziologie einer Weltanschauung, Hamburg 2001.

Holz, Klaus/Haury, Thomas: Antisemitismus gegen Israel, Hamburg 2021.

Jeroch Theresa: Zwischen Spott und Dämonisierung. Die antijüdische Plastik im Brandenburger Dom (Text und Kunst. Schriften des Domstifts Brandenburg, 1), Halle 2025.

Kleinbub, Vincent: sus et iudaei. Schmähplastiken in Sachsen-Anhalt. Projektdokumentation, Lutherstadt Wittenberg 2022, https://ev-akademie-wittenberg.de/wp-content/uploads/2023/06/projektdoku-09.pdf (29.01.2025).

Knapp, Gudrun-Axeli: Politik der Unterscheidung, in: Institut für Sozialforschung (Hg.): Geschlechterverhältnis und Politik, Frankfurt am Main 1994, S. 262–287.

Koigen, David: Das Haus Israel. Aus den Schriften von David Koigen, Berlin 1934.

Liebig, Stefan: Antisemitische Einstellungen in Deutschland: Eine Forschungsnotiz zu den Desiderata einstellungsbezogener Antisemitismus-Forschung, in: Thorten Faas u. a. (Hg.): Informationsflüsse, Wahlen und Demokratie: Festschrift für Rüdiger Schmitt-Beck, Baden-Baden 2023, S. 583–615.

Lilla, Mark: Das Scheitern der Identitätspolitik, in: Blätter für deutsche und internationale Politik, 62, 1 (2017), S. 48–51.

Lobenstein-Reichmann, Anja: Vom Antijudaismus zum Antisemitismus – Ein diskursanalytischer Rückblick am Beispiel von Hugo Bettauers *Stadt ohne Juden*, in: Hans-Ulrich Schmid/Ziegler Arne (Hg.): Jahrbuch für Germanistische Sprachgeschichte, Bd. 11, Berlin 2020, S. 264–293.

OFEK e. V. – Beratungsstelle bei antisemitischer Gewalt und Diskriminierung (Hg.): Antisemitische Vorfälle in Sachsen-Anhalt 2023, 2024, https://report-antisemitism.de/documents/2024-06-19_rias-lsa_Antisemitische-Vorfaelle-LSA-2023.pdf (26.01.2025).

Peaceman, Hannah: Der Antisemitismus des NSU – Sichtbarmachung und Verortung im Kontext rassismus- und antisemitismuskritischer Bildungsarbeit, in: Amadeu Antonio Stiftung (Hg.): Le_rstellen im NSU-Komplex. Geschlecht · Rassismus · Antisemitismus, Berlin 2018, S. 49–57, https://www.amadeu-antonio-stiftung.de/wp-content/uploads/2018/08/nsu_leerstellen_internet-1.pdf (09.03.2025).

Reimer-Gordinskaya, Katrin/Tzschiesche, Selena: Antisemitismus, Heterogenität, Allianzen. Jüdische Perspektiven auf Herausforderungen der Berliner Zivilgesellschaft, Springe 2021.

Schäfer, Peter: Kurze Geschichte des Antisemitismus, München 2020

Schäfer, Florian/Dalbert, Claudia: Gerechte-Welt-Glaube und Antisemitismus – Welche Anforderungen ergeben sich aus der Gerechtigkeitsforschung für den Umgang mit dem Holocaust in der Schule, in: Claudia Dalbert: Gerechtigkeit in der Schule, Wiesbaden 2013, S. 93–107.

Simons, Jake Wallis: Israelophobia. The newest version of the oldest hatred and what to do about it, London 2023.

Schoeps, Julius H.: Vergiftete Tradition, 28.04.2020, https://www.juedische-allgemeine.de/politik/vergiftete-tradition/ (04.03.2025).

Staffa, Christian: Einführung in die vorliegende Ausgabe, in: In Stein gemeißelt – zum Umgang mit eingefurchten antisemitischen Bildern. Tagung der Evangelischen Akademie zu Berlin, Lutherstadt Wittenberg, 26.–28.05.2019, epd-Dokumentation, 4 (2020), S. 4–6.

Zick, Andreas u. a.: Jüdische Perspektiven auf Antisemitismus in Deutschland. Ein Studienbericht für den Expertenrat Antisemitismus, Bielefeld 2017, https://pub.uni-bielefeld.de/download/2913036/2963306/Studie_juedische_Perspektiven_Bericht_April2017.pdf (09.03.2025).

Rassistische Gewalt in Sachsen-Anhalt: (Dis-)Kontinuitäten vor und nach der Wende

Helge Petersen

Rechte, rassistische und antisemitische Gewalt ist ein trauriger Teil der Geschichte Sachsen-Anhalts. Dieser Satz ist leider alles andere als selbstverständlich. Denn der staatliche, politische und gesellschaftliche Umgang mit dieser Gewaltgeschichte ist widerwillig, lückenhaft und gegenüber den Perspektiven von Betroffenen instrumentell geblieben. Auch heute noch sind es vor allem Überlebende, Betroffene, Angehörige und deren Unterstützer*innen, die das Gedenken an vergangene Angriffe, Brandanschläge, Pogrome und Morde wachhalten.

Selektives Erinnern in der Gegenwart

Man muss nicht weit zurückblicken, um auf diese Kultur des selektiven Erinnerns oder „hegemonialen Hörens“ (Güleç/Hielscher 2015, S. 147) zu stoßen – aber auch auf Versuche, dieser etwas entgegenzusetzen. Der antisemitische, rassistische und misogyne Anschlag von Halle (Saale) und Wiedersdorf am 9. Oktober 2019, dem jüdischen Feiertag Jom Kippur 5780, jährt sich mittlerweile zum fünften Mal. Überlebende, Betroffene und Unterstützer*innen haben jedoch wiederholt darauf hingewiesen, dass die staatliche Aufarbeitung und offizielle Erinnerung an den Anschlag unzureichend sind. Beispielsweise kritisierten kurz vor dem dritten Jahrestag verschiedene Akteur*innen aus der halleschen Zivilgesellschaft, dass ausgerechnet für den 9. Oktober der Mitteldeutsche Marathon in Halle geplant war: „Es ist ein Zeichen dafür, dass sich die Tragweite des Anschlags immer noch nicht ausreichend im städtischen Gedächtnis manifestiert hat.“ (Halle gegen Rechts 2022). Der rechtsterroristische Anschlag von Halle und Wiedersdorf ist aber nur die Spitze des Eisbergs. Darunter befinden sich unzählige Fälle, die weitaus weniger politische und mediale Aufmerksamkeit erhalten (siehe den Panelbeitrag von Heike Kleffner, S. 71–74).

Aufarbeitungslücken in den 1990er Jahren

Blick man weiter zurück in die Vergangenheit, tun sich noch größere Aufarbeitungslücken auf. Dies zeigt sich beispielsweise an den Angriffen, Brandanschlägen und Pogromen der frühen 1990er Jahre. Aktivistische und zivilgesellschaftliche Gedenkinitiativen konnten etwa in Bezug auf das Pogrom von Rostock-Lichtenhagen Erfolge erzielen und auf bestimmte Formen des öffentlichen Gedenkens und der wissenschaftlichen Beforschung hinwirken. Doch selbst in bekannteren Fällen gibt es weiterhin eklatante Leerstellen, insbesondere die mangelnde Berücksichtigung von Betroffenen- und Community-Perspektiven (Ha 2023; Warda/Poutrus 2023). Besonders mangelhaft ist die Auseinandersetzung mit dem flächendeckenden Charakter der Gewalt. Dies gilt auch und insbesondere für Sachsen-Anhalt. Man denke an die pogromartigen rassistischen Ausschreitungen in Magdeburg am Himmelfahrtstag 1994. Während dieser kollektive Gewaltexzess damals bundesweite mediale und politische Aufmerksamkeit erhielt, beschränkt sich das öffentliche Gedenken heutzutage auf Teile der Magdeburger Stadtöffentlichkeit. Unzählige weitere Angriffe, Brandanschläge, Pogrome und Morde der Nachwendezeit wurden kaum oder gar nicht aufgearbeitet (Striegel 2012). Doch es gibt auch Versuche, dieser „Kultur des Vergessens“ etwas entgegenzusetzen. Beispielsweise gründete sich im Herbst 2022 die Initiative „Oeringerstraße 92“, um auf das 10-tägige rassistische Pogrom in Quedlinburg im September 1992 öffentlich aufmerksam zu machen und sich auf die Suche nach Zeitzeug*innen zu begeben.

Offizielles Schweigen in der DDR

Besonders herausfordernd ist Beschäftigung mit rechter, rassistischer und antisemitischer Gewalt in der

DDR. Dies hat zunächst einmal mit den Besonderheiten der offiziellen politischen Kultur des SED-Regimes zu tun. Während Antifaschismus und Antiimperialismus zu den wesentlichen Säulen des offiziellen Selbstverständnisses gehörten, wurde gegenüber Schwarzen Menschen, Geflüchteten, Arbeitsmigrant*innen und anderen Menschen mit Migrationsgeschichte eine Politik der Ausgrenzung, Diskriminierung und Stigmatisierung betrieben (Piesche o. J.; Poutrus 2021). Rechte Gewalttaten wurden von den staatlichen Behörden weitgehend verschwiegen (Poutrus 2019; Waibel 2014). Doch dieses Problem endete nicht nach dem Mauerfall. Trotz der umfangreichen staatlichen und öffentlichen Bemühungen, das Unrecht des SED-Regimes aufzuarbeiten, ist die Geschichte rechter, rassistischer und antisemitischer Gewalt bisher noch ein Randthema, wobei engagierte Zeitzeug*innen, Aktivist*innen und Forscher*innen dem etwas entgegensetzen. Zu nennen ist beispielsweise die Initiative 12. August, die an das rassistische Pogrom von Merseburg am 12. August 1979 erinnert, in dessen Kontext die beiden kubanischen Vertragsarbeiter Delfin Guerra und Raúl Garcia Paret ermordet wurden. Vor ihrer Gründung gab es in den vierzig Jahren kein öffentliches Gedenken an die beiden Mordfälle (Initiative 12. August o. J.).

(Dis-)Kontinuitäten?

Die Auseinandersetzung mit dieser Geschichte rechter, rassistischer und antisemitischer Gewalt ist in doppelter Hinsicht wichtig. Vor allem gibt es eine politische Verpflichtung gegenüber den Opfern, Überlebenden, Angehörigen und allen weiteren Betroffenen. Sie haben ein Recht darauf, dass das vergangene Unrecht aufgearbeitet und alles dafür getan wird, dass es sich nicht wiederholt. Darüber hinaus ist ein solcher Blick zurück in die Geschichte wichtig, um besser zu verstehen, unter welchen gesellschaftlichen und politischen Bedingungen sich dieses Gewaltpotenzial herausbildet, reproduziert und wandelt, aber auch: bekämpft und überwunden werden kann. Dies ist zudem für die Gegenwartsanalyse von großer Bedeutung: Über den historischen Vergleich lässt sich auch erklären, ob aktuelle Entwicklungen etwas Neues darstellen oder Teil einer längeren Kontinuitätslinie sind. Schließlich kann auf diese Weise auf einen umfangreichen Erfahrungsschatz an vergangenen Gegenstrategien zurückgegriffen werden, um so möglichst wirkungsvolle Strategien für die Gegenwart und Zukunft zu finden. Die Frage, ob eine historische Kontinuität oder nicht vorliegt, ist aber bei weitem kein leichtes Unterfangen. Der Vergleich unterschiedlicher historischer Momente kann in doppelter Hinsicht scheitern: Deren Besonderheiten können entweder ausgeblendet oder überbetont werden. Um beiden Fallstricken zu entgehen, bedarf es einer umfassenden Analyse, die sich mit einer Reihe an Fragen auseinandersetzen muss. Inwiefern haben sich der gesellschaftliche und politische Nährboden für rechte, rassistische und antisemitische Gewalt, aber auch die Täter*innen gewandelt? Welche Entwicklungen gab es im staatlichen, juristischen und öffentlichen Umgang mit dieser Gewalt? Welche Erfahrungen, Perspektiven, Strategien, Herausforderungen und Konflikte sind in den letzten Jahrzehnten für die Arbeit von Betroffenen, Angehörigen und Unterstützer*innen prägend gewesen?

Mit dem Panel *Rassistische Gewalt in Sachsen-Anhalt* wurde sich diesen Fragen gemeinsam genähert, wobei der Schwerpunkt auf dem Verhältnis von Kontinuität und Wandel lag. Die rassistische Gewalt der frühen 1990er Jahre wurden dabei in doppelter Hinsicht historisch situiert. Erstens wurde debattiert, ob und inwiefern es sinnvoll ist, eine Kontinuitätslinie zwischen dem Rassismus vor und nach 1989/90 zu ziehen. Dabei wurde ein besonderer Fokus auf den Rassismus der DDR-Gesellschaft gelegt, aber auch übergreifende Muster angesprochen, insbesondere die Konstitution weißer deutscher Dominanzverhältnisse sowohl in der BRD als auch der DDR. Zweitens wurde nach der Kontinuität und dem Wandel rassistischer Gewalt in den ostdeutschen Bundesländern seit 1990 bis heute gefragt. In diesem Zusammenhang wurde auch gefragt, welche Rolle die Gewalttaten als alltäglicher Erfahrungshorizont für Betroffene gespielt haben und welchen Einfluss diese Gewalterfahrungen auf die Entstehung communitybasierter Selbstorganisationen sowie zivilgesellschaftlicher und bewegungspolitischer Initiativen ausgeübt haben. Dabei wurde auch der Zusammenhang von sachsen-anhaltischen zu ostdeutschen und bundesweiten Entwicklungen sowie das Verhältnis von rechter, rassistischer und antisemitischer Gewalt in den Blick genommen. Es zeigte sich, dass die Diskussion historischer (Dis-)Kontinuität eng verknüpft ist mit der Frage nach den gesellschaftlichen Ursachen von rassistischer Gewalt. Kontrovers war, ob die frühen 1990er Jahre eine historische Zäsur darstellen, für die eine besondere Erklärung gefunden werden muss. Etwa, ob die rassistische Gewalt der Nachwendejahre in einen Zusammenhang mit der sozio-ökonomischen Strukturkrise der ostdeutschen Bundesländer zu sehen ist. Insbesondere hier taten sich unterschiedliche Perspektiven auf, die weiter zu verfolgen fruchtbar wäre.

Die folgenden Beiträge sind überarbeitete Fassungen der Impulse der Referent*innen in der Reihenfolge des Panels.

Heike Kleffner untersucht die historischen Entwicklungen rechter, rassistischer und antisemitischer Gewalt seit 1990 auf Grundlage der langjährigen Dokumentationstätigkeit des Verbunds der Beratungsstellen für Betroffene rechter, rassistischer und antisemitischer Gewalt. Zu den Kontinuitäten zählt sie u.a. den Brandstiftereffekt durch Diskurse, institutionellen Rassismus und die Verharmlosung der Täter:innen sowie die Ausblendung von Betroffenenperspektiven. Einen Wandel sieht Kleffner u.a. in der Ausweitung der Gefahrenzonen durch die flächendeckende Präsenz rechtsextremer Kräfte. Zugleich betont sie aber auch, dass die jahrzehntelangen Kämpfe von Betroffenen und Unterstützer*innen zur Ausdehnung einer heterogenen Zivilgesellschaft und Ansätzen einer postmigrantischen Gesellschaft führen.

Patrice G. Poutrus legt einen starken Fokus auf die historischen Kontinuitäten zwischen DDR und Ostdeutschland nach der Wende. Dafür blickt er auf die Lebenssituation von DDR-Arbeitsmigrant:innen und deren sehr verschiedene, teils gewaltvolle Auseinandersetzungen mit der Bevölkerung zurück. Für Poutrus besteht die Kontinuität vor allem darin, dass sich sowohl die DDR als auch die BRD – trotz ihrer großen gesellschaftspolitischen Unterschiede – als postnazistische Mehrheitsgesellschaften konstituiert haben. Damit geht einher, dass Migrant*innen und migrantisierte Menschen nur am Rande von Bedeutung sind, obwohl sie rassistische Gewalt stets ertragen mussten und auch weiterhin müssen.

Paulino José Miguel verknüpft in seinem Beitrag Erfahrungen als Zeitzeuge und Betroffener mit Reflexionen über den sich wandelnden Rassismus in der DDR sowie in Ost und West der Nachwendezeit. Er berichtet von seinen Erlebnissen in der späten DDR, in den frühen 1990er Jahren – insbesondere seine Erfahrungen als Betroffener der rassistischen Ausschreitungen in Magdeburg 1994 – sowie von seiner Entscheidung, nach Westdeutschland zu gehen. Dabei stellt er das Konzept der „doppelten Mauer“ vor, das er in seiner zivilgesellschaftlichen Erinnerungsarbeit zum Erbe der DDR aus der Perspektive von Menschen mit Migrationsgeschichte entwickelt hat.

Helge Petersen untersucht die politischen Auseinandersetzungen um rassistische Gewalt in Sachsen-Anhalt in den 1990er Jahren am Beispiel der pogromartigen rassistischen Ausschreitungen in Magdeburg am Himmelfahrtstag 1994. Er stellt fest, dass der Gewaltexzess zwar keinen signifikanten Wandel im hegemonialen politischen Umgang mit rassistischer Gewalt auslöste. Es kam aber zu wegweisenden Entwicklungen im communitybasierten, zivilgesellschaftlichen und aktivistischen Engagement gegen Rassismus, etwa zur Gründung und Etablierung verschiedener Organisationen und Netzwerke, die bis heute fortwirken.

Verstörende Normalisierung: Kontinuitäten rechter und rassistischer Gewalt in Sachsen-Anhalt

Heike Kleffner

25 Jahre nach dem rassistisch motivierten Mord an Alberto Adriano am 11. Juni 2000 im Stadtpark von Dessau,[1] zeigt sich sowohl in Polizeistatistiken als auch im unabhängigen Monitoring der Opferberatungsstellen eine verstörende Normalisierung rassistischer, antisemitischer und rechter Gewalt. Täglich ereignen sich bundesweit mindestes neun rechts, rassistisch oder antisemitisch motivierte Angriffe. Diese dramatische Bilanz aus dem unabhängigen Monitoring der Opferberatungsstellen spiegelt sich auch in der BKA-Statistik für 2024 – mit mindestens 1.434 Gewalttaten der Politisch motivierten Kriminalität (PMK) – rechts – und Hasskriminalität (BKA 2025). In Sachsen-Anhalt hat die Mobile Opferberatung im Jahr 2024 insgesamt 281 rechts, rassistisch und antisemitisch motivierte Angriffe registriert: eine vergleichbare Normalisierung insbesondere rassistischer Angriffe zeigte das langjährige Monitoring zuletzt in den Jahren 2015/16 (Mobile Opferberatung o. J.). Sowohl bundesweit als auch für Sachsen-Anhalt gilt: Wir leben in einer Gesellschaft mit sehr vielen direkt Betroffenen rassistischer, antisemitischer und rechter Angriffe.

27.000 direkt von einschlägigen Gewalttaten betroffene Menschen haben die Opferberatungsstellen allein im Zeitraum zwischen 2014 und 2024 registriert (VBRG 2024). Das BKA kommt für den gleichen Zeitraum auf eine Zahl von mehr als 16.000 Menschen.

1 Mehr Informationen zum Mord dokumentiert die folgende Website: https://www.rechte-gewalt-sachsen-anhalt.de/todesopfer/alberto-adriano/ (23.05.2025).

Sechs Phasen der Normalisierung von Rassismus, Antisemitismus und rechter Gewalt

Insgesamt lassen sich für das vereinigte Deutschland und für Sachsen-Anhalt im Zeitraum seit 1990 sechs Phasen der Entwicklung der Normalisierung von Rassismus, Antisemitismus und rechter Gewalt festmachen (vgl. Kleffner 2023). Obwohl es in den vergangenen 35 Jahren eine Ausdifferenzierung hinsichtlich der Angegriffenen ebenso wie der Täter*innen und auch in Bezug auf staatliche Maßnahmen und Reaktionen gab, überwiegen die ideologischen, politischen und organisatorischen Kontinuitätslinien – mörderischer Rassismus, Antisemitismus und Ideologien der Ungleichwertigkeit im Rechtsextremismus. Dies gilt auch für die lokalen Unterstützer*innenstrukturen, die Gewalt als Mittel zur Durchsetzung insbesondere rassistischer und antisemitischer Angriffe legitimieren und befürworten. (Zick/Eden 2024).

1990 – Mitte der 199er Jahre: Die Phase der Baseballschlägerjahre, Brandanschläge und Kultur der Straflosigkeit – in Sachsen-Anhalt u. a. gekennzeichnet durch mörderische Angriffe von Neonazis auf nichtrechte und alternative Treffpunkte wie in Obhausen (1992) und Zerbst (1990) (vgl. Zweiter Oktober 1990, o. J.) sowie das rassistische Pogrom in Quedlinburg im September 1992.

Mitte der 1990er Jahre bis zur Jahrtausendwende: Eine Phase der No-Go-Areas – in Sachsen-Anhalt markiert u. a. durch den rassistischen Mord an Alberto Adriano im Juni 2000 in Dessau und den sogenannten führerlosen Widerstand, die Strategie rechtsterroristischer Netzwerke wie Blood & Honour und Nationalsozialistischer Untergrund (NSU).

Späte 1990er bis 2010: Eine Phase der Konsolidierung von rechtsterroristischen Netzwerken und extrem rechten Parallelwelten im Kampf um Straßen und Parlamente – in Sachsen-Anhalt gekennzeichnet

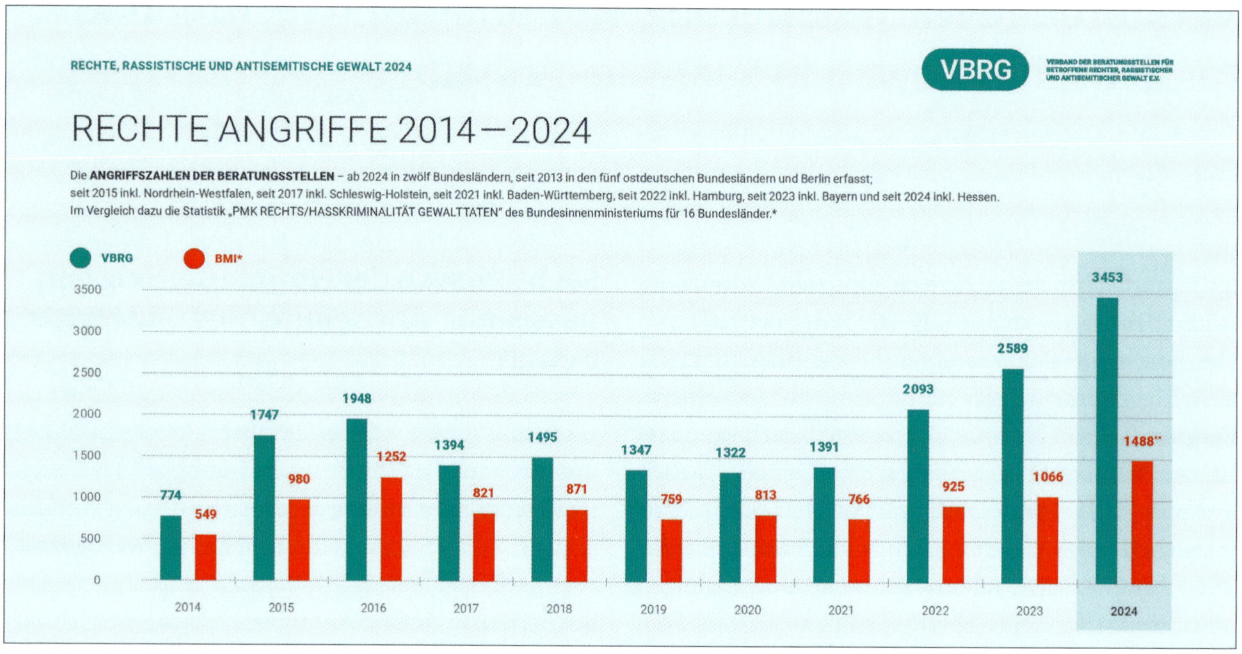

Grafik 1: Mehr als 27.000 direkt Betroffene rechter, rassistischer und antisemitischer Gewalt – Verletzte und Angegriffene – haben die Opferberatungsstellen zwischen 2014 und 2024 registriert (Quelle: VBRG 2024)

u. a. durch den Wahlerfolg der DVU im Jahr 1998 mit 12,9 Prozent der Wählerstimmen und dem Aufbau des Instituts für Staatspolitik (IfS) in Schnellroda.

Zwischen 2010 und 2020: Die Phase des rechtsextremen Aufbruchs – Pegida, AfD und die Generation Rechtsterrorismus mit diversifizierten Täter*innen-Sozialisationen – in Sachsen-Anhalt u. a. gekennzeichnet durch das antisemitisch motivierte, rassistisch, rechtsterroristische Attentat in Halle (Saale) und Wiedersdorf an Jom Kippur 2019.

Seit 2020: Die Phase der Normalisierung rechter Gewalt und Konsolidierung parlamentarischer Präsenz und Einflussnahme der rechtsextremen AfD – in Sachsen-Anhalt u. a. gekennzeichnet durch den dramatischen Anstieg rassistischer Angriffe nach dem Anschlag in Magdeburg am 20. Dezember 2024 (Swenson 2025).

Die Botschaft der ersten Phase, dass es keinerlei staatlichen Schutz für Menschen mit NS-Verfolgungs-, Exil-, Flucht- und Zuwanderungsbiografien geben würde und damit verbunden auch keinerlei Strafverfolgung für rassistische und antisemitische Täter*innen breitete sich wie ein Flächenbrand aus: 1.483 rechtsextreme Brand- und Sprengstoffanschläge registrierte das Bundeskriminalamt (BKA) Ende 1991; im Jahr 1992 stieg die Zahl um mehr als das Doppelte auf 2.584 (Neubacher 1998). Dass diese Zahlen nur einen winzigen Ausschnitt der Realität widerspiegeln, ist spätestens mit den Abschlussberichten der NSU-Untersuchungsausschüsse im Bundestag sowie den Landtagen von Thüringen und Sachsen auch durch politisch Verantwortliche eingeräumt worden. Sie bilden den Ausgangspunkt für die nachfolgenden drei Jahrzehnte rechter Gewalt und rassistischen, antisemitischen Terrors. Die Botschaft der Exekutive, dass Migrant*innen und Geflüchtete keinen Schutz des Staates erhalten würden, und das Wissen, dass auch schwerste Straftaten für die Täter*innen folgenlos blieben, formte nicht nur das Selbstbewusstsein der „Generation Terror" und ihrer Netzwerke – sondern wirkt als Erfahrungswissen bis heute. Das Narrativ von den vermeintlich sozial deklassierten „Einzeltätern" prägte die behördliche Verharmlosung und Ignoranz in der Reaktion auf die Netzwerke organsierter Rechtsterroristen in den folgenden drei Jahrzehnten – und wirkt bis heute.

Dabei zeigen sich sowohl ideologische, gesellschaftliche und politische Kontinuitätslinien als auch Differenzen, auf die im Nachfolgenden eingegangen werden soll.

Kontinuitätslinien rechter, rassistischer und antisemitischer Gewalt

Seit der Pandemie sehen wir eine Normalisierung von Antisemitismus im öffentlichen Raum, die seit dem Terrorangriff der Hamas am 7. Oktober 2023 noch einmal eskalierte. Antisemitisches Handeln geschieht sowohl durch Akteur:innen der extremen Rechten als auch durch eine gesellschaftliche Mitte, also durch Gruppen, die wir normalerweise als progressiv verortet hätten (vgl. dazu auch den Text von Charlotte Brandes, S. 56–60). Und seit Beginn der Pandemie sehen wir außerdem eine zusätzliche Normalisierung von Rassismus im öffentlichen Raum und einhergehend mit den Terrorangriffen der Hamas zudem eine Zuspitzung von insbesondere antimuslimischem Rassismus im politischen und medialen Diskurs. Was dabei kaum noch sichtbar ist, sind das antisemitische Attentat in Halle und Wiedersdorf an Jom Kippur (9. Oktober) im Jahr 2019 sowie das Attentat von Hanau am 19. Februar 2020. Beide haben weiterhin gravierende Auswirkungen auf die Betroffenen, die Überlebenden, die Hinterbliebenen sowie auch auf die angegriffenen Communities.

Mit Blick auf die Landtagswahlen in Sachsen-Anhalt im Sommer 2026 und die Ergebnisse der vorgezogenen Bundestagswahl im Februar 2025 sowie der Kommunalwahlen im September 2024 sind die Wahlerfolge der rechtsextremen AfD mit gravierenden Auswirkungen verbunden: sowohl auf die jeweils lokale Situation von vulnerablen Gruppen als für die demokratischen Parteien und ihre Wähler*innen. Denn die Wahlerfolge rechtsextremer Parteien führen zu einer Ausweitung der Gefahrenzonen für potenziell Betroffene von Rassismus und Antisemitismus sowie zu einer flächendeckenden Verbreitung von Verschwörungsideologien. Die parlamentarische Präsenz der extremen Rechten normalisiert die Ideologien der Ungleichwertigkeit und den damit verbundenen rechtsextremen Kulturkampf. Dies geht mit einem hohen Ausmaß an Verbreitung und Glauben an Verschwörungsideologien einher und einer drohenden Marginalisierung von demokratischen Positionen im öffentlichen Diskurs.

Wenn wir uns jetzt auf Kontinuitätslinien fokussieren, die zu den Ausgangsbedingungen für rassistische Gewalt bundesweit, insbesondere auch in Sachsen-Anhalt, dazugehören, dann sehen wir seit Beginn der 1990er Jahre Antisemitismus und Rassismus in der gesellschaftlichen Mitte. Bis heute. Wir sehen den Brandstiftereffekt von antisemitischen und rassistischen Diskursen, medial und politisch, die die Gewalttäter:innen legitimieren (Neubacher 1998, Dancygier 2022). Wir sehen anhaltend und mit wenig Veränderung institutionellen Rassismus und eine Täter-Opfer-Umkehr bei der Polizei und Justiz. Und wir sehen Fälle, die bis heute durch die verweigerte Aufklärung und Konsequenzen gravierende Folgen haben – insbesondere drei mutmaßliche Tötungsdelikte aus rassistischen oder sozialdarwinistischen Motiven im Polizeirevier Dessau: namentlich sind dies Hans-Jürgen Rose (1997) (Jakob/Augustin 2024), Mario Bichtemann (2002) und Oury Jalloh (2005). Zu den Ausgangsbedingungen von rassistischer Gewalt gehören ferner die Asylrechtsverschärfungen, die kontinuierlich als Antwort folgen auf rassistische Mobilisierung, die Verharmlosung und Entpolitisierung der Täter*innen sowie eine Objektifizierung der Betroffenen im medialen und politischen Diskurs. Damit geht seit den 1990er Jahren das Umdeuten von Verwaltungskrisen und Infrastrukturkrisen in sogenannte Rassismus- oder Migrationskrisen einher. Was aber auch als eine Kontinuitätslinie benannt werden muss, ist der Widerstand der Betroffenen und Angegriffenen (siehe dazu auch den Panelbeitrag von Paulino Miguel auf S. 79–82).

Die Differenz zwischen den 1990er und auch noch den 2000er Jahren zur aktuellen Situation ist – mit Ausnahme der parlamentarischen Präsenz der DVU in Sachsen-Anhalt nach deren Wahlerfolg bei den Landtagswahlen 1998 mit 12,9 Prozent der Stimmen – eine flächendeckende parlamentarische Präsenz von rechtsextremen Parteien mit einem entsprechenden Ausbau ihrer Infrastruktur. Diese verdichtet sich durch Social Media (siehe dazu das Panel *Digitalität*, S. 117–125). Der Verlust der Deutungshoheit demokratischer Volksparteien wirkt sich hier dramatisch in Form eines Vertrauensverlustes in die Demokratie als politische und gesellschaftliche Organisationsform aus. Dabei ist es wichtig, deutlich zu machen, dass sich die Gesellschaft auch in Sachsen-Anhalt verändert hat. Im Gegensatz zu den 1990er und 2000er

Jahren sind migrantische Selbstorganisationen und die postmigrantische Gesellschaft vielerorts präsent – und gestalten Räume des Alltags und der politischen Einflussnahme: zivilgesellschaftliche Initiativen und migrantische Selbstorganisationen wie das Landesnetzwerk Migrantenorganisationen Sachsen-Anhalt (LAMSA e. V.) sind gut vernetzt, etabliert, aber auch existenziell bedroht.

Die Asyldebatten und der Brandstiftereffekt

Von den im minimalen Zeitraum zwischen 1990 und 1994 von Polizei und Verfassungsschutz registrierten, mindestens 1.250 rechten Brandanschlägen und Sprengstoffanschlägen wurden lediglich 20 Prozent ausermittelt (Neubacher 1998) Mit maximal 10–12 Prozent fällt die Aufklärungsquote nach der Welle rassistischer Brandanschläge im Zeitraum 2015–2017 noch niedriger aus (Berberich 2022). Damit einher geht eine anhaltende Kultur der Straflosigkeit. Dass lediglich 20 Prozent der wirklich schweren Gewalttaten aufgeklärt wurden, hat auch in Sachsen-Anhalt dazu geführt, dass die Generation der 1990er, die ich als „Generation Hoyerswerda“ oder „Generation Terror“ bezeichne, sich völlig straffrei in Neonazikreisen, in rechtsextremen Gruppen bewegen und diese sogar anführen konnte: wie etwa Sven Liebich aus Halle (Saale) (MDR o. J.) – seit einer Namensumbenennung als Marla-Svenja Liebich bekannt.

Mit Blick auf den Brandstiftereffekt und lokale Unterstützer*innengemeinschaften ist Folgendes zu konstatieren: Die Forschung zum Zusammenhang zwischen der Verbreitung von Zustimmungen zu rechtsextremen Parteien, also in dem Fall der AfD, und dem Ausmaß von rassistisch motivierter Hassgewalt muss in Deutschland dringend stärker beachtet werden. Die Politologin Rafaela Dancygier hatte schon 2016/17 in Deutschland 3.000 Personen zu parteipolitischen Präferenzen und Ablehnung bzw. Befürwortung von rassistischer Hassgewalt befragt. Das Ergebnis deckt sich mit den Forschungsergebnissen der „Mitte-Studie“: Mindestens ein Fünftel aller Befragten hält rassistische Hassgewalt für legitim. Und 15 Prozent der Befragten antworteten, sie finden rassistische Gewalt gegen Geflüchtete vertretbar, wenn dadurch a) weniger Geflüchtete im Ort angesiedelt werden und b) um damit politische Diskurse und Entscheidungen von Politiker:innen zu beeinflussen (Dancygier 2022). Diese Dynamiken sehen wir überall in Sachsen-Anhalt, wo Geflüchtete in Sammelunterkünften leben müssen. Sie spiegeln sich auch in der Sonderauswertung der Mitte-Studie wider: Konkret ist die Befürwortung politischer Gewalt bei AfD-Wählenden mit 23 Prozent rund zweieinhalb Mal so hoch wie etwa bei Wählenden der Union (9.5 Prozent) oder der SPD-Wählerschaft (9 Prozent) und etwa siebenmal so häufig wie bei Linken-Wählenden (4 Prozent) oder der Anhängerschaft der Grünen (3 Prozent). Ein klares Nein zu Gewalt sprechen mit 48,5 Prozent weniger als die Hälfte der AfD-Anhängerschaft aus. Bei der Union lehnen 74 Prozent Gewalt ab, bei der SPD 79 Prozent (vgl. Zick/Eden 2024). Auch langjährige Mandatsträger der AfD wie etwa Sven Ebert (Jahrgang 1970) aus dem Saalekreis fallen durch ihre Gewaltaffinität auf (VBRG e. V. 2025).

Fazit

Gerade mit Blick auf die Landtagswahlen in Sachsen-Anhalt im Sommer 2026 ist es wichtig festzuhalten: Diese hier kurz skizzierte Bilanz von immer wieder auch mörderischer antisemitischer, rassistischer und rechter Gewalt in Sachsen-Anhalt, ist zugleich – bundesweit – verbunden mit Kontinuitätslinien von antifaschistischer, antirassistischer und migrantischer Gegenwehr, von selbst organisiertem Gedenken, Mut und Selbstermächtigung – die weit über das Bundesland hinauswirken, wie etwa das „Bundesweite Netzwerk Betroffener rechter Gewalt“. Umso notwendiger wird es sein, dass der Schutz der Angegriffenen – vor Ort, in der Landespolitik und durch die Institutionen des Rechtsstaats – eine hohe politische Priorität hat.

Kurzum, es gibt viel zu tun, und vor allen Dingen müssen wir die tatsächlichen Probleme beim Namen nennen, nämlich die Verwaltungs- und Infrastrukturkrisen.

Migration und Rassismus im „Arbeiter- und- Bauern-Staat“ DDR

Patrice G. Poutrus

In den Jahrzehnten seit der deutschen Einheit wird wieder und wieder in gleicher Weise folgende Frage diskutiert: Ist die virulente rassistische Gewalt, die besonders, aber nicht allein im Osten des vereinten Deutschlands kein Ende nimmt, ein Erbe des untergegangenen SED-Staates DDR oder aber auf die Härten der Transformationen nach 1990 zurückzuführen? Beide Erklärungsansätze zeichnet eine Gemeinsamkeit aus: Die Friedliche Revolution von 1989/90 wird als Trennlinie zwischen der DDR-Vergangenheit und der Gegenwart der Berliner Republik gesehen. In diesem Ringen um Deutungshoheit über die jüngste deutsche Vergangenheit geraten überwiegend jene Menschen in Vergessenheit, welche die volle Wucht der rassistischen Gewalt ertragen mussten und auch weiterhin müssen. Migrant*innen und migrantisierte Menschen sind wieder nur am Rande von Bedeutung, denn sie wären zur falschen Zeit am falschen Ort gewesen, und deshalb gäbe es kein Rassismusproblem in Ostdeutschland. Damit wird der Frage ausgewichen, ob in der DDR institutioneller und alltäglicher Rassismus praktiziert wurde. Dieser gefährdet Migrant*innen immer wieder und stellt ein Element gesellschaftlicher Kontinuität über die vermeintliche Bruchlinie 1990 hinweg dar; zugleich weist er eine bemerkenswerte Ähnlichkeit zu den Verhältnissen in der alten Bundesrepublik, der Bonner Republik auf.

Bereits um die Jahrtausendwende war diese Art der öffentlichen Auseinandersetzung für Jan C. Behrends, Dennis Kuck und den Autor Anlass, auf (zeit-)historische Ursachen der sogenannten Fremdenfeindlichkeit in Ostdeutschland hinzuweisen (Behrends/Lindenberger/Poutrus 2003). Wir versuchten, einige Erklärungsansätze für die Fremdenfeindlichkeit – wie wir es damals nannten – auf dem Gebiet der ehemaligen DDR zu entwickeln und fragten nach den *historischen Bedingungen* des Umgangs mit und der Wahrnehmung von „Fremden“. Wir waren der Ansicht, wenn Autor*innen für die Anerkennung der spezifischen Eigenheiten Ostdeutscher im vereinten Deutschland plädieren, dann sollten auch die bis heute virulenten Schattenseiten der vergangenen DDR-Gesellschaft kritisch thematisiert werden. Die Ergebnisse unserer damaligen Arbeit sind inzwischen breit rezipiert (Müller/Poutrus 2005), und vor allem hat sich die Forschungslage in der zeithistorischen Forschung seitdem ganz erheblich verbessert (Rabenschlag 2022).

Arbeitsmigrant*innen in der „Ausreisegesellschaft“ DDR

Nicht zufällig stand und steht dabei die Arbeitsmigration in die DDR überwiegend im Fokus der zeithistorischen Studien zu Migration und Rassismus in der DDR. Die oft als Vertragsarbeiter*innen bezeichneten Arbeitsmigrant*innen waren von allen in der DDR anwesenden ausländischen Staatsangehörigen die Gruppe, die am unmittelbarsten den widersprüchlichen Alltag in der DDR-Gesellschaft kennenlernten. Arbeitsmigrant*innen bildeten die größte Gruppe von in der DDR lebenden Ausländer*innen, abgesehen von denen der Gruppe der Sowjetischen Streitkräfte in Deutschland (GSSD). Für das Jahr 1989 registrierten die verantwortlichen Behörden des SED-Staates immerhin rund 95.000 sogenannte ausländische Werktätige auf dem Territorium der DDR (Poutrus 2016).

In der Forschung herrscht weitgehend Einigkeit darüber, dass der entscheidende Grund für die Beschäftigung sogenannter ausländischer Arbeitskräfte in der DDR der zunehmende Arbeitskräftemangel in der zentralistischen Planwirtschaft war. Bilaterale Regierungsabkommen regelten den zeitlichen und personellen Umfang für die Beschäftigung der Arbeitsmigrant*innen. Außerdem wurde die Lohnhöhe sowie Einkommenstransfers in das Herkunftsland, Anreise- und Urlaubsregelungen, Sozial- und Ausbildungsleistungen sowie der Anstellungsort und die Unterkunft festgeschrieben. Den Vereinbarungen entsprechend folgte eine konzentrierte und kontrollierte Unterbringung. Die Beschäftigung der Vertragsarbeiter*innen sollte auf einen Zeitraum von jeweils vier Jahren begrenzt bleiben, wobei die Möglichkeit einer Verlängerung auf sieben Jahre bestand, wenn die Betriebe sie für unabkömmlich hielten.

Dies schloss restriktive Regelungen ein, die möglichst Liebesbeziehungen, Schwangerschaften sowie sogenannte binationale Eheschließungen während des Aufenthaltes in der DDR weitgehend unterbinden sollten. Im Ergebnis fanden die Arbeitsmigrant*innen vor allem in Branchen und Betrieben Anstellung, in welchen die ostdeutschen Werktätigen nur ungern einer Beschäftigung nachgehen wollten. Das traf insbesondere auf körperlich schwere beziehungsweise gesundheitsschädigende Arbeiten zu und galt auch für Betriebsabläufe im Zwei- bzw. Drei-Schicht-System. Die Arbeitsmigrant*innen erhielten nur selten eine adäquate Ausbildung und wurden stattdessen hauptsächlich für Aushilfs- und Anlernarbeiten eingesetzt. Ungeachtet dieser Entwicklung, die auch als Unterschichtung entlang ethnischer Grenzen charakterisiert werden kann, hielten die Institutionen des SED-Staat bis zu seinem abrupten Zusammenbruch 1989/90 an der Politik des gesteuerten Arbeitskräftetransfers fest (Gruner-Domić 2019).

Ungleichheit und Konflikt im „Arbeiter- und Bauernstaat"

Die Reglementierung des Lohntransfers machte es insbesondere für die vietnamesischen Arbeitsmigrant*innen attraktiv, vom verbleibenden Lohn Konsumprodukte zu erwerben, die für die eigene Familie daheim unerschwinglich waren oder für die auf dem einheimischen grauen oder auch schwarzen Markt ein hoher Wiederverkaufswert erzielt werden konnte. In jedem Fall war ihr Motiv, die Lebensverhältnisse der zurückgebliebenen Familien zu verbessern. Damit agierten die Arbeitsmigrant*innen aber in einem Konfliktfeld, das in der ostdeutschen Bevölkerung ein ständiger Anlass für Beschwerden und Unzufriedenheit war. Sie schienen zu Profiteur*innen des unzureichenden Konsumangebots in der Mangelwirtschaft des SED-Staates zu werden. Es zeigte sich mit der Zuspitzung der Versorgungskrise in der DDR am Ende der 1980er Jahre, dass in den gesteuerten DDR-Medien wiederholt Schlagworte wie „Schmuggel" und „Warenabkauf" durch Ausländer*innen fielen. Letztlich versuchte die SED-Propaganda auf diesem Wege, von der verfehlten Wirtschaftsentwicklung im „real existierenden" Staatssozialismus abzulenken.

Insbesondere wenn es zwischen Arbeitsmigrant*innen und Einheimischen zu gewaltsamen Auseinandersetzungen kam, verurteilten die Gerichte bei gleichen Strafvorwürfen Ausländer*innen deutlich härter als ostdeutsche Angeklagte. (Es fällt auf, dass insbesondere mosambikanische Arbeitsmigrant*innen überdurchschnittlich oft wegen Sexualdelikten angeklagt und verurteilt wurden.) Hierzu gehören auch jene Übergriffe aus der DDR-Bevölkerung auf Arbeitsmigrant*innen, die von der Migrationsforschung bisher nur am Rande einbezogen wurden. Bislang wurden sie ganz überwiegend von lokalen Geschichtsinitiativen und einer interessierten Öffentlichkeit aufgearbeitet, insbesondere die über Tage anhaltenden Ausschreitungen gegen algerische Arbeitsmigrant*innen in Erfurt im August 1975 und der gewaltsame Tod von zwei jungen kubanischen Männern am 12. August 1979 in Merseburg.

Gemeinsam war diesen sehr verschiedenen Auseinandersetzungen, dass sie in der gelenkten Öffentlichkeit des SED-Staates nicht thematisiert wurden. Die ausländischen Arbeitsmigrant*innen waren gegenüber ihren deutschen Kolleg*innen und den DDR-Institutionen des SED-Staats situativ und strukturell gefährdet bis unterlegen. Der von der SED reklamierte Anspruch auf „gesellschaftlichen Fortschritt" durch den „Kampf gegen den Imperialismus" war nicht nur eine ideologische Etikette. Vielmehr stellte er eines der Prinzipien dar, mit denen die Staatspartei einerseits ihre Herrschaft in der DDR über ihre vierzigjährige Existenz hinweg rechtfertigte, dessen Bedeutung andererseits jedoch zugleich den Unwillen des SED-Staates verstärkte, sich mit den Schwierigkeiten im Zusammenleben von Einheimischen und Fremden auseinanderzusetzen. Entscheidend für den Umgang mit Migrant*innen in der DDR war die mit dem marxistisch-leninistischen begründeten Herrschaftsanspruch verbundene Homogenitätsvorstellung der SED. Für DDR-deutsche Kommunist*innen wie auch für einfache DDR-Bürger*innen war es unter Berufung auf den „proletarischen Internationalismus" durchaus möglich, im Alltag nationalistische Stereotype bzw. rassistische Vorurteile bedenkenlos zu benutzen, ohne dadurch in Konflikt mit der „sozialistischen Staatsmacht" zu geraten (Rabenschlag 2023). Mit dem rapiden Machtverlust der SED im Herbst und Winter 1989/90 ging nicht nur die Illusion der ökonomischen Stärke bzw. der Reformierbarkeit der Planwirtschaft verloren, sondern auch die Kontrolle über die staatlichen Betriebe. Damit landeten Arbeitsmigrant*innen trotz Gültigkeit der bilateralen Abkommen in einem rechtlichen Niemandsland. In der sich abzeichnenden Systemkrise sahen sich viele Migrant*innen, vor allem Arbeitsmigrant*innen, massiv unter Druck gesetzt: Betriebliche Unterkünfte wurden aus Kostengründen geschlossen, und sie zählten zu den Ersten, die von betrieblichen Kündigungen betroffen waren. Doch eine neue Anstellung oder Wohnung zu finden war erschwert durch institutionellen Rassismus. Hier zeigen sich deutlich klassistische Unterschiede, denn für ausländische Studierende galten letztlich weniger gravierende Regelungen als für Arbeitsmigrant*innen. Insbesondere außerhalb der ostdeutschen Großstädte breitete sich ein xenophobes Klima aus, dessen radikalster Ausdruck gewaltsame Übergriffe auf Ausländer*innen waren. Um dem zu entgehen, folgten zahlreiche Migrant*innen ihren ostdeutschen Kolleg*innen: Sie gingen nach dem Fall der Mauer nach Westdeutschland und beantragten dort Asyl. Zugleich bemühte sich die inzwischen frei gewählte und zugleich letzte Regierung der DDR im Sommer 1990 darum, die gezielte Rückkehr der nun ehemaligen Arbeitsmigrant*innen durch finanzielle Unterstützungszahlungen zu befördern. Durch Regierungsverordnung wurden zeitgleich weitere Übergangsregelungen erlassen, die vor allem auf die Rückführung der Migrant*innen zielten. Dies hatte zur Folge, dass von den Ende 1989 registrierten etwa 59.000 vietnamesischen und 15.100 mosambikanischen Arbeitsmigrant*innen zum Zeitpunkt der deutschen Einheit lediglich noch 21.000 bzw. 2.800 in Ostdeutschland lebten. Wer blieb, wurde nun zunehmend Opfer einer rapide ansteigenden rassistischen und rechten Gewalt, der seitens der wegbrechenden staatlichen Institutionen und gesellschaftlichen Autoritäten so gut wie keinerlei Einhalt mehr geboten wurde (Poutrus 2020).

Fazit

Dies alles in die Betrachtung der gegenwärtigen Verhältnisse einbezogen, wird meines Erachtens deutlich, dass es von erheblichen Erkenntnisgewinn ist, die politischen, ökonomischen und sozialen Umbrüche von 1990 und danach nicht als eine „Stunde null" in Ostdeutschland zu betrachten und dass SED-Staat und DDR-Gesellschaft trotz anderslautendender Bekundungen auch in der Nachfolge der NS-Diktatur gesehen werden sollten. Während der SED-Herrschaft wurden in der geschlossenen Gesellschaft weder die politischen Beweggründe noch der ökonomische Nutzen der Arbeitsmigration in die DDR offen debattiert. So wurden auch die sogenannten Vertragsarbeiter*innen wie unwillkommene Abgesandte und Nutznießer*innen des politischen Zwangssystems betrachtet, ganz ähnlich wie die sowjetischen Soldaten, ausländischen Studierenden oder die politischen Emigrant*innen. In der Folge wurden alle Zuwander*innen tendenziell als Kostgänger*innen beziehungsweise oktroyierte Belastung der Aufnahmegesellschaft DDR, dem späteren Ostdeutschland, wahrgenommen. Insbesondere im öffentlichen Umgang mit Geflüchteten und Asylsuchenden haben etliche ostdeutsche Kommunal- und Landespolitiker*innen bewusst oder unbewusst an diese überkommende Traditionslinie aus vordemokratischer Zeit angeknüpft (Langner 2020). Damit wurde und wird in der ostdeutschen Gesellschaft eine Position immer wieder gestützt, die eine ethnisch homogene Gesellschaft als Idealbild guter Ordnung präferiert. So kann es nicht überraschen, dass Rassismus – trotz sinkender Flüchtlingszahlen und überwundener Einheitskrise – weiterhin zu den alltäglichen Erfahrungen von Migrant*innen und deren Nachkommen in den ostdeutschen Bundesländern 35 Jahre nach der deutschen Einheit gehört (Lierke/Perinelli 2020). Eine zeithistorische Forschung, die insbesondere mit der Perspektive auf Migration und Rassismus die Verinselung von Studien zu NS-Diktatur, Bonner Republik und DDR überwindet, und damit über die vermeintlich unüberwindliche Grenze von 1990 führt, ist weiterhin noch zu leisten.

„Doppelte Mauer" – Rassismus in der DDR und Ostdeutschland aus der Perspektive eines Betroffenen

Paulino José Miguel

In der Rolle des Zeitzeugen werde ich hier nun meine Geschichte erzählen. Ich bin mit 11 Jahren aus dem sozialistischen Bruderstaat Mosambik in die DDR gekommen zur Ausbildung an die „Schule der Freundschaft" in Staßfurt im heutigen Sachsen-Anhalt. Allein der Name der Schule ist interessant, denn in der damaligen Unterbringung hat man gemerkt, dass es kein „Freundesland" war, wie ich es damals in meinem Tagebuch notiert hatte (Miguel 2020). Denn wir waren am Rande der Stadt untergebracht. Ich bezeichne diese Art der Unterbringung heute als eine Art „doppelte Mauer". Damit meine ich Folgendes: Einerseits gab es die Mauer hin zum Westen, also die territoriale Grenze, und gleichzeitig gab es eine unsichtbare „Mauer" hin zur DDR-Bevölkerung (Miguel 2005). Denn zu dieser hatten wir keinen Zugang. Und weil wir am Rande der Stadt gewohnt haben, gab es viele Spekulationen der DDR-Bürger:innen, was wir alles hatten, dass wir in den Westen durften und dass wir dies und jenes durften. Dies war aber nicht der Fall. Denn als wir in der DDR ankamen, wurden uns unsere Reisepässe abgenommen, und man bekam so eine Klappkarte, nämlich den DDR-Ersatzausweis PM 12. Und da ich weiterhin zu diesem Thema recherchiere, habe ich kürzlich hier in Heidelberg, wo ich inzwischen wohne, mit ehemaligen DDR-Bürger:innen gesprochen, die damals über die Grenze flüchteten und aus dem Gefängnis freigekauft wurden. Sie waren sehr überrascht über meine Erzählung des Ersatzausweises, denn sie erzählten mir, diesen PM 12 bekamen etwa aus der haftentlassene DDR-Bürger:innen mit Auflagen oder solche, die einen Ausreiseantrag gestellt hatten. Dies dient dazu, sie besser zu kontrollieren. „Dass auch Ihr Ausländer die bekommen habt?", dies verwunderte sie sehr. So ging die DDR mit ihren Gästen um. Und auch ich wusste nicht, dass wir eine gemeinsame Geschichte haben.

„Harter" Rassismus in der DDR – der Mord an unserem Kollegen Carlos Conceição

Nach der Schulbildung haben wir eine Ausbildung gemacht, ich bin Instandhaltungsmechaniker bzw. Schlosser. Und im Alter von 15 Jahren erlebte ich den ersten „harten" Rassismus. In der Nacht vom 19. auf den 20. September 1987 brachte man unseren Kollegen Carlos Conceição um. Man hatte ihn über die Brüstung der Brücke über den Fluss Bode in Staßfurt gestoßen (Reuter/Scheunpflug 2006). Er kam gerade aus der Diskothek und wollte dort einen Streit schlichten, der damals zwischen DDR- und mosambikanischen Jugendlichen entstanden war. Vor der Diskothek kam es zu einer Schlägerei zwischen jungen Deutschen und Mosambikanern. Einem Mosambikaner wurde ins Gesicht geschlagen und Carlos, der versuchte, sich zu wehren und zu helfen, wurde über die Brücke des Flusses Bode geworfen. Seine Leiche wurde erst am nächsten Tag von Tauchern gefunden.
Für uns war sein Tod rassistisch motiviert. Die jungen weißen Deutschen, die dort waren, haben nicht geholfen. Sie hinterließen auch Kommentare wie: „Da ist nur ein Stück Kohle in die Bode gefallen" (Rüchel 2001, zit. nach: SAPMO-Barch-DR 2D 617: IN-Telegramm vom 23.9.1987; Bababoutilabo 2022). Rassismus gehörte damals zur Tagesordnung. Und jedes Mal, wenn wir in der Öffentlichkeit unterwegs waren, gab es tätliche Angriffe. So waren wir zum Beispiel in Staßfurt auf dem Rummel. Und immer wenn wir dort standen, um auf die Fahrkarusselle zu warten, hörten wir schon, wie die Leute untereinander über uns sprachen. Dann wussten wir, dass wir hinten erwartet wurden, wenn wir nach Hause gingen. Es gab es immer Angriffe. Also um das zu bestätigen, was bereits im Panel gesagt wurde: Damals zur DDR-Zeit hatte es

schon Rassismus und Angriffe gegeben (s. dazu auch den Panelbeitrag von Patrice Poutrus, S. 75–78).

Nach der Wende: Job- und Wohnheimverlust für die ehemaligen DDR-Arbeitsmigrant:innen

Und dann kam ja die Wiedervereinigung, wo wir dann alle gehofft haben, es wird besser. Wir haben ja heimlich auch die TV-Bilder in Westdeutschland geschaut und sie auch bewundert. Daher dachten wir, okay, jetzt wird die Situation besser. Es wurde nicht besser. Warum? In dieser Zeit gab es das sogenannte Begrüßungsgeld. In dieser Zeit wurde dieses „Ausländer raus" salonfähig. Das, was zu DDR-Zeiten heimlich gemacht wurde, wurde jetzt salonfähig. Man wurde dort angepöbelt. Und viele wurden sehr stark beschimpft, wenn sie diese hundert D-Mark bekommen sollten. Zu jener Zeit habe ich in Wernigerode als Vertragsarbeiter gearbeitet.

Wobei diese Terminologie Vertragsarbeiter erst später entstanden ist. Wir hatten damals eine andere Bezeichnung: „Ausländische Werktätige". Das ist ebenfalls etwas, was ich heute ankreide, dass man Dinge übernimmt. Wenn man etwas übernimmt, um es an Westdeutschland anzupassen, vernachlässigt man die Aufarbeitung, die richtige Aufarbeitung.

Und dort in Wernigerode erwischte mich gleich die Kündigung. Also ich war einer der Ersten, der seinen Job verloren hat. Das heißt, in der Zeit, so muss man sich das vorstellen, wenn man einen Job verlor, hat man damit auch die Wohnmöglichkeit im Wohnheim verloren. Und ich habe mich geweigert, nach Hause zu fliegen. Damals wurde uns Arbeitsmigrant:innen angeboten, zurück nach Mosambik zu fliegen. Ich hatte also keinen Wohnheimplatz mehr, ich war sozusagen schutzlos, weil diese Wohnheime auch als Schutz dienten. Ich habe mich auf dieses Abenteuer eingelassen, wahrscheinlich, weil ich so jung war. Meine Kolleg:innen waren so verängstigt, dass sie tatsächlich die Rückreise nach Mosambik antraten. Und ich habe gesagt: „Okay, spannend." Ich war da knapp 18, und ich habe gesagt, das kann man probieren. In Wernigerode ist man ja am Harz. Wir wurden aussortiert, also man hat gesagt, wir Leute, die jetzt nach Mosambik fliegen, müssen, während wir auf unseren Flug warten, den Förstern helfen. Also von der Hydraulikschlosserei zur Försterei. Wer einmal am Brocken war im Winter, kann sich vorstellen, wie kalt es dort ist. Und ich konnte von Brocken aus Bad Harzburg und Goslar sehen. Also habe ich meinen Kolleg:innen gesagt, ich gehe *„go west"*. Das Lied von den Pet Shop Boys gab es noch nicht. Aber ich hatte zu mir gesagt, ich gehe dahin. Die anderen haben das nicht geglaubt. Und tatsächlich war ich am nächsten Tag weg. Zu diesem Zeitpunkt war die Lage unübersichtlich.

Die Arbeitsmigrant*innen standen zwischen dem Containerpacken, dem Versuch zu bleiben, sich Verabschieden von geliebten DDR-Familien und Freunden, aber auch der Angst vor rassistischen Angriffen. Ich überquerte die Grenze und suchte nach Möglichkeiten, in Deutschland zu bleiben.

Im Westen angekommen, habe ich bei Migrant*innen und Deutschen nach Bleibemöglichkeiten gefragt. Ich erhielt viel Hilfe und Beratung von Menschen mit einem großen Sinn für Solidarität.

In der BRD erfuhr ich beispielsweise, dass ich noch einen gültigen Aufenthalt habe. Ich hatte das Recht, in Deutschland zu bleiben, da wir alle einen Aufenthaltstitel hatten, meiner ging zum Beispiel bis 1993.

Sie rieten mir, in die DDR zurückzukehren und dafür zu kämpfen, nicht nach Mosambik abgeschoben zu werden, denn wenn die Wiedervereinigung stattfände, hätte ich die gleichen Rechte, wie die Migrant:innen aus der BRD. Das heißt, die ehemaligen DDR-Arbeitsmigrant:innen waren nicht illegal, wir hatten alle Arbeitsverträge. Und jemand hat mir dort den Tipp gegeben, dass ich zurücksollte. Das habe ich damals nicht geglaubt, aber trotzdem bin ich dann zurück nach Magdeburg. So fängt meine Geschichte in Magdeburg an.

Nach Magdeburg: als einziger Migrant in einer Obdachlosenunterkunft für Deutsche, genannt Übergangswohnheim

Ich hatte das Glück, dass es in Magdeburg noch keine Asylheime gab. Ich habe diese Umbruchszeiten live erlebt. Ich landete in einem Übergangswohnheim. Es war ein Übergangswohnheim für Wohnungslose, für ehemalig Untersuchungshäftlinge, aber die Ostdeutschen, die mit der Hoffnung auf gut bezahlte Arbeit oder ein schönes Leben nach Westen gegangen waren, aber enttäuscht wurden und zurückkehrten, lebten in diesem Heim. Und ich war der einzige Migrant. Die wussten nicht, wohin mit mir, also landete ich auch dort. Und so kam es, wie sich später herausstellte, dass ich im gleichen Zimmer mit einem Neonazi war, einem Jugendlichen, der 17 Jahre alt war. Wir haben uns das Zimmer geteilt. Das heißt, die ganzen Angriffe, wann sie geplant waren, habe ich mitbekommen. Also, sie wurden teilweise von meinem Zimmer aus geplant. Und als ich eines Tages das Kopfkissen dieses Jugendlichen hochgehoben hatte, habe ich Waffen gesehen. Okay, ich dachte mir, du bist jetzt ein toter Mann. Und da habe ich gemerkt, dass viele von denen auch selbst Opfer waren. Ich hatte den Eindruck, dass er bestimmt nicht wusste, warum er Menschen wegen ihrer Hautfarbe hassen sollte. Ich hatte auch nie den Eindruck gehabt, dass er jederzeit auf mich losgehen könnte. Aber selbstverständlich hatte ich auch Angst, denn er hat nur Dinge gemacht, die man ihm gesagt hat. Denn er war 17 Jahre alt, er musste eine Aufnahmeprüfung machen und hat jedes Mal versagt. Manchmal kam er blutend zurück. Und ich fragte ihn, „Was machst du da?“ Er hat nichts gesagt. Aber er hat mich sogar gewarnt, wenn ich rausmusste. Nach einigen Vorkommnisse musste er das Obdachlosenheim verlassen. Nach einigen Tagen traf ich ihn vor dem Gebäude, und er kündigte mir einen Anschlag auf das Wohnheim an. Er sagte mir: „Ich komme mit Freunden von mir, und ich werfe ein paar Scheiben hier kaputt.“ Dann habe ich zu ihm gesagt: „Du kennst unser ehemaliges Zimmer, diese Fenster lässt du in Ruhe.“ Er hat gesagt: „Kein Problem.“ Ich habe ihm nicht geglaubt und habe bei Kollegen übernachtet. Und tatsächlich, der hat es ernst gemeint. Alle Fenster waren kaputt, meines inklusive, da fand ich Steine auf dem Bett und alles. Und später, als ich ihn zufällig getroffen habe, habe ich gesagt: „Was ist denn los?“ Dann hat er gemeint: „Was denkst du, wenn ich gesagt hätte, dass hier drinnen ein Ausländer lebt?“ Das heißt, um mich zu beschützen, hat er nichts verraten. Das war keine Jagd auf mich, sondern das war reiner Zufall, dass diese Fenster kaputt waren. Wenn man jetzt dort hingeht, sind da alles Panzerscheiben. Das war eine interessante Konstellation, einmal die Obdachlosen, dann die ehemaligen Untersuchungshäftlinge und ich als einziger Migrant.

Die Himmelfahrtskrawalle 1994

Und als 1994 die Himmelfahrtskrawalle ausbrachen, habe ich das als die Spitze des Eisbergs bezeichnet. Wie ich bereits gesagt habe, gab es vorher immer wieder Angriffe, vor denen wir gewarnt wurden. Manchmal hat man uns gesagt: „Heute wird was passieren. Bitte geh nicht raus, oder geh raus.“ Und an diesem Tag wurde ich nicht gewarnt, aber meine Kollegen wurden gewarnt. Und ich hatte Besuch zu Hause. Mittlerweile hatte ich das Wohnheim verlassen. Ich wohnte in der Badestraße. Ja, und ich hatte Besuch, es war ja Feiertag. Und mein Besuch war mit seiner Freundin gekommen. Und sie hat gesagt, sie würde gerne Salat essen. Alles war zu. Damals gehörte Salat nicht zu meinen Lieblingsspeisen, das heißt, ich hatte keinen im Haus. Da habe ich gesagt: „Kein Problem. Wir gehen jetzt zum Bahnhof. Da ist immer auf.“ Und da erwischte mich dieser Krawall. Wir wurden genau in der Nähe der Marietta-Bar angepöbelt, da wurden wir bespuckt. Irgendwie war es sehr auffällig an dem Tag, dass die Stadt so leer war, sie war komplett leer. Wir sahen ein paar Polizisten, aber die haben uns gar nichts gesagt. Aber gleichzeitig sah man Gruppen von Neonazis, die uns angriffen und verschwanden. Die Polizei hat die Gruppen zurückgedrängt, aber wir haben es nicht verstanden. Wir sind dann bis zum Bahnhof zurück, wurden da nochmal angegriffen. Erst als wir nach Hause kamen, haben wir gemerkt: „Oh, das wurde live berichtet.“ Und bis heute ist es so, dass ich nie das Haus verlasse, ohne Fernsehen zu gucken. Denn an diesem Tag wäre ich nicht rausgegangen, wenn ich Nachrichten geguckt hätte. Das wurde die ganze Zeit live berichtet. Dass unser Kollege Farid umgebracht wurde, das haben wir erst viel später erfahren. Irgendwann erschien er nicht mehr zu den Treffs. Und langsam hat sich da ein Bild herausgebildet, wo wir sagten: „Oh, da fehlt ja einer.“ Er war im Krankenhaus. Und drei, vier Monate später erlag er seinen Verletzungen.

Ich habe damals Tagebuch geführt. Und da steht nur, dass ich nachdenklich zu Hause blieb, und allein für den Salat bin ich rausgegangen. Ohne dieses Problem Salat wäre ich gar nicht erst raus. Ich bezeichne Salat seitdem als ungesund. An dem Tag habe ich sehr wenig Tagebuch geführt. Warum? Weil solche Angriffe auf Migrant:innen in Magdeburg normal waren. Am nächsten Tag lief alles ganz normal. Wir mussten raus, wir mussten zur Arbeit oder beziehungsweise waren wir in einem ungesicherten Aufenthaltsstatus. Ich hatte zum Beispiel eine Duldung damals. Im Zentrum der Stadt gab es so eine Wiese. Die ganzen Geflüchteten, die hier in Herrenkrug oder in Cracau gewohnt haben, die haben sich da aufgehalten. Sie waren jedes Mal Opfer rassistischer Angriffe. Das heißt, in Magdeburg war die Situation so hart, dass es nicht einfach war. Aber das war nicht nur Gewalt, sondern es gab zusätzlich auch noch die Bürokratie, die es erschwert bzw. unmöglich machte, überhaupt ein Job zu finden. Außerdem gab es die Residenzpflicht.

Fazit: Deutschland hat ein Rassismusproblem

Auch wenn vielleicht den wissenschaftlichen und auch öffentlichen Debatten zufolge die Gefahr für PoC, Migrant:innen oder migrantisierte Personen, Opfer von rassistischer Gewalt zu werden, in Ostdeutschland größer ist als in Westdeutschland, ist für die Opfer von rassistischem Hass die Annahme von niedrigeren oder höheren Wahrscheinlichkeiten, Opfer eines Verbrechens zu werden, absolut irrelevant. Die Angst schwebt immer mit. Spätestens mit den NSU-Morden ist bekannt, dass, auch wenn die Neonazis in der ehemaligen DDR sozialisiert wurden, sich ihr Hass und dessen Wirkungskreis nicht auf das Gebiet der ehemaligen DDR beschränkt. Sie morden in der ganzen Republik. Rassismus und Hass muss als gesamtdeutsche Problematik betrachtet werden. Eine partielle Betrachtung des Problems trübt die Realität. Solingen, Mölln, Hanau zeigen, dass wir auch in Westdeutschland ein Rassismusproblem haben und das Ende ist, genauso wie in Ostdeutschland, tödlich. Rassismus können alle zum Opfer fallen, die nicht in das Schema von Rassist:innen passen. Das gilt auch, wenn die Personen in Deutschland geboren sind, wie die Nachkommen von Schwarzen oder PoC, Gastarbeiter:innen, Studierende, Diplomat:innen. Somit ist die oft in den Medien oder von Personen des öffentlichen Lebens benutzte Bezeichnung „Fremdenhass“ oder gar „Ausländerhass“ eine Verhöhnung der Opfer von Rassismus.

Zivilgesellschaftliche und aktivistische Mobilisierung gegen Rassismus in der Transformationszeit – das Beispiel des Magdeburger „Himmelfahrtspogroms" am 12. Mai 1994

Helge Petersen

Am Himmelfahrtstag 1994 zog eine Gruppe von bis zu 150 bewaffneten Angreifenden durch die Magdeburger Innenstadt, skandierte rechtsextreme, rassistische und nationalistische Parolen und machte stundenlang Jagd auf Geflüchtete und Migrant*innen. Schätzungsweise bis zu 500 Schaulustige verfolgten das Geschehen, und viele bekundeten ihren Beifall. Viele Betroffene wurden körperlich attackiert und teilweise schwer verletzt. Der 30-jährige Algerier Farid Boukhit wurde mit Latten und Eisenstangen brutal zusammengeschlagen und musste acht Tage stationär behandelt werden. Er starb am 29. September 1994 (Kreibich 1994). Trotz voriger Warnungen u. a. vom Landesverfassungsschutz war die Polizeipräsenz in der Innenstadt minimal und wurde erst mit Verspätung auf lediglich 150 Einsatzkräfte erhöht (Wöhler 1994). In dieser Situation der Schutzlosigkeit flüchteten Betroffene in die Marietta-Bar, wo sie vom migrantischen Personal vor den anhaltenden Angriffen verteidigt wurden. Zudem berichteten Betroffene von Situationen, in denen Polizeikräfte nicht gegen die Täter, sondern die Opfer vorgingen (o. A. 1994b). Dies führte dazu, dass nicht nur 34 Angreifer, sondern auch 14 Angegriffene vorläufig festgenommen wurden (Schmidt 1994). Das später sogenannte „Himmelfahrtspogrom" war trotz – oder wegen – der mangelnden juristischen und politischen Gegenreaktion Ausgangspunkt für eine nachhaltige Mobilisierung zivilgesellschaftlicher Akteur*innen. Dies wird folgend skizziert.

Mangelnde juristische Ahndung und verkürzte politische Debatte

Die pogromartigen Ausschreitungen in Magdeburg entstanden nicht im luftleeren Raum. So wie überall im Bundesgebiet kam es in der Transformationszeit auch in Sachsen-Anhalt zu einer Welle rechter, rassistischer, antiziganistischer und antisemitischer Angriffe, Anschläge und Ausschreitungen (Miteinander e. V./Arbeitsstelle Rechtsextremismus 2015). Zum Beispiel berichtete Arap Özbay, der Besitzer der Marietta-Bar, in einem Interview mit der „Volksstimme": „Das war das dritte Mal in drei Jahren. Herrentag 1993 ist das gleiche passiert" (zit. in Fricke 1994). Die Gewalt wurde von der damaligen migrations-, asyl- und ordnungspolitischen Debatte befeuert, welche auch in Sachsen-Anhalt ihren Niederschlag fand.

Bis heute bleibt die politische Aufarbeitung der Magdeburger Ausschreitungen an Himmelfahrt 1994 in vielerlei Hinsicht lückenhaft. Nur ein Bruchteil der Täter*innen wurde juristisch belangt. Insgesamt wurden 86 Tatverdächtigte ermittelt, davon 34 angeklagt und zehn vor Gericht gestellt. Letztlich wurden acht Angeklagte zu Bewährungs- und Haftstrafen verurteilt (Kreibich 1995). Die Staatsanwaltschaft leitete auch gegen 15 Polizeibeamt*innen Ermittlungsverfahren ein, von denen 14 eingestellt wurden. Ein Polizeibeamter stand wegen Körperverletzung im Amt vor Gericht und wurde freigesprochen (o. A. 1995b).

In der hegemonialen Öffentlichkeit wurden die Ausschreitungen zwar einhellig verurteilt, doch die Frage der gesellschaftlichen Ursachen und politischen Verantwortung löste kontroverse Debatten aus. Sozialdemokratische und grüne Oppositionspolitiker*innen sowie regionale Pressevertreter*innen warfen dem konservativ geführten Innenministerium und der Magdeburger Polizei vor, das Problem rechter Gewalt zu verharmlosen (siehe insbesondere die Landtagsdebatte „Ausschreitungen am 12. Mai 1994 in Magdeburg" am 26.05.1994). Für besonders viel Empörung sorgte die Äußerung des Magdeburger Polizeipräsidenten, die Ausschreitungen seien das Ergebnis von „Sonnenschein und Alkohol". Die konservativ-liberale Regierung verteidigte hingegen den Polizeieinsatz und zog keine weiteren politischen Konsequenzen. Doch auch nachdem eine sozialdemokratisch-grüne Regierung ab Juni 1994 im Amt war, wurden nur begrenzte Reformmaßnahmen eingeleitet, darunter die Entlassung des Magdeburger Polizeipräsidenten. Unter der neuen Polizeiführung wurde eine neue Ermittlungsgruppe zu rechtsmotivierten Straftaten eingeführt und der Kontakt zu zivilgesellschaftlichen Initiativen gesucht (Hofmeister 1996). Eine darüber hinausgehende Aufarbeitungsperspektive – etwa im Rahmen eines parlamentarischen Untersuchungsausschusses – wurde nicht angestrebt und erfolgte bis heute nicht. Insofern kann nicht von einem grundsätzlichen Wendepunkt im staatlichen und hegemonialen Umgang mit Rassismus in Sachsen-Anhalt gesprochen werden.

Beginn nachhaltiger Mobilisierung zivilgesellschaftlicher Akteur*innen

Weitaus bedeutender für die langfristige Entwicklung des Kampfes gegen Rassismus und andere Formen der Menschenfeindlichkeit in Sachsen-Anhalt war das Netzwerk aus zivilgesellschaftlichen und bewegungspolitischen Initiativen, das bereits in der Zeit des Umbruchs entstanden war. Dieses Netzwerk bestand vor allem aus migrantischen Selbstorganisationen, religiösen Gemeindevertretungen, Gewerkschaften, Sozialverbänden sowie antifaschistischen Gruppen. Die Bedingungen hierfür waren in den frühen 1990er Jahren höchst prekär. Denn die Strukturen der demokratischen Öffentlichkeit mussten in einer Phase eklatanter sozialer Unsicherheit aufgebaut werden. Hinzu kam das „rechtliche Niemandsland" (Warda/Poutrus 2023, S. 381), mit dem Geflüchtete und ehemalige Vertragsarbeiter*innen konfrontiert waren. Es ist daher umso beachtlicher, dass insbesondere in den urbanen Räumen in nur kurzer Zeit vielfältige und dauerhafte Strukturen geschaffen wurden. Gleichzeitig war dieses Netzwerk auch durch Hierarchien und Konflikte gekennzeichnet. Zeitzeug*innen berichteten, dass auch viele zivilgesellschaftliche und aktivistische Kreise durch einen herkunftsdeutschen Paternalismus gekennzeichnet waren und es nur wenige Berührungspunkte mit communitybasierten Selbstorganisationen gab. Hinzu kam die Konfliktlinie zwischen denjenigen, welche die Zusammenarbeit mit staatlichen und parteipolitischen Akteur*innen anstrebten, und denjenigen, welche eine solche Zusammenarbeit ablehnten. Gleichzeitig gab es in den frühen 1990er Jahren auch Versuche, solche Trennungslinien zu überwinden. Während des zehntägigen Pogroms von Quedlinburg im September 1992 stellten sich beispielsweise couragierte Bürger*innen und antifaschistische Aktivist*innen – trotz massiver politischer Differenzen – gemeinsam schützend vor die angegriffene Geflüchtetenunterkunft, während die anwesenden Polizeikräfte nicht eingriffen (o. A. 1992).

Drei Tendenzen in der Entwicklung zivilgesellschaftlicher Mobilisierung gegen Rassismus

Die bis hierher skizzierten zivilgesellschaftlichen und aktivistischen Reaktionen auf das Himmelfahrtspogrom in Magdeburg waren ein wesentlicher Bestandteil von langfristigen zivilgesellschaftlichen Organisationsprozessen. Dabei lassen sich drei Tendenzen unterscheiden.

Erstens wurden unmittelbar nach dem 12. Mai eine Reihe öffentlicher Protest- und Gedenkaktivitäten organisiert. Beispielsweise zog am 16. Mai eine antifaschistische Demonstration mit schätzungsweise 300 bis 450 Teilnehmenden durch die Magdeburger Innenstadt (o. A. 1994a). Am 19. Mai veranstalteten Vertreter*innen von migrantischen Vereinen, Gewerkschaften und Kirchen eine Gedenkdemonstration (Gunkel 1994). Trotz unterschiedlicher politischer Ausrichtungen wurde in beiden Fällen versucht, eine unmittelbare Gegenpräsenz am Tatort zu schaffen. Mit Blick auf vergangene Fälle war diese Strategie hellsichtig, da noch nicht abschätzbar war, ob sich die Gewalttaten weiter ausdehnen würden. In Bewegungskontexten wurden diese Protest- und Gedenkaktivitäten aber auch dafür kritisiert, dass sie erst im Nachhinein stattfanden, obwohl im Vorfeld Warnungen kursierten.

Zweitens erhielten die Betroffenen des Pogroms von verschiedenen Organisationen konkrete Unterstützung. Beispielsweise wurden Betroffene, die in den darauffolgenden Monaten vor Gericht aussagen mussten, vom (post-)migrantischen Verein „Kontakt International" sowie der Bürgerinitiative „Nachbarschaftliches Cracau-Prester" rechtlich unterstützt und psychologisch betreut. Letztere stellte außerdem Gedächtnisprotokolle von Betroffenen zusammen, die u. a. schwere Vorwürfe gegen die Polizei enthielten. Die Protokolle wurden unter dem Titel „Wir wurden von zwei Gruppen verfolgt – den Rechtsradikalen und der Polizei" veröffentlicht und im Rahmen einer Pressekonferenz im Juni 1994 vorgestellt (o. A. 1994b). Diese Intervention war bemerkenswert: Eine lokale Bürgerinitiative nutzte ihre Ressourcen und ihren Einfluss, um die bis dahin größtenteils ignorierten Perspektiven der Betroffenen in der hegemonialen Öffentlichkeit zu stärken. Gleichzeitig war die Initiative bereit, hierfür in kritische Distanz zur Perspektive der Magdeburger Polizei und der Landesregierung zu treten. Dies hatte einen maßgeblichen Einfluss auf die bereits genannte Entscheidung der Staatsanwaltschaft, gegen 15 Polizeibeamte Ermittlungen einzuleiten.

Eine dritte Reaktion war der Aufbau von dauerhaften Strukturen einer heterogenen zivilgesellschaftlichen Öffentlichkeit in Magdeburg und Sachsen-Anhalt. Im Dezember 1994 gründeten Vertreter*innen migrantischer und anderer zivilgesellschaftlicher Organisationen den „Flüchtlingsrat Sachsen-Anhalt", wobei die Gewalterfahrungen von Magdeburg ein zentrales Motiv waren (Flüchtlingsrat Sachsen-Anhalt e. V. 2017). Eine seiner ersten Aktivitäten war, die Staatsanwaltschaft auf den Tod von Farid Boukhit hinzuweisen und auf die Aufklärung seiner Todesumstände hinzuwirken (Kreibich 1994). Im Dezember 1995 gründeten verschiedene migrantische und interkulturelle Vereine die „Auslandsgesellschaft Sachsen-Anhalt", aus der heraus ein Jahr später auch das „*eine*welt haus Magdeburg" entstanden ist. Am Himmelfahrtstag 1995 initiierte „Kontakt International" ein multikulturelles Stadtfest in der Magdeburger Innenstadt mit Unterstützung anderer zivilgesellschaftlicher Organisationen, an dem schätzungsweise 15.000 Menschen teilnahmen (o. A.1995a). Im darauffolgenden Jahr begann die Tradition des jährlichen „Festes der Begegnung" als gemeinsame Initiative von Polizei, Kirchen, Religionsgemeinschaften sowie migrantischen und interkulturellen Vereinen (Auslandsgesellschaft Sachsen-Anhalt e. V. o. J.). Hieran zeigt sich, dass sich in den 1990er Jahren vor allem eine durch enge Zusammenarbeit mit staatlichen Behörden gekennzeichnete Form des Gedenkens am Himmelfahrtstag durchgesetzt hat. Erst in den letzten Jahren sind weitere Gedenkinitiativen entstanden, die sich expliziter mit dem damaligen Polizeiversagen sowie dem Tod von Farid Boukhit beschäftigen. Hierzu gehören vor allem die regelmäßigen Gedenkveranstaltungen der Gruppe „Antirassistische Aktion Magdeburg".

Fazit

Das heterogene Netzwerk aus communitybasierten Selbstorganisationen, weiteren zivilgesellschaftlichen Initiativen und antifaschistischen Gruppen war für die langfristige Entwicklung des öffentlichen Engagements gegen Rassismus in Sachsen-Anhalt von entscheidender Bedeutung. Dieses Netzwerk entstand zwar in Reaktion auf eine Vielzahl an Gewalt- und Ausgrenzungserfahrungen der unmittelbaren Umbruchs- und Transformationszeit. Für die Etablierung dauerhafter Organisationszusammenhänge waren allerdings die Erfahrungen der rassistischen Ausschreitungen von Magdeburg besonders bedeutsam. Dabei war dieses Netzwerk alles andere als einheitlich. Insbesondere die Frage des Verhältnisses zwischen mehrheitsgesellschaftlichen und communitybasierten Perspektiven sowie die Frage des Verhältnisses zu staatlichen Einrichtungen wurden sehr unterschiedlich beantwortet. Das heißt aber auch: Bereits in den frühen 1990er Jahren gab es einen reichhaltigen Erfahrungsschatz in der Auseinandersetzung mit der Frage, wie rassistische Gewalt zu verstehen ist und wie ihr begegnet werden kann. Für die Entwicklung gegenwärtiger Strategien zur Bekämpfung und Prävention von Rassismus ist die Auseinandersetzung mit diesem Erfahrungsschatz unerlässlich.

Literatur des Panels *Rassistische Gewalt in Sachsen-Anhalt*

Analyse: Der Rechtsstaat lässt die Betroffenen nach gewalttätigen Angriffen durch AfD-Funktionär*innen allzu oft im Stich, hg. von VBRG e. V., 18.02.2025, https://verband-brg.de/analyse-rechtsstaat-laesst-betroffenen-nach-gewalt-durch-afd-funktionaerinnen-im-stich/ (04.03.2025).

Bababoutilabo, Vincent: Internationalismus von oben, in: analyse & kritik, 685 (20.09.2022), https://www.akweb.de/gesellschaft/ddr-internationalismus-40-jahre-schule-der-freundschaft/ (05.03.2025).

Behrends, Jan C./Lindenberger, Thomas/Poutrus, Patrice G. (Hg.): Fremde und Fremd-Sein in der DDR. Zu historischen Ursachen der Fremdenfeindlichkeit in Ostdeutschland, Berlin 2003.

Berberich, Jana: Rechts motivierte Brand- und Sprengstoffanschläge. Eine empirische Untersuchung zu Tathintergründen, justizieller Bearbeitung und Täter*innen, Wiesbaden 2022.

Bundesministerium des Inneren, Bundeskriminalamt, Factsheet: Politisch motivierte Kriminalität – Fallzahlen 2024.

Dancygier, Rafaela: Hate crime supporters are found across age, gender, and income groups and are susceptible and are susceptible to violent political appeals, 06.02.2022, https://www.pnas.org/doi/full/10.1073/pnas.2212757120 (08.05.2025).

Extrem rechts – Der Hass-Händler und der Staat, hg. von MDR Sachsen-Anhalt, 23.05.2023–27.06.2023, https://www.ardaudiothek.de/sendung/extrem-rechts-der-hass-haendler-und-der-staat/12693367/ (04.03.2025)

Fricke, Matthias: Bar-Chef: „Die Polizei griff erst ein, als alles gelaufen war“, in: Magdeburger Volksstimme, 14.05.1994, S. 4.

Gruner-Domić, Sandra: Socialist Labour Migration: East Germany's ‚Contract Workers', in: Agnes Bresselau von Bressensdorf (Hg.): Über Grenzen. Migration und Flucht in globaler Perspektive seit 1945, Göttingen 2019, S. 203–221.

Güleç, Ayşe/Hielscher, Lee: Zwischen Hegemonialität und Multiplität des Erinnerns. Suchbewegungen einer gesellschaftlichen Auseinandersetzung mit dem NSU, in: Sebastian Friedrich/Regina Wamper/Jens Zimmermann (Hg.): Der NSU in bester Gesellschaft. Zwischen Neonazismus, Rassismus und Staat, Münster 2015, S. 144–158.

Gunkel, Gerhard: Polizei mißachtete eigene Vorgaben – Verstöße gegen Konzept – Schweigemarsch in Magdeburg – Remmers beruft Arbeitsgruppe, in: Mitteldeutsche Zeitung, 20.05.1994, S. 1.

Ha, Kien Nghi: Ein kalter Fall: Das Pogrom in Rostock-Lichtenhagen als institutionalisierter Rassismus, 25.08.2023, https://www.korientation.de/ein-kalter-fall-das-pogrom-in-rostock-lichtenhagen-als-institutionalisierter-rassismus/ (28.02.2024).

Hofmeister, Susanne: Himmelfahrt in Magdeburg – Aktionen gegen ein Image der Gewalt, in: Mitteldeutsche Zeitung, 14.05.1996.

Jährliche Statistiken, hg. von Mobile Opferberatung, (o. J.), https://www.mobile-opferberatung.de/monitoring/statistik/ (04.03.2025).

Jakob, Christian/Augustin, Kersten: Sein Name war Rose, 28.03.2024, https://taz.de/Polizeigewalt-in-Dessau/!5998023/ (04.03.2025).

Kleffner, Heike: Kontinuitäten von Rechtsterrorismus. Die Baseballschlägerjahre und der Terror von Heute, in: Micha Brumlik u. a. (Hg.): Nachhalle (Jalta. Positionen zur jüdischen Gegenwart 8), Berlin 2023, S. 14.–47.

Kreibich, Harald: Tod eines Opfers gibt Rätsel auf Flüchtlingsrat vermutet Folgen der schweren Mißhandlungen, in: Mitteldeutsche Zeitung, 03.12.1994, S. 4.

Kreibich, Harald: Eine Stadt bemüht sich um ihren Ruf. Aufarbeitung noch immer nicht abgeschlossen – Multikulturelles Fest wirbt für Toleranz, in: Mitteldeutsche Zeitung, 25.05.1995, S. 4.

Langner, Carsta: „Affen und Banditen“ – über die historische Rekonstruktion von Rassismus und rechter Gewalt in der späten DDR, in: Anja Thiele/Institut für Demokratie und Zivilgesellschaft (Hg.): Schwerpunkt: Kontinuitäten, Schriftenreihe des

Instituts für Demokratie und Zivilgesellschaft, 7/2020.

Lierke, Lydia/Perinelli, Massimo (Hg.): Erinnern stören. Der Mauerfall aus migrantischer und jüdischer Perspektive, Berlin 2020.

Miguel, Paulino: Paulinos Tagebuch. Ein mosambikanischer Vertragsarbeiter erinnert sich, in: Lydia Lierke/Massimo Perinelli (Hg.): Erinnern Stören. Der Mauerfall aus migrantischer und jüdischer Perspektive, Berlin 2020, S. 299–319.

Miguel, Paulino José: Vom Mythos der Solidarität. Mosambikanische und angolanische Vertragsarbeiter in der DDR, in: Kölnischer Kunstverein, DOMiD u.a. (Hg.): Projekt Migration, Köln 2005, S. 816–818.

Miteinander e. V./Arbeitsstelle Rechtsextremismus (Hg.): Im Schatten der Wende: Rassismus und Neonazismus in Zeiten des Umbruchs, Magdeburg/Halle (Saale) 2015.

Müller, Christian Th./Poutrus, Patrice G. (Hg.): Ankunft – Alltag – Ausreise. Migration und interkulturelle Begegnungen in der DDR-Gesellschaft, Köln/Weimar/Wien 2005.

Neubacher, Frank: Fremdenfeindliche Brandanschläge. Eine kriminologisch-empirische Untersuchung von Tätern, Tathintergründen und gerichtlicher Verarbeitung in Jugendstrafverfahren, Mönchengladbach 1998.

o. A.: Ein rassistisches Pogrom in Quedlinburg, in: Antifaschistisches Infoblatt, 20a, 4 (1992), https://antifainfoblatt.de/aib20a/ein-rassistisches-pogrom-quedlinburg.

o. A.: Protestdemonstration und Schweigemarsch. Magdeburg zur Teilnahme aufgerufen, in: Magdeburger Volksstimme, 16.05.1994a, S. 9.

o. A.: Im Gedächtnis der Gejagten, in: taz, 10.06.1994b, S. 12.

o. A.: Mit Lebensfreude gegen Fremdenfeindlichkeit Tausende Besucher bei Toleranz-Festival in Magdeburg, in: Mitteldeutsche Zeitung, 27.05.1995a, S. 4.

o. A.: Polizist steht vor Gericht: Grundlos zugeschlagen?, in: Mitteldeutsche Zeitung, 27.06.1995b, S. 4.

Piesche, Peggy: Schwarz und deutsch? Eine ostdeutsche Jugend vor 1989 – Retrospektive auf ein ‚nichtexistentes' Thema in der DDR, (o. J.), https://heimatkunde.boell.de/de/2006/05/01/schwarz-und-deutsch-eine-ostdeutsche-jugend-vor-1989-retrospektive-auf-ein (28.02.2024)

Poutrus, Patrice G.: Aufnahme in die ‚Geschlossenen Gesellschaft'. Remigranten, Übersiedler, ausländische Studierende und Arbeitsmigranten in der DDR, in: Jochen Oltmer (Hg.), Handbuch Staat und Migration seit dem 17. Jahrhundert, Berlin/Boston 2016, S. 967–995.

Poutrus, Patrice G.: Umkämpftes Asyl. Vom Nachkriegsdeutschland bis in die Gegenwart, Berlin 2019.

Poutrus, Patrice G.: Ausländer in Ostdeutschland, 24.08.2020, https://www.bpb.de/geschichte/deutsche-einheit/lange-wege-der-deutschen-einheit/314193/auslaender-in-ostdeutschland (24.02.2025).

Poutrus, Patrice G.: Vor der Deutschen Einheit. Migrantisches Leben im geteilten Deutschland, 05.03.2021, https://www.bpb.de/themen/deutsche-einheit/migrantische-perspektiven/327660/vor-der-deutschen-einheit-migrantisches-leben-im-geteilten-deutschland/ (28.02.2024).

Pressemitteilung, 30.09.2022, hg. von Halle gegen Rechts. Bündnis für Zivilcourage, 30.09.2022, https://halle-gegen-rechts.de/initiativen-kritisieren-zusammentreffen-von-anschlagsgedenken-und-mitteldeutschem-marathon-am-9-oktober-und-informieren-ueber-ihre-aktivitaeten-zum-9-10/ (17.04.2025).

Rabenschlag, Ann-Judith: Völkerfreundschaft, Vertragsarbeiter und völkische Identität – Alltagsrassismus in staatlichen und gesellschaftlichen Diskursen der DDR, in: Jens Gieske/Ulrich Mählert (Hg.): Jahrbuch für Historische Kommunismusforschung 2022, Berlin 2022, S. 85–104.

Rabenschlag, Ann-Judith: Arbeitsmigranten in der DDR, Erfurt 2023.

Rechte, rassistische und antisemitische Gewalt 2024, hg. von VBRG e. V., 2025, https://verband-brg.de/rechte-rassistische-und-antisemitische-gewalt-in-deutschland-2024-jahresbilanzen-der-opferberatungsstellen/ (01.07.2025).

Reuter, Lutz-Rainer/Scheunpflug, Annette: Die Schule der Freundschaft. Eine Fallstudie zur Bildungszusammenarbeit zwischen der DDR und Mosambik, Münster u. a., 2006, S. 157–161.

Rüchel, Uta: „… auf deutsch sozialistisch zu denken …". Mosambikaner in der Schule der Freundschaft, in: Die Landesbeauftragte für die Unterlagen des Staatssicherheitsdienstes der ehemaligen DDR in Sachsen-Anhalt (Hg.): Sachbeiträge, 18, Magdeburg 2001, S. 92–96.

Rückblick: 20 Jahre „Himmelfahrtskrawalle" – 19. Fest der Begegnung an neuem Ort, hg. von Auslandsgesellschaft Sachsen-Anhalt e. V., (o. J.), https://archiv.agsa.de/aktuelles/rueckblick/834-20-jahre-himmelfahrtskrawalle-19-fest-der-begegnung-an-neuem-ort.html (03.03.2025).

Schmidt, Jens: Polizeipräsident Stockmann überzeugt: „Wir haben keine Fehler gemacht", in: Magdeburger Volksstimme, 14.05.1994, S. 4.

Selbstverständnis des Flüchtlingsrates Sachsen-Anhalt e. V., hg. von Flüchtlingsrat Sachsen-Anhalt e. V., 2017, https://www.fluechtlingsrat-lsa.de/wp-content/uploads/2018/01/Selbstverständnis-des-Flüchtlingsrates-Sachsen-Anhalt-e. V.pdf (05.03.2025).

Striegel, Sebastian: Quedlinburg – Ein Ort unter vielen, in: Ermutige, Nr. 8, Juli 2012, S. 4, https://www.amadeu-antonio-stiftung.de/w/files/pdfs/zeitung-8_ermutigen.pdf (28.02.2024).

Swenson, Chiara: Rechtsextreme Gewalt nach dem Anschlag, 15.02.2025, https://www.mdr.de/nachrichten/sachsen-anhalt/magdeburg/magdeburg/mobile-opferberatung-anstieg-rechte-gewalt-102.html (04.03.2025).

Unsere Forderungen, hg. von Initiative 12. August, (o. J.), https://initiative12august.de/in-gedenken/initiative/forderungen-2/ (28.02.2024).

Waibel, Harry: Der gescheiterte Anti-Faschismus der SED. Rassismus in der DDR, Frankfurt am Main u. a. 2014.

Warda, Katharina/Poutrus, Patrice G.: Die DDR als Migrationsgesellschaft und die rassistische Gewalt der „Baseballschlägerjahre" in Ostdeutschland: Der Weg in die Berliner Republik, in: Jürgen Zimmerer (Hg.): Erinnerungskämpfe. Neues deutsches Geschichtsbewusstsein, Berlin 2023, S. 375–396.

Wöhler, Ernst-Günther: Innen- und Justizminister Walter Remmers im Gespräch mit der Volksstimme: Ich weigere mich, die Schuld auf die Polizei abzuladen, in: Magdeburger Volksstimme, 17.05.1994, S. 3.

Zick, Andreas/Eden, Marco: „Mitte, rechtsaußen oder rechtsdraußen?". Sonderauswertung der Mitte-Studie 2022/23: Bericht zu den Einstellungen der AfD-Anhängerschaft im Vergleich, 12.06.2024, https://blogs.uni-bielefeld.de/blog/ikgblog/entry/working-paper#mainSection (04.03.2025).

Zerbst, hg. von zweiteroktober90, (o. J.), https://zweiteroktober90.de/zerbst/ (05.03.2025).

Panel runde 2

PERSPEKTIVEN:

Mobilisierung der heterogen Klasse

Demokratiearbeit Jüdischer Institutionen

Digitalität: Manipulation und Mobilisierung

Klassismus, Prekarität und Armut: Sicht- und Umgangsweisen der Betroffenen

Katrin Reimer-Gordinskaya

„Ein Vorurteil kommt selten allein" ist eine Binsenwahrheit, die in der sozialpsychologischen Forschung zu Vorurteilen und Diskriminierung ernst genommen wird. Ihr Kerngedanke ist dem Grundkonzept einer diesbezüglich wichtigen Forschungslinie eingeschrieben: „Gruppenbezogene Menschenfeindlichkeit" umfasst verschiedene Ideologien der Ungleichheit, die miteinander zusammenhängen, also ein „Syndrom" darstellen (Mokros/Zick 2023, S. 151 ff.). In der Forschung selbst, vor allem aber in ihrer Rezeption und in der Praxis der in den letzten Jahrzehnten entwickelten Strategien für eine demokratische Alltagskultur blieb eine Facette jedoch seltsam marginal: Klassismus. In den vergangenen Jahren erhält sie, zurecht, zunehmende Aufmerksamkeit. Zugleich wird aus gewerkschaftlicher Sicht durchaus erfolgreich daran gearbeitet, die heterogene Klasse der Erwerbstätigen zu mobilisieren und zu organisieren. Last, but not least ist die Klassenzugehörigkeit eine relevante Kategorie, wenn es um die Beschreibung und Analyse der Wahlerfolge der äußerst rechten AfD geht. Die folgende Rahmung der Panelbeiträge wirft vor diesem Hintergrund einen Blick auf Konzepte und Befunde zu Klassismus sowie dessen Bedeutung in rechtspopulistischen Diskursen. Danach werden Lebenswirklichkeiten von prekär Beschäftigten und Armutsbetroffenen und abschließend ihre Umgangsweisen mit alltäglichen Herausforderungen skizziert.

Klassismus: Konzepte, Befunde und rechtspopulistischer Diskurs

In jüngerer Zeit ist Klassismus insbesondere im Kontext der Sozialen Arbeit stärker thematisiert worden (Seeck/Steckelberg 2024, S. 9). Klassismus wird hier als eine Form der Diskriminierung verstanden, die Menschen aufgrund einer bestimmten Klassenzugehörigkeit vom „Zugang zu materiellen Ressourcen" sowie „politischer Partizipation" ausschließt und ihnen „Respekt und Anerkennung verweigert" (ebd.). In der sozialpsychologischen Forschung werden die solchen Praxen inhärenten Denkweisen und Haltungen gegenüber verschiedenen Gruppen untersucht. So werden Vorurteile gegenüber Langzeitarbeitslosen, Sozialhilfeempfänger:innen, Armen und Obdachlosen erhoben. Sie sind insgesamt aktuell bei einem knappen Fünftel der Bevölkerung vorhanden (vgl. Mokros/Zick 2023, S. 166). Dabei liegt der Wert für Ostdeutschland (23 Prozent) signifikant höher als für Westdeutschland (16 Prozent) (S. 167) und ist bei Menschen, die sich selbst in der mittleren (19 Prozent) oder oberen Schicht (20 Prozent) verorten, weiter verbreitet als bei denen, die sich selbst als unten stehend (13,7 Prozent) einordnen (S. 168 f.). Zudem sind klassistische Vorurteile deutlich überdurchschnittlich verbreitet bei Menschen, die sich selbst als eher rechts oder rechts einordnen (30,9 Prozent) oder der AfD anhängen (30,7 Prozent) (S. 173). Schließlich gilt, wie eingangs vermerkt: Klassismus hängt mit Rassismus, Antisemitismus und Hetero-/Sexismus, also mit anderen Ideologien der Ungleichwertigkeit, zusammen (S. 182 f.).

In den Daten zeichnet sich demnach die Tendenz ab, dass klassistische Vorurteile in der sozialen Hierarchie von oben nach unten wirken, mit rassistischen und antisemitischen Markierungen verbunden sind und mit rechten Orientierungen einhergehen. Solche Haltungen werden durch entsprechende Diskurse befördert. Welche „Ideologien der Ungleichheit" liegen ihnen also zugrunde – und wer befördert deren Verbreitung?

Zu den entsprechenden diskursmächtigen Akteuren gehören etwa der Philosoph Peter Sloterdijk und der ehemalige SPD-Funktionsträger Thilo Sarrazin. Ersterer legte in einer Reihe von Essays antidemokratischer Stoßrichtung den „Leistungsträgern" nahe, ihre Interessen offensiver durchzusetzen und etwa die Steuerpflicht durch freiwillige Gaben zu ersetzen; auch hatte er Ideen zur „Höherzüchtung der menschlichen Rasse" positiv konnotiert (Weber 2022). Letzterer hatte für „Klasse statt Masse" (Sarrazin 2009) plädiert. Ihn trieb um, dass die unteren Schichten sich stärker reproduzierten als die „intelligenten Leistungsträger" (ebd.). Dies stellt für ihn insoweit ein Problem dar, als er Begabung für erblich hielt. „Araber und Türken" (ebd.) gehören ihm zufolge dabei zu den unteren Schichten. Der strategische Einsatz der beiden kreist um die gesellschaftlich Privilegierten. Sie werden als „Leistungsträger" artikuliert und gegen die „Masse", die Unteren usw. in Stellung gebracht. Dagegen reklamieren die abwertend Gemeinten als „verkannte Leistungsträger:innen" (Mayer-Ahuja/Nachtwey 2021) Anerkennung, gute Arbeit und ihren gerechten Anteil am gesellschaftlichen Wohlstand. Wie die Lebenswirklichkeiten dieser Menschen aussehen, die trotz harter Arbeit zu wenig verdienen oder aus der Erwerbsarbeit ausgeschlossen und mit Transferleistungen in Armut leben, wird folgend skizziert.

Lebenswirklichkeiten von prekär Beschäftigten und Armutsbetroffenen

In unserer Forschung zu Klassismus und Klassenverhältnissen (Reimer-Gordinskaya/Tzschiesche 2023) haben wir am Beispiel Berlins einen Blick in die Lebenswirklichkeiten einiger Gruppen geworfen, die prekär beschäftigt sind und/oder in Armut leben. Dazu gehören etwa alleinerziehende Frauen und Altenpflegekräfte, Reinigungskräfte der Hotellerie und Rider der Essenslieferdienste, (sozial-)pädagogische Fachkräfte und Solo-Selbstständige und, nicht zuletzt, in Armut lebende Senior:innen. Wir sprachen ausführlich mit 22 Menschen, die zu diesen Gruppen gehören, über ihre Lebensverläufe und ihren Alltag, über Hoffnungen und Enttäuschungen. Dazu gehörte Katja, die als junge Frau aus dem Baltikum nach Deutschland kam und im Haushalt einer Familie das körperlich beeinträchtigte Kind versorgte. Dabei zog sie sich eine schwere Verletzung zu, deren Folgen ihr noch heute zusetzen. Nach einer glücklichen Zeit mit ihrem Mann und den beiden Kindern trennten sie sich. Seitdem leben die drei in Armut, und Katja kann Erwerbsarbeit und Kinderbetreuung nur äußerst mühsam unter einen Hut bringen. Louis ist alleinerziehender Vater, kam aus einem westafrikanischen Land nach Berlin, wo er einen Pflegebasiskurs absolvierte. Seit vielen Jahren versorgt er nun Senior:innen in einem privaten Altenpflegeheim. Er begegnet ihnen mit großer Zuwendung und sieht über ihre rassistischen Kommentare eher hinweg. Die Arbeit ist psychisch herausfordernd und körperlich so anstrengend, dass Louis sich Sorgen macht, ob er das Rentenalter überhaupt erreichen wird. Adrian kam trotz seiner Fachausbildung in Osteuropa nicht über die Runden und zog nach Berlin, wo er als Paketzusteller, Apothekenkurier und Lkw-Fahrer arbeitet. Wegen des Sozialversicherungsbetrugs eines seiner Chefs ist er hochverschuldet und macht häufig 12-Stunden-Schichten; Zeit für seine Frau und das junge Kind hat er kaum. Tarik kam als Student für ein Praktikum nach Berlin, verdiente dort zu wenig und jobbte als Rider, was er schließlich in Vollzeit tat. Der Ostberliner Heiko und die in Westdeutschland aufgewachsene Miriam arbeiten als Erlebnispädagoge bzw. in der politischen Bildung und Demokratiearbeit. Als Selbstständige und Angestellte gelang es beiden, mit Abend- und Wochenendarbeit, Überstunden und mäßigen Einkünften klarzukommen, solange sie noch keine Sorgeverantwortung trugen. Seit sie Kinder haben, hat sich dies geändert. Die Ostberlinerin Silvia, die nach dem Umbruch 1989/90 in ihrem Ausbildungsberuf als Köchin nicht mehr arbeiten konnte, blickt auf Jahrzehnte als Reinigungskraft zurück. Wegen einer degenerativen Nervenkrankheit musste sie eine Erwerbsunfähigkeitsrente beantragen und blickt mit Sorge aufs künftige Auskommen, für das es eigentlich zwei Verdiener bräuchte. Und Britta, die eine lebenslustige Frau war, gerne in die Philharmonie und mit Kolleg:innen ausging, muss seit Jahrzehnten von Transferleistungen leben. Sie hat auf den Cent genau im Blick, was Haferflocken oder Äpfel kosten und muss ihre Ernährung dennoch immer weiter einschränken – vom Luxus eines Haustiers kann sie nur noch träumen. Wie die prekär Arbeitenden und Armutsbetroffenen mit den alltäglichen Herausforderungen umgehen, was sie sich wünschen und wie sie auf die Welt schauen, wird folgend betrachtet.

Umgangsweisen der Betroffenen: Möglichkeiten, Grenzen, Entsolidarisierung

Die Menschen, mit denen wir sprachen, leben in verschiedenen Welten, sie würden sich im Alltag meist nicht begegnen. Sie gehören also zu verschiedenen Segmenten der großen und heterogenen sozialen Klasse derjenigen, die von Erwerbsarbeit leben. Zugleich haben sie vieles gemeinsam: Sie starteten in jungen Jahren mit Zuversicht und Hoffnung ins Leben und den Beruf und/oder versuchten nach schweren Kindheiten mit Energie wieder Fuß zu fassen. Sie alle wollten oder wollen ihre Arbeit gut machen, leiden aber unter den Arbeitsbedingungen, dem Ausschluss aus Erwerbsarbeit sowie dem Problem, Erwerbsarbeit, Freizeit und Familienleben unter einen Hut zu bringen. Einige rutschten aufgrund von Krankheit oder anderen Schicksalsschlägen weiter ab und versuchen, Würde und einen minimalen Lebensstandard aufrechtzuerhalten. Sie weisen klassistische Markierungen als herabwürdigend zurück. Hilfreich, ja notwendig sind für alle soziale Netzwerke, Familie oder Freund:innen – wo sie fehlen, ist der Alltag schwer oder kaum noch zu bewältigen. Manche setzten ihre Rechte mithilfe von Beratungsstellen durch, einige initiierten die Bildung von Betriebsräten und engagieren sich gewerkschaftlich. Ein Bewusstsein ihrer Gemeinsamkeiten ist teils, aber längst nicht überwiegend vorhanden. Eher können die Gruppen als fragmentiert beschrieben werden. Und teils grenzen sie sich entlang von klassistischen und rassistischen Markierungen voneinander ab, entsolidarisieren sich. Insgesamt zeichnete sich ab, dass alle schon aus Notwendigkeit individuell widerständig mit widrigen Umständen umgehen – dabei aber an Grenzen stoßen. Überindividuelle Strategien tun not, um an diesen Umständen etwas in ihrem Interesse ändern zu können, sind aber längst nicht für alle in Sichtweite oder realisierbar.

Vor diesem Hintergrund fragte das Panel *Mobilisierung der Klasse* danach, wo und wie es prekär bzw. in Armut lebenden Menschen gelang, sich mit anderen zusammenzutun und für die Durchsetzung eigener Interessen einzusetzen. *Julia Dück* berichtete, wie es Beschäftigten in den vergangenen Jahren gelungen ist, Streiks in Krankenhäusern und Kindertageseinrichtungen zu organisieren. Sie konnte aus Zeitgründen leider keinen Beitrag beisteuern, in der Broschüre „Aus Sorge kämpfen“[2] sind aber ihre Kerngedanken und einige Beispiele guter Praxis einsehbar. *Mathias Grabow* beschreibt die besonderen Herausforderungen, mit denen sich Menschen, die eingewandert oder geflüchtet sind, bei der Aufnahme von Erwerbsarbeit konfrontiert sehen. Zudem zeigt er vor dem Hintergrund der bei Arbeit und Leben Sachsen-Anhalt e. V. angesiedelten Beratungsstelle *Faire Beschäftigung* auf, dass um die Einhaltung arbeitsrechtlicher Standards gekämpft werden muss und kann. Anschließend beschreibt *Selana Tzschiesche* die Herausforderungen der Arbeit in Callcentern und Lieferdiensten. Sie schildert zudem, dass und wie es Beschäftigten gelang, beispielsweise Betriebsräte zu etablieren und auf dieser Basis die Interessen der Beschäftigten besser zu vertreten.

2 Vgl. Julia Dück/Julia Garscha (Hg.): Aus Sorge kämpfen. Von Krankenhausstreiks, Sicherheit von Patient*innen und guter Geburt (luxemburg beiträge, 9), 2. Aufl., Berlin 2022., https://www.rosalux.de/fileadmin/images/Dossiers/pflege_gesundheit/lux_beitr_9_AusSorgeKaempfen_2te_korr_Aufl_web.pdf (26.05.2025).

Die komplexe Lage migrantischer Arbeitskräfte und Potenziale für eine verbindende Klassenpolitik

Mathias Grabow

Die Lage migrantischer Arbeitskräfte ist komplexer, als es der Diskurs um vermeintliche Migrationsgründe vermuten lässt. Daher möchte der Beitrag Fragen und Perspektiven für eine emanzipative politische Praxis im Bereich Arbeit und Migration aufzeigen. In Sachsen-Anhalt gehen ungefähr drei Viertel der Menschen ohne deutsche Staatsangehörigkeit im erwerbsfähigen Alter einer sozialversicherungspflichtigen Arbeit nach. In der gesamten Bundesrepublik besaßen 2023 ca. 15,3 Prozent aller Beschäftigten keine deutsche Staatsangehörigkeit (vgl. Mediendienst Integration o. J.). In Sachsen-Anhalt betraf dies 2023 7,1 Prozent (2017: 3,1 Prozent) (vgl. Dülken/Lushankina/Oswald 2024, S. 67). Seit Jahren steigt dieser Anteil, insbesondere durch die verstärkten Migrationsbewegungen seit 2015 und seit Beginn des russischen Angriffskrieges in der Ukraine. Aber auch Veränderungen auf nationaler Ebene trugen dazu bei, insbesondere das 2020 in Kraft getretene Fachkräfteeinwanderungsgesetz (vgl. Mediendienst Integration o. J.). Der Umstand, dass die Erwerbslosenquote bei Personen ohne deutsche Staatsbürgerschaft trotzdem über dem Durchschnitt aller Beschäftigten liegt, führt oft zu rassistisch motivierten Beschuldigungen, Migrant:innen würden den Sozialstaat ausnutzen. Eine qualitative Betrachtung der quantitativen Indikatoren zeichnet ein ganz anderes Bild und läuft auf die Perspektive hinaus, eine Verbesserung der Bedingungen migrantischer Arbeitskräfte im Sinne einer verbindenden Klassenpolitik anzustreben.

Eine hohe Erwerbsquote angesichts struktureller Hürden beim Zugang zu Erwerbsarbeit

Zunächst einmal gilt: Die Arbeitsmarktzugänge für Personen ohne deutsche Staatsangehörigkeit sind so vielfältig, dass kaum jemand einen kompletten Überblick liefern kann. Außerdem können migrantische Arbeitskräfte kaum als homogene Gruppe gefasst werden. Für Personen aus EU-Staaten bestehen durch die EU-Freizügigkeitsregelung und das Schengen-Abkommen noch vergleichsweise geringe Hürden beim Zugang zum deutschen Arbeitsmarkt; Arbeits- sowie Niederlassungserlaubnisse benötigen diese nicht. Insbesondere in Berufen, welche Hochschulabschlüsse erfordern, gibt es eine hohe Anerkennungsrate von Abschlüssen aus dem EU-Ausland, so dass höherqualifizierte EU-Migrant:innen leichter Arbeit aufnehmen können. Hürden für EU-Bürger:innen gibt es vor allem in der Anerkennung von Abschlüssen im Bereich der Berufsbildung. So existieren in einigen europäischen Staaten kaum formalisierte Berufsausbildungen, aber auch Abschlüsse aus Staaten, die ähnlich dem bundesrepublikanischen System über eine stark formalisierte berufliche Bildung verfügen, werden oft nicht als gleichwertig anerkannt. So wird etwa die österreichische Ausbildung zur:m Erzieher:in in Deutschland auf eine Stufe mit der Ausbildung zur:m Kinderpfleger:in bzw. zur:m Sozialassistent:in gestellt. Dies führt für die Betroffenen zu Einbußen in der Entlohnung, weniger Kompetenzausübung im beruflichen Alltag, einer empfundenen Abwertung der geleisteten Arbeit und damit letztlich zu beruflicher Diskriminierung. Zwar besteht seit 2012 durch das Anerkennungsgesetz ein grundsätzlicher Anspruch aller Menschen auf eine Überprüfung und ggf. Anerkennung der Gleichwertigkeit eines ausländischen Berufsabschlusses, doch in der Praxis zeigen sich enorme Probleme. Es besteht keine zentrale Anerkennungsbehörde, die Zuständigkeiten variieren je nach Beruf zwischen Ländern, Bund und Kammerorganisationen. Dies führt teilweise zu sehr widersprüchlichen Ergebnissen, insbesondere im Vergleich der Bundesländer. Grundsätzlich gilt, dass Berufsqualifikationen nur selten als völlig gleichwertig anerkannt werden, in den meisten Fällen sind langwierige Weiterbildungen, komplexe Prüfungen oder gar komplette Berufsausbildungen notwendig, damit Personen in Deutschland ihrem ursprünglichen Beruf nachgehen können. Die Überbewertung des deutschen Berufsbildungssystems verhindert somit in vielen Fällen einen schnellen Arbeitsmarktzugang.

Für Personen aus Drittstaaten besteht eine Vielzahl unterschiedlicher gesetzlicher Regelungen, oft in Abhängigkeit vom Herkunftsland und dem aufenthaltsrechtlichen Status. Asylbewerber:innen erhalten vorerst keine Arbeitserlaubnis. Einzig Personen, die nicht zum Wohnen in Unterkünften für Geflüchtete, egal ob in zentralisierten Lagern oder dezentralen Unterbringungen, verpflichtet sind, erhalten nach 3 Monaten eine Arbeitserlaubnis. Personen, die in diesen Unterkünften wohnhaft sein müssen, erhalten diese erst nach 6 Monaten. Die Arbeitsmigration aus Drittstaaten ist für die Bundesrepublik zwar kein neues Phänomen; ein Gesetz, welches die Erwerbsmigration nach Deutschland umfassend regelt und vereinheitlicht, besteht aber erst seit 2019 mit dem Fachkräfteeinwanderungsgesetz. Seit seiner Novellierung im Jahr 2023 wurde zwar der Arbeitsmarktzugang für Drittstattenangehörige vereinfacht, auch, um dem Fachkräftemangel entgegenzuwirken. Der Erfolg des Gesetzes in der Praxis ist aber umstritten. Die umfangreiche Bürokratie und die Eingrenzung auf ausgewählte Branchen sind dabei die zentralen Kritikpunkte. Und weiterhin ist die Anerkennung von ausländischen Berufs- und teils auch Hochschulabschlüssen ein Problem. Der Anstieg der Erwerbstätigenquote bei Menschen ohne deutsche Staatsangehörigkeit in Sachsen-Anhalt von 47,2 Prozent im Jahr 2017 auf 62,4 Prozent im Jahr 2022 ist vor diesem Hintergrund eher ein Ausdruck des erfolgreichen Bemühens von Einwohner:innen ohne deutsche Staatsangehörigkeit, ihren Lebensunterhalt trotz hoher Hürden durch Erwerbsarbeit zu verdienen. Auch der allgemeine Anstieg von sozialversicherungspflichtig Beschäftigten in Sachsen-Anhalt von 792.590 Personen im Jahr 2017 auf 799.080 Personen im Jahr 2023 ist allein auf migrantische Arbeitskräfte zurückzuführen (vgl. Dülken/Lushankina/Oswald 2024, S. 67). Ohne die migrantischen Arbeitskräfte wäre, bedingt durch die Renteneintritte der Baby-Boomer-Generation, die Anzahl der sozialversicherungspflichtigen Beschäftigten im Land gesunken. Migrantische Arbeitskräfte trugen somit aktiv dazu bei, die sozialen Sicherungssysteme in Sachsen-Anhalt zu stabilisieren.

Überproportionale Betroffenheit von prekärer Arbeit

Neben den Schwierigkeiten beim Zugang zum Arbeitsmarkt ist die Beschäftigungssituation von migrantischen Arbeitskräften häufig auch davon gekennzeichnet, dass sie harte Arbeit für geringen Lohn leisten. Sie üben „signifikant häufiger als Personen ohne Migrationshintergrund einfache Tätigkeiten aus, die geringer entlohnt werden und stärker körperlich belastend sind" (Gundert u. a. 2020, S. 10). Dieser Umstand zieht sich durch die Migrationsgeschichte Deutschlands. Wurden sowohl in der BRD als auch in der DDR migrantische Arbeitskräfte vor allem im Bereich des verarbeitenden Gewerbes, in der Automobilindustrie sowie im Bergbau und der Stahlproduktion eingesetzt, werden sie heute verstärkt im gewachsenen Dienstleistungssektor eingestellt. Dazu gehören die sogenannte „letzte Meile" der Lieferdienstbranche und der Logistik, das Baugewerbe, die Pflege, Hotellerie und Gastronomie. In diesen Branchen sind generell prekäre Arbeitsbedingungen verbreitet, die zur Überausbeutung migrantischer und nichtmigrantischer Arbeitskräfte führen (vgl. Reimer-Gordinskaya/Tzschiesche 2023, S. 101–158). Wegen ihres überproportionalen Anteils in diesen Branchen sind jedoch vor allem migrantische Arbeitskräfte der Gefahr einer Überausbeutung auf dem deutschen Arbeitsmarkt ausgesetzt.

Die Fach- und Beratungsstelle „Faire Beschäftigung" von Arbeit und Leben Sachsen-Anhalt gGmbH berät Betroffene bei der Durchsetzung ihrer Rechte als Arbeitnehmer:innen. Seit 2018 konnten durch sie mehr als 3.500 Menschen in Sachsen-Anhalt informiert und beraten und rund 450.000 Euro an berechtigten Lohnansprüchen geltend gemacht werden. Diese Summe spiegelt indes nur einen Bruchteil von zu Unrecht vorenthaltenen Löhnen wider. Denn auch wenn arbeitsrechtliche Verstöße gut dokumentiert vorliegen, sind die Betroffenen bei der Durchsetzung ihrer Rechte mit enormen Hürden konfrontiert. So hängen die Zugangsmöglichkeiten zu arbeitsgerichtlichen Instanzen „von den individuellen Ressourcen und der ökonomischen wie rechtlichen Situation der Arbeiter:innen ab" (Maaroufi/Seidel 2022, o. S.). Hier spielt die Besonderheit, dass die Kosten eines erstinstanzlichen Verfahrens vor einem Arbeitsgericht nicht der unterlegenen Seite übertragen werden, sondern beide Seiten ihre Kosten, unabhängig des Ausganges des Verfahrens, selbst zu tragen haben, eine bedeutende Rolle. Für Beschäftigte bedeutet dies im Schnitt Kosten von ca. 2.000 Euro. Bei Einkommen aus in der Regel befristeten Arbeitsverhältnissen, welche kaum über dem Mindestlohn liegen, ist dies für die Betroffenen kaum tragbar. Neben klaren Verstößen gegen arbeitsrechtliche Standards sind migrantische Arbeitskräfte „häufiger in ‚ausgegliederten' oder Zulieferbetrieben beschäftigt und deshalb stärker von […] Restrukturierungsmaßnahmen betroffen" (Karakayalı/Boualai 2021, S. 20). Anders gesagt: Sie werden häufiger als ihre nichtmigrantischen Kolleg:innen als Erste entlassen oder nicht weiterbeschäftigt. Insgesamt tragen Migrant:innen also mit ihrer Arbeit zu einem proportional hohen Anteil zu gesellschaftlich essenziellen Branchen bei und müssen andererseits größere Arbeitsmarktrisiken als ihre ‚deutschen' Kolleg:innen in Kauf nehmen.

Rück- und Ausblick

In fast allen Paradigmen der Migrationsforschung wird Erwerbstätigkeit als Schlüssel für das gesehen, was als *erfolgreiche Integration* tituliert wird. Auch migrationspolitisch wird die Integration in den deutschen Arbeitsmarkt zentral gesetzt. Dies geschieht meist aus einer quantitativen Perspektive. Die skizzierte qualitative Betrachtung der Lage migrantischer Arbeitskräfte ermöglicht es, diese Engführung der Debatte über Arbeit und Migration zu hinterfragen. Mindestens müssten die qualitativen Dimensionen des Zusammenhangs von Arbeit und Migration stärker in den Blick von Forschung und politischen Konzepten gerückt werden. Dazu zählen die Einhaltung arbeitsrechtlicher Standards, faire Bezahlung, Mitbestimmung und Partizipation sowie ein Alltag, in dem Menschen ohne deutsche Staatsangehörigkeit als Gleiche anerkannt werden. Notwendig wäre dazu eine enge Zusammenarbeit von Gewerkschaften, antirassistischer Zivilgesellschaft sowie Migrant:innen-Selbstorganisationen, die gemeinsam eine emanzipative Allianz bilden könnten. Im Bereich gewerkschaftlicher Praxis würde dies bedeuten, gemeinsame Erfahrungen von Beschäftigten, ob mit oder ohne deutsche Staatsangehörigkeit, in den Mittelpunkt zu rücken und in Arbeitskämpfen im Rahmen einer konfliktbewussten Tarifpolitik soziale, kulturelle und ökonomische Ebenen zu verbinden. Wird beispielsweise in der Pflege nicht nur um Lohnhöhen

Die Fach- und Beratungsstelle „Faire Beschäftigung" von Arbeit und Leben Sachsen-Anhalt gGmbH weist auf folgende sechs Anzeichen für prekäre Arbeitsverhältnisse hin, die in der Praxis immer wieder vorkommen:

1. **Unterlagen:** Das Fehlen von obligatorischen Unterlagen wie Arbeitsvertrag, Lohnbescheinigung und Arbeitszeitnachweis.
2. **Entgeltansprüche:** Verstoß gegen Mindestlohn/Branchenmindestlohn; Lohn wird verspätet oder nur teilweise ausgezahlt; Überstunden und Zuschläge werden nicht bezahlt.
3. **Arbeitszeit:** Pausen oder Überstundenregelungen werden nicht eingehalten etc.
4. **Urlaub/Krankheit:** Das Urlaubsentgelt oder die Lohnfortzahlung im Krankheitsverfall werden nur teilweise oder gar nicht ausbezahlt; die Person hat zu wenig Urlaubstage.
5. **Lohnbescheinigung:** Es gibt Unregelmäßigkeiten in der Lohnbescheinigung (Bsp.: Krankheit wird als „Freizeitausgleich" geführt, falsche Steuerklasse wird angegeben, Kinderfreibeitrag vorenthalten/falsch berechnet).
6. **Kündigung mit formalen/inhaltlichen Fehlern:** Die Kündigungsfrist wird nicht eingehalten; der Kündigungsgrund ist bei einer ordentlichen Kündigung nicht ersichtlich, fehlende Schriftform der Kündigung (Kündigung via WhatsApp o. Ä.).

und Arbeitszeiten, sondern für eine tarifvertragliche Entlastung durch mehr Personal gerungen, können verschiedene Gruppen von Beschäftigten wie auch die Patient:innen profitieren. So erreichte die „Berliner Krankenhausbewegung", ein Zusammenschluss der ver.di-Betriebsgruppen bei Vivantes, der Charité und dem Jüdischen Krankenhaus Berlin, in mehreren Streikwellen signifikante Verbesserungen unter anderem durch einen *Tarifvertrag Entlastung*. Zugleich organsiert die Berliner Krankenhausbewegung unter dem Motto „Ohne unsere Kolleg:innen läuft nichts!" eine antirassistische Kampagne mit verschiedensten Aktionen. Allgemein gesprochen: Die Anerkennung von Diversität muss mit klaren Forderungen nach sozialer Gerechtigkeit verbunden werden. Identitätspolitik allein ist so wenig eine Lösung wie der Versuch, den Klassengegensatz als Hauptwiderspruch zu setzen. Vielmehr gilt es, „die Fiktion eines homogenen Klassensubjekts" aufzugeben und die „historisch-spezifische[] Zusammensetzung sozialer Klasse(n) samt der darin implizierten Hierarchien-, Konkurrenz- und Machtverhältnisse[n]" zu betrachten (Dowling u.a. 2017, S. 414). Auf dieser Grundlage kann eine verbindende Klassenpolitik entwickelt werden.

Arbeitskämpfe in Berliner Plattformunternehmen

Selana Tzschiesche

Im folgenden Beitrag geht es um die Möglichkeiten von Beschäftigten, sich in sogenannten Plattformunternehmen zu organisieren und Mitbestimmung durchzusetzen. Inspirierend ist die Berliner IT-Branche, in der in den letzten Jahren ein besonderes Ausmaß an Arbeitskämpfen zu beobachten war. Der wilde Streik beim Lebensmittel-Lieferdienst Gorillas 2021 bildete einen medialen Höhepunkt. Auseinandersetzungen um Betriebsratsgründungen, Arbeitsschutz und Lohnbetrug waren ein verbreitetes Phänomen bei Booking.com, N24, Lieferando, Wolt und Co. Deren Unternehmensstruktur und Arbeitsorganisation, die für die beobachteten Arbeitskämpfe teils ausschlaggebend waren, können als paradigmatisch für eine neue Generation neoliberaler Unternehmen betrachtet werden. Insofern ist der Blick auf Arbeitsverhältnisse und -kämpfe in Berliner Plattformunternehmen auch jenseits der Hauptstadt und für Sachsen-Anhalt von Interesse, denn digitale, ortsungebunde Dienstleistungen oder Lieferdienste werden auch hier tagtäglich angeboten. Grundlage für die folgenden Ausführungen ist der entsprechende Teil unserer Studie „Immer noch ‚arm, aber sexy'?", in der wir Klassenlagen und Handlungsfähigkeit von prekär Beschäftigten und Erwerbslosen untersuchten (Reimer-Gordinskaya/Tzschiesche 2023).

Die digitale Fabrik: Arbeitsverhältnisse und Organisierungsbedingungen

Paradigmatisch ist u. a. die zergliederte Struktur der Unternehmen. So beobachtete Roman[1], ehemaliger Mitarbeiter und Betriebsrat bei Bcom, dem Callcenter des Tourismuskonzerns Booking.com, wie der Berliner Standort innerhalb eines Jahrzehnts zunächst dank des rasanten Erfolgs des Mutterkonzerns von 100 auf 1.200 Mitarbeiter:innen anwuchs, um dann genauso schnell durch Ausgliederungen von Tätigkeiten an externe Anbieter in Kairo oder Istanbul wieder auf die ursprüngliche Größe zu schrumpfen. Essenslieferdienste engagierten ursprünglich die kleinstmöglichen externen Dienstleister: Fahrradkuriere oder Rider waren als Solo-Selbstständige für den Konzern tätig. Dies wurde in Deutschland zwar relativ schnell und 2024 auch per EU-Direktive verboten. Doch Tarik und Andi, Kurier und Dispatcher bei Lieferando und Wolt, beobachten, wie trotz ihres formellen Angestelltenstatus Strukturen der Selbstständigkeit beibehalten wurden: So stellen die Kuriere ihr wichtigstes Arbeitsmittel, das Fahrrad, meistens privat, und das Unternehmen stellt weder dem Arbeitsschutz angemessene Kleidung bereit, noch übernimmt es Verantwortung für Pauseninfrastruktur oder Lohnfortzahlung bei technisch bedingten Unterbrechungen oder Erkrankung. Bei Wolt (und Uber-Eats) wurden zudem andere Wege der Ausgliederung gefunden. Um die Anschuldigung der Scheinselbstständigkeit zu umgehen, kooperieren die Unternehmen mit sogenannten „Flottenpartnern".[2] Das Ziel bleibt stets gleich: Die Plattformen externalisieren Kosten und Verantwortung für Personal und Arbeitsmittel und drücken Löhne bis zur Umgehung des Mindestlohns (Wallis u. a. 2021).

Um Arbeitstätigkeiten in hohem Ausmaß an eine Vielzahl externer Dienstleister ausgliedern zu können, braucht es technische Voraussetzungen, die die Besonderheit der Branche darstellen: In Romans Callcenter Bcom wurden zunächst nur die einfachen Kundenanfragen ins Ausland ausgegliedert. Komplexere Anfragen sollten am Berliner Standort bleiben, an dem u. a. nach dem Grundsatz von Muttersprachlichkeit gearbeitet wurde. Diese Arbeitsteilung war

1 Bei allen Eigennamen handelt es sich um Pseudonyme von Interviewpartner:innen der genannten Studie.

2 Bei diesen handelt es sich teils um Briefkastenfirmen. Es ist bereits mehrfach vorgekommen, dass sich die Firmeninhaber:innen mit mehreren Monatsgehältern ihrer „angestellten" Kuriere aus dem Staub gemacht haben: Bosse Kröger: Revolte bei Wolt, 05.04.2023, https://taz.de/Lieferdienste-in-Berlin/!5923057/ (27.05.2025).

erst möglich, als eine Software automatisiert zwischen einfachen und komplexen Anfragen unterscheiden konnte und Mails oder Anrufe entsprechend weiterleitete. Dieselbe Software steuert auch Romans Arbeitsalltag in Berlin kleinteilig mittels eines Codesystems für einzelne Arbeitseinheiten inklusive Toilettengängen und (ausschließlich gesetzlich vorgeschriebener) Pausen. Da es keinen Code für den kurzen Blick aus dem Fenster gibt, erlebte Roman um sich herum gestresste und oft zunehmend erkrankte Kolleg:innen. Auch bei den Lieferdiensten ist die Zusammenarbeit zwischen Kurier:innen, Restaurants und Kund:innen, die unternehmerisch formell unabhängig sind, nur aufgrund einer steuernden Software möglich. Die Kuriere werden per App von Restaurant zur Kund:in und wieder zum nächsten Restaurant navigiert. Dabei wird ihnen immer nur die aktuelle Route angezeigt, eine Übersicht über die nächsten Schritte ihres Arbeitsalltags bekommen sie nicht. Roman und Tarik gehen davon aus, dass diese Vorenthaltung von Informationen bewusst der Einschränkung ihres Handlungsspielraums dient.

Die Zerlegung von Tätigkeiten in jeweils möglichst kleine und gleichförmige Pakete heißt Rationalisierung oder auch Taylorismus. Dies war ein zentrales Prinzip der industriellen Fabrik des 20. Jahrhunderts, benannt nach einem ihrer Erfinder, Frederick Winslow Taylor. Ziel war, komplexe Tätigkeiten in einfache Einheiten zu zergliedern und von weitgehend ungelernten und daher günstigeren Arbeitskräften im Takt des Fließbands ausüben zu lassen. In ihrer modernen Form ersetzt die App das Fließband, man spricht daher von digitalem Taylorismus (Altenried 2022; Apicella 2021). Die Arbeit wird dadurch monoton-repetitiv und verdichtet.

Hinzu kommt: In der digitalen Fabrik des 21. Jahrhunderts übernimmt die App nicht nur die Rolle des Fließbandes, sondern auch die des Vorarbeiters (Altenried 2017): Arbeitsabläufe werden aufgezeichnet, statistisch ausgewertet und so die jeweilige „Performance" der Mitarbeiter:innen „getrackt". Die getrackte Performance entscheidet dann über Vertragsverlängerungen (bei dauerhaft befristeten Verträgen), die Höhe des Gehaltes bzw. von Boni etc. Außerdem ist Kontrolle nicht an die räumliche Präsenz der Beschäftigten im Unternehmen gebunden, sondern funktioniert auch dezentral im Home-Office oder auf dem Fahrrad.

Individuelle und kollektive Handlungsfähigkeit

Die engmaschige digitale Steuerung und Kontrolle der Arbeitstätigkeit schränkt individuelle Handlungsfähigkeit ein – insbesondere, indem sie Arbeiter:innen um den Einsatz ihres arbeitsbezogenen Erfahrungswissens bringt. Tarik und Andi schildern Situationen, in denen der Algorithmus schlecht funktioniert, sie zu früh oder zu spät bei Restaurants ankommen und dann Zeit verlieren oder kaltes Essen ausliefern. Hätten sie mehr Informationen über einzelne Bestellungen, ließen sich solche Situationen vermeiden. Stattdessen werden Systemfehler in Konflikten zwischen Ridern, Restaurants und Kund:innen ausgetragen, denn, so Andi: „Lieferando is never in front of you." Roman vergleicht die Atmosphäre im Callcenter mit einem Schlachtfeld: Bombardiert werde man mit Anrufen, die Software bestimmt darüber, ob du als Kanonenfutter in der ersten Reihe stehst oder zur Kavallerie weiter hinten gehörst.

Vor allem aber haben Unternehmensstruktur und algorithmisches Management (Lücking 2019) Auswirkungen auf die kollegialen Beziehungen und somit auf die Voraussetzungen für kollektive Handlungsfähigkeit: Gearbeitet wird oft dezentral, kommuniziert wird nur innerhalb der App. Durch das Tracking wird eine Situation permanenter potenzieller Konkurrenz um Vertragsverlängerungen und Boni geschaffen. Noch intensiver wirkt dieser Druck auf das Verhältnis zu Beschäftigten ausländischer Standorte, die für Berliner Beschäftigte den Stellenabbau an ihrem Standort verkörpern. Dass Roman und seine Kolleg:innen deren Fälle immer dann auf den Tisch bzw. in die Leitung bekommen, wenn etwas schiefgegangen ist, macht das Verhältnis nicht einfacher. Auch Mitarbeiter:innen der Restaurants und Rider sind zwar formell keine Kolleg:innen, kooperieren aber auf operativer Ebene eng, ohne diese Kooperation gestalten zu können.

In vielen Betrieben wurde sich trotz dieser Hürden zusammengeschlossen, und es wurden kollektive Auseinandersetzungen um Arbeitsbedingungen und Lohnhöhe geführt. Auch hier ist die Geschichte von

Bcom paradigmatisch: Roman schildert, wie mit wachsendem Unternehmen die anfänglich familiär anmutende Startup-Atmosphäre geschwunden sei. Stattdessen hätten Strukturkonflikte zwischen Belegschaft und Geschäftsführung zugenommen. Solche Konflikte auszutragen ist die Rolle eines Betriebsrats, auf den zwar jeder Betrieb einer bestimmten Größe ein Recht hat, der aber in jedem neuen (oder neu ausgegliederten) Betrieb zunächst in einem mehrstufigen Verfahren gegründet werden muss. Dieser Prozess kann riskant sein, da die initiierenden Mitarbeiter:innen sich bereits der Geschäftsführung gegenüber exponieren, aber noch nicht den Kündigungsschutz formell gewählter Betriebsrechte genießen. Roman und seine Kolleg:innen bei Bcom waren trotzdem erfolgreich. Die Arbeit an einem gemeinsamen Ort half, die Wahl einer von der Geschäftsführung initiierten Liste zu verhindern. Bei Lieferando fürchtete man lange, dass die Geschäftsführung des Konzerns mit dieser Strategie des Union Bustings erfolgreich sein könnte, da die Mobilisierung zur Betriebsratswahl bei den über die Stadt verteilt arbeitenden Kolleg:innen ungemein schwerer ist. Eine managementnahe Liste sei aber „schlimmer, als wenn du keinen Betriebsrat hast". So wurden kleine Protestaktionen lange durch eine informell und teils verdeckt arbeitende Betriebsgruppe organisiert, z.B. als der Konzern bei einem Wintereinbruch während eines Corona-Lockdowns die Arbeit fortsetzen ließ und so schwere Unfälle riskierte und verursachte.

Ob als Betriebsgruppe oder Betriebsrat: In Bezug auf die Anliegen ähnelt die Auseinandersetzung der digitalen Fabrik der ihres analogen Pendants. Gekämpft wird um faire Schichtplanung, um die Durchsetzung verbriefter Arbeitsrechte wie regelmäßige freie Tage, Pausenräume oder Gesundheitsschutz. Auch Lohnbetrug ist immer wieder Thema, besonders, da bei den Ridern die Arbeitszeit mittels der oft dysfunktionalen App aufgezeichnet wird. Die Lohnhöhe wiederum darf nach deutschem Arbeitsrecht (institutionell) nur von Gewerkschaften verhandelt werden. Der Weg von der nichtorganisierten Belegschaft eines neuen oder neu ausgegliederten Betriebs bis zur Auseinandersetzung um Tarifverträge ist weit. Umso eindrucksvoller, an wie vielen Orten er gerade beschritten wird.

Herausforderungen und Perspektiven

(Kollektive) Handlungsfähigkeit wächst mit der Anzahl an Menschen oder Gruppen, die sich für die Durchsetzung von Anliegen zusammenschließen. Aus emanzipatorischer Perspektive stellt sich also die Frage, welche Anknüpfungspunkte für eine Organisierung es auch jenseits der unmittelbarsten Interessengemeinschaft gibt. Im Fall der Plattformunternehmen stellt sich demnach die Frage nach Formen der segment- oder betriebsübergreifenden Organisierung.

Innerhalb eines Segments, das hier „digitales Dienstleistungsproletariat verschiedener Berliner Plattformunternehmen" heißen könnte, gibt es bereits zahlreiche Ansätze der betriebsübergreifenden Zusammenarbeit. Diese werden u.a. durch eine hohe Fluktuation der Beschäftigten zwischen den Unternehmen befördert: Wer bei Lieferando nicht verlängert wird, geht zu Wolt. Über Segmente hinweg, also bspw. zwischen den Ridern und Software-Ingenieuren derselben Unternehmen, gestaltet sich die Zusammenarbeit schwieriger, denn auch in Plattformunternehmen reproduziert sich der Blue-White-Collar-Divide. So haben die IT-Ingenieure durch das Programmieren der Software Einfluss auf die Freiheitsgrade der Rider, bestimmen z.B. das Tip-Maximum oder Ähnliches. Hinzu kommt, dass das Segment der Software-Ingenieure generell nicht gut organisiert ist. Solange sie auf dem Arbeitsmarkt sehr gefragt sind, können sie individuelle Strategien nutzen, um ihre Arbeitsbedingungen zu verbessern. So dienen Jobwechsel oft der Lohnsteigerung. Die Unternehmen fördern diesen Individualismus, indem sie verbieten, mit Kolleg:innen über die neu ausgehandelte Lohnhöhe zu sprechen. Trotzdem oder gerade deshalb hat sich auch in Berlin eine Sektion der transnationalen Tech Workers Coalition gegründet, einer Organisation, die ein Dach für alle IT-Arbeiter:innen sein möchte – und zwar nicht nur für arbeitsbezogene Anliegen, sondern auch für gesellschaftspolitische. Inwiefern sie es schafft, die diversen Segmente anzusprechen und zu vereinen, wird sich zeigen. In jedem Fall birgt sie emanzipatorisches Potenzial und weist in die Richtung ‚verbindender Klassenpolitiken' (Candeias 2021).

Die vollständige Studie:

Katrin Reimer-Gordinskaya/Selana Tzschiesche: Immer noch ‚arm, aber sexy'? Ungleiche Lebenslagen und Klassenverhältnisse in Berlin. Forschungsbericht zum zweiten Schwerpunkt der Aktivierenden Befragung in Berlin-Monitor, Springe 2023, https://berlin-monitor.de/wp-content/uploads/2023/12/BerlinMonitor_Immer-noch-arm_Web_231219.pdf (27.05.2025).

Literatur des Panels *Mobilisierung der heterogenen Klasse*

Altenried, Moritz: Die Plattform als Fabrik. Crowdwork, digitaler Taylorismus und die Vervielfältigung der Arbeit, in: PROKLA. Zeitschrift für kritische Sozialwissenschaft, 47, 187 (2017), S. 175–192.

Altenried, Moritz: The digital factory: The human labor of automation, Chicago/London 2022.

Altenried, Moritz/Dück, Julia/Wallis, Mira (Hg.): Plattformkapitalismus und die Krise der sozialen Reproduktion, Münster 2021.

Apicella, Sabrina: Das Prinzip Amazon. Über den Wandel der Verkaufsarbeit und Streiks im transnationalen Verkaufshandel, Hamburg 2021.

Arbeitsmarkt, hg. von Mediendienst Integration, (o. J.), https://mediendienst-integration.de/integration/arbeitsmarkt.html (28.09.2024).

Berberich, Frank/Sarrazin, Thilo: Klasse statt Masse. Von der Hauptstadt der Transferleistung zur Metropole der Eliten, in: Lettre International, 86 (2009), S. 197–201.

Candeias, Mario: Crashkurs Klassenanalyse. Eine Einleitung, in: ders. (Hg.): Klassentheorie. Vom Making und Remaking, Hamburg 2021, S. 9–36.

Dowling, Emma/van Dyk, Silke/Graefe, Stefanie: Rückkehr des Hauptwiderspruchs?. Anmerkungen zur aktuellen Debatte um den Erfolg der Neuen Rechten und das Versagen der „Identitätspolitik", in: PROKLA. Zeitschrift für kritische Sozialwissenschaft, 47, 188 (2017), S. 411–420, https://www.prokla.de/index.php/PROKLA/article/view/69 (28.09.2024).

Dülken, Bianca/Lushankina, Olha/Oswald, Anne von: Monitoringbericht. Zum Stand der Zuwanderungs- und Integrationsprozesse von Sachsen-Anhalt (2017–2023), Berlin 2024, https://ms.sachsen-anhalt.de/fileadmin/Bibliothek/Politik_und_Verwaltung/MS/MS/Presse_Startseite/Anlage_zur_KV_Minor_Sachsen-Anhalt_Monitoringbericht_barrierefrei.pdf (10.02.2025).

Gundert, Stefanie/Kosyakova, Yuliya/Fendel, Tanja: Migrantinnen und Migranten am deutschen Arbeitsmarkt. Qualität der Arbeitsplätze als wichtiger Gradmesser einer gelungenen Integration, in: IAB-Kurzbericht, 25, Nürnberg 2020.

Karakayalı, Serhat/Bouali, Celia: Migrantische Aktive in der betrieblichen Mitbestimmung, in: Working Paper Forschungsförderung, 228 (2021), https://www.boeckler.de/fpdf/HBS-008115/p_fofoe_WP_228_2021.pdf (27.05.2025).

Lücking, Stefan: Arbeiten in der Plattformökonomie. Über digitale Tagelöhner, algorithmisches Management und die Folgen für die Arbeitswelt, in: Zeitschrift für kritische Sozialwissenschaft, 47, 188, Düsseldorf 2019, https://www.boeckler.de/fpdf/HBS-007295/p_fofoe_report_005_2019.pdf (21.05.2025).

Maaroufi, Mouna/Seidel, Maria: Institutionelle Hürden auf dem Weg zu mehr Gerechtigkeit. Warum setzen wenige prekäre migrantische Beschäftigte ihre Arbeitsrechte durch?. in: Express. Zeitung für sozialistische Betriebs- und Gewerkschaftsarbeit, 6 (2022), https://express-afp.info/wp-content/uploads/22-06_maaroufi_seidel_instituionelle-huerden.pdf (21.05.2024).

Mayer-Ahuja, Nicole/Nachtwey, Oliver (Hg.): Verkannte Leistungsträger:innen. Berichte aus der Klassengesellschaft, Berlin 2021.

Mokros, Nico/Zick, Andreas: Gruppenbezogene Menschenfeindlichkeit zwischen Krisen- und Konfliktbewältigung, in: Andreas Zick/Beate Küpper/Nico Mokros (Hg.): Die distanzierte Mitte. Rechtsextreme und demokratiegefährdende Einstellungen in Deutschland 2022/23, Bonn 2023, S. 149–184.

Reimer-Gordinskaya, Katrin/Tzschiesche, Selana: Immer noch ‚arm, aber sexy'? Ungleiche Lebenslagen und Klassenverhältnisse in Berlin. Forschungsbericht zum zweiten Schwerpunkt der Aktivierenden Befragung im Berlin-Monitor, Springe 2023.

Seeck, Francis/Steckelberg, Claudia (Hg.): Klassismuskritik und Soziale Arbeit. Analysen, Reflexionen und Denkanstöße, Weinheim/Basel 2025.

Weber, Klaus: Sloterdijk – aristokratisches Mittelmaß & zynische Dekadenz (Gestalten der Faschisierung, 1), Hamburg 2022.

Eine Leidenschaft der Seele: Demokratiearbeit jüdischer Institutionen, jüdisch gelesener Institutionen und von Institutionen mit jüdischem Thema

Juliette Brungs

Spätestens seit der 2020 ausgelösten Kontroverse um die Anwürfe gegen Israel durch den Vertreter postkolonialer Theorie Achille Mbembe, die u. a. zu seiner Ausladung von der Ruhrtriennale führten, wurde deutlich, dass Teile der postkolonialen Forschung sich seit einigen Jahren in einer „negativen Israelfixierung" versammeln: Diese „Modernisierungsleistung antiimperialistischer Ideologie, die ohne den Wunsch, den jüdischen Staat zu tilgen, noch nie auskam" (Ertuğrul/Martin/Vukadinović, 2021, S. 131), und die häufig mithilfe von pseudophilosophischem Vokabular operiert (vgl. Ertuğrul/Martin/Vukadinović, 2021, S. 132), konnte sich in den US-amerikanischen und europäischen Geisteswissenschaften zunehmend ausbreiten. Sie hat, in der ihr eigenen Verflachung komplexer historischer und gegenwärtiger Zusammenhänge, nach dem 7. Oktober nicht unwesentlich zu den schauderhaft-unhinterfragten Ausbrüchen auch an Universitäten und Hochschulen weltweit beigetragen. Ob der Literaturwissenschaftler Michael Rothberg, dessen Begriff „multidirektionaler Erinnerung" zu einer „Pluralisierung der Erinnerungskultur" führen sollte und der von Wissenschaftler:innen als fadenscheiniger Versuch einer Relativierung der industriellen Vernichtung der europäischen Juden aufgedeckt wird; oder ob, an ihn anschließend, der Genozidforscher A. Dirk Moses in seinem „Katechismus der Deutschen" eben diesen Wissenschaftler:innen eine Unterwerfung unter vermeintliche Glaubensgrundsätze unterstellt: „wie im Postkolonialismus ist auch im heutigen Antirassismus – spätestens seit der Antirassismus-Konferenz von Durban 2001 – der jüdische Staat, zuweilen sogar ein vermeintliches ‚white Jewish privilege' der Fluchtpunkt von Anwürfen" (Benl, 2022, S. 208), und als solcher das Ziel regressiver, antisemitischer und antizionistischer Propaganda. In Deutschland hat sich dies wiederum besonders prominent im Skandal um die documenta 15 im Sommer 2022 gezeigt. Sie war bewusst politisch und aktivistisch konzipiert, gleichzeitig ging es aber auch darum, die deutsche Vergangenheit zu verdrängen und Juden und Jüdinnen zu stigmatisieren und auszugrenzen. Für Toleranz und Mehrdeutigkeit war da kein Raum. Vielmehr setzte die documenta das Programm des sozialistischen Realismus unter veränderten Vorzeichen fort. Man kann das auch als „Agitprop" bezeichnen (…) Zwei sich gegenseitig ausschließende Weltbilder stehen einander gegenüber. Einerseits deutsche Schuld und Verantwortung, was dann auch zur Solidarität mit Israel führt, also ein: „Nie wieder Holocaust!" Auf der anderen Seite ein postkoloniales: „‚Nie wieder Kolonialismus!', das Israel selbst als ungerechten kolonialistischen Staat beschreibt" (Sznaider 2024, S. 186 f.). „Postkolonialistische Politik kämpft", so führt Sznaider weiter aus, „für die Emanzipation partikularer unterdrückter Menschen und akzeptiert dabei, wenn nötig, auch Gewalt".

Der Überfall der Hamas auf Israel am 7. Oktober 2023 ist unbedingt auch in diesem Kontext einer weltweiten Verstärkung des antiisraelisch ausgerichteten Antisemitismus und des Antisemitismus schlechthin zu verstehen. Dies hat wiederum globale Konsequenzen für Juden und Jüdinnen: „Was am 7. Oktober geschah, bildet nicht nur eine Zäsur in der israelischen Geschichte, sondern wird zum Teil des transnationalen jüdischen Schicksals" (Sznaider 2024, S. 206). Die Hamas-Terroristen, die um 6.32 Uhr morgens am Schabbat über kibbuzim und eine immer noch laufende Raveparty bei Re'im herfallen, vergewaltigen, töten und verschleppen hunderte Überlebende als Geiseln nach Gaza: „Vielleicht sollten diese Massaker ganz gezielt die kollektiven Erinnerungen an Pogrome und Shoah wieder wachrufen" (ebd., S. 206 f.). Solidaritätsbekundungen, ob von internationalen Frauenverbänden, NGOs oder Clubszenen bleiben auf Monate oder in Gänze aus. Auch wenn ähnliche

Ereignisse, wie der Überfall auf das Pariser „Bataclan" vom 13. November 2015 mit 130 Toten und hunderten Verletzten noch gut in Erinnerung sind, wird die Attacke auf Re'im, bei der allein 364 Menschen ermordet werden, nicht als Akt islamistischen Terrors gegen westliche Lebensvorstellungen aufgefasst und analysiert. In ihrem Solidaritätsentzug bestätigen weltweit schweigende Organisationen und Expert:innen nicht nur den antizionistischen, sondern zugleich auch den antisemitischen Gehalt des Geschehenen. Für Juden und Jüdinnen weltweit ist der 7. Oktober auch aus diesem Grund „der schwärzeste Tag in der israelischen Geschichte und ein schwarzer Tag der jüdischen Nachkriegsgeschichte" (ebd., S. 207): „Gleichzeitig beginnt für viele Juden und Jüdinnen außerhalb Israels eine andere Zeit. Ein verwundbares Israel macht auch sie außerhalb Israels verwundbarer. Antisemitische Übergriffe haben einen anderen Stellenwert, auch wenn sie in einer progressiven neuen Sprache transportiert werden" (ebd.). Juden und Jüdinnen, die ihrem Selbstverständnis nach ein Teil, also Staatsbürger oder Staatsbürgerin der Diaspora waren, stehen wiederum vor dem Fakt ihrer Zugehörigkeit zu einer partikularen Gemeinschaft. „Ich betone," so schrieb Hannah Arendt 1959 in ihrer Lessing-Rede „Von der Menschlichkeit in finsterer Zeit", „meine Zughörigkeit zu der Gruppe der aus Deutschland in verhältnismäßig jungem Alter vertriebenen Juden so ausdrücklich, weil ich gewissen Mißverständnissen [sic!] zuvorkommen möchte, die sich, wenn man von der Menschlichkeit spricht, nur allzu leicht ergeben. Ich darf in diesem Zusammenhang nicht verschweigen, daß [sic!] ich lange Jahre hindurch auf die Frage: Wer bist Du? Die Antwort: Ein Jude, für die einzig adäquate gehalten habe, nämlich die einzige, die der Realität Rechnung trug" (Arendt 1960, S. 29). Arendt kommt bereits 1948 das erste Mal wieder nach Deutschland: „Sie kann kaum glauben, dass niemand über die jüdische Tragödie reden will. Sie schreibt über die Gleichgültigkeit und Herzlosigkeit in dem zerbombten Land. Es macht sie traurig und wütend, dass sie [bei den Deutschen] kein Mitgefühl für die ermordeten Juden verspürt" (Sznaider 2024, S. 96). „Unmissverständlich," so Sznaider, „zeichnet Arendt [in ihrer Rede] nach, dass man in Deutschland immer ein Außenseiter ist, nur weil man sich nicht von Sachlichkeit und Objektivität verführen lässt. Arendt will parteiisch sein, parteiisch für die Juden, und sich keiner Sachlichkeit beugen" (ebd., S. 121).

Das Ziel des Panels *Demokratiearbeit jüdischer Institutionen* ist es nicht zu verhandeln, inwieweit sich religiöse Bildung in den Rahmen der Demokratiebildung oder der politischen Bildung einfügen lässt. Im Fokus steht vielmehr die Frage, in welcher Form jüdische Institutionen auf der Basis ihrer Arbeit einen Beitrag zur gesellschaftlichen Demokratiearbeit leisten können und inwiefern dies bedingt, dass jüdische Institutionen auch nach innen demokratisch agieren: „[...] wie viel Wirklichkeit die Leidenschaft der Seele vermittelt" (Arendt 1960, S. 10), hat in den letzten 15 Jahren auch durch die unermüdliche Arbeit jüdischer Aktivist:innen eine Präzisierung erfahren. Die nach dem 7. Oktober entstandene Situation scheint es, soll sie stumm oder lauthals auf einen imaginierten Platz zurückverweisen. Der Panel *Demokratiearbeit jüdischer Institutionen* diskutiert Bedingungen und Möglichkeiten des Mitwirkens jüdischer Institutionen an und in der demokratischen Gesellschaft und fragt ebenso nach den Optionen einer Demokratisierung jüdischer Institutionen und Repräsentationen: Was verstehen wir unter jüdischen oder jüdisch gelesenen Institutionen? Welche Themen tragen sie in unsere Gesellschaft hinein? Ist ihrer Arbeit eine „Demokratie-Education" immanent? Wie haben die Ereignisse des 7. Oktober und in seiner Folge ihre Arbeit beeinflusst oder gar ihr Selbstverständnis verschoben? Welche Rolle wird gesellschaftlich von ihnen erwartet, und wie viel Sprachraum wird ihnen zugestanden? Und wie verschränken sich die Lebenswelten jüdischer Institutionen mit politischen Vorstellungen unserer Gesellschaft? Es diskutieren drei Wissenschaftler:innen über Mögliches und Notwendiges, lange Überfälliges und dringenden Erneuerungsbedarf: Welche Aufgaben können oder sollen jüdische Institutionen übernehmen? Welche Themen fallen in ihren Aufgabenbereich? Ist die ihnen häufig zugewiesene Stellvertreterposition leistbar? Ist sie auf diese Weise sinnvoll? Die an diesem Panel mitwirkenden Wissenschaftler:innen repräsentieren drei zentrale Bildungsbereiche:

Jüdische Pädagogik und Bildung: Dr. Sandra Anusiewicz-Baer leitete von 2013 bis Sommer 2024 das Zacharias Frankel College, eine Ausbildungsstätte für konservative/Masorti Rabbinerinnen und Rabbiner in Potsdam. Anusiewicz-Baer diskutiert festgefahrene Strukturen innerhalb der jüdischen Gemeinschaft in Deutschland und undemokratische Vorgehensweisen, auch als ein spätes Ergebnis der Zuwanderung aus undemokratischen Gesellschaften. Sie fordert ein kreatives Neudenken von Bildung an jüdischen Schulen in der Tradition der jüdischen Reformpädagogik über deren Rahmen hinaus. *Wissenschaftliche Forschung*: Dr. Anton Hieke war wissenschaftlicher Mitarbeiter des Seminars für Judaistik und Jüdische Studien an der Universität Halle-Wittenberg und hat inzwischen den Bereich Entwicklung wissenschaftlicher Projekte und Bildungsarbeit an der Alten Synagoge Essen übernommen. Hieke diskutiert die den jüdischen oder jüdisch gelesenen Institutionen häufig gesellschaftlich übertragene Stellvertreterposition und blickt kritisch auf die Herkunft unserer Konzepte und Begrifflichkeiten, mit denen Opfergruppen voneinander unterschieden werden. *Museumsarbeit*: Dr. Anne Sarah Matviyets kuratiert seit 2023 das Berend Lehmann Museum für jüdische Geschichte und Kultur in Halberstadt. Matviyets hält Bildungsarbeit für eine gesamtgesellschaftliche Aufgabe und unterstützt dabei den Gedanken, gewisse gesellschaftliche Anforderungen unbedingt mitzutragen. Sie besteht auf einem wissenschaftlich fundierten und kuratierten Museumsangebot, das die Pluralität und Vielseitigkeit jüdischen Lebens ins Zentrum stellt, und fragt nach den Möglichkeiten, Demokratiebildung als selbstständiges Fach in Schulen zu etablieren.

Es bleibt zu fragen, ob die Aufgabenbereiche jüdischer Institutionen, jüdisch gelesener Institutionen und von Institutionen mit jüdischem Thema nach der Institutionsform unterschieden werden könnten: Wo *Museen* Bildung zu jüdischer Geschichte und Gegenwart in Deutschland anbieten, können *Wissenschaft und politische Bildung* Grundlagenarbeit leisten zur deutschen Geschichte des Nationalsozialismus, der Geschichte des rechten, linken und islamistischen Antisemitismus sowie Projekte zu Erinnerung und Erarbeitung deutscher Familiengeschichten entwickeln. *Jüdische Pädagogik und Bildung* sieht sich vor die Aufgabe gestellt, die Professionalisierung jüdischer Ausbildungsberufe im Sinne einer Demokratisierung nach innen und außen voranzutreiben.

Mit Leidenschaft über Bildungsfragen zu streiten, scheint fast ein Luxus und ist doch dringend notwendig.

Demokratiearbeit in jüdischen Institutionen

Sandra Anusiewicz-Baer

Ich beginne meinen Beitrag mit einer Anekdote, die einen Einzelfall beschreibt und für sich steht, die jedoch vielleicht exemplarischen Charakter hat: Als ich heute am Bahnhof ankam, nahm ich mir ein Taxi, um zum Veranstaltungsort an die Hochschule Magdeburg-Stendal zu kommen. Das schien mir aufgrund der vielen Bauarbeiten sicherer, um zur vereinbarten Zeit einzutreffen. Mit dem Taxifahrer entspann sich ein Gespräch über die Verkehrslage in Magdeburg. Er erzählte, dass am Bahnhof ein Wahlplakat zur Landtagswahl Sachsen-Anhalt hinge mit dem Slogan „Wir machen Schluss mit dem Verkehrschaos". Weil ihn das Verkehrschaos in seinem beruflichen Alltag direkt betraf und ihn jeden Tag viele Nerven kostete, beschloss er, den entsprechenden Abgeordneten seines Wahlkreises anzurufen. Er wollte in Erfahrung bringen, welche konkreten Schritte geplant seien, um dem Verkehrschaos entgegenzutreten. Ich hörte ihm zu und war beeindruckt: Hier traf ich auf einen Bürger, der sich aktiv zu informieren versuchte, den Abgeordneten telefonisch kontaktierte und tatsächlich mit ihm in ein Gespräch eintrat. Ein interessierter Bürger! Leider, so berichtete er mir, war der Abgeordnete nicht im Entferntesten zum Thema Verkehrsplanung, Baustellenfertigstellung etc. aussagefähig und konnte den Slogan nicht mit Inhalt füllen.

Anspruch und Wirklichkeit von Demokratiearbeit in jüdischen Institutionen

Diese Anekdote scheint zunächst in keinem unmittelbaren Bezug zum Thema unseres heutigen Panels *Demokratiearbeit in jüdischen Institutionen* zu stehen und doch erlaubt sie mir, den Reigen meiner Fragen für unser Gespräch heute zu eröffnen: Wie können wir uns einbringen, welche Möglichkeiten haben wir, uns in den Institutionen, zumal den jüdischen, im Bereich der Demokratiearbeit für unsere Gesellschaft zu engagieren? Es tauchen in diesem Zusammenhang auch Fragen nach Anspruch und Wirklichkeit auf, die sich in jüdischen Institutionen, ebenso wie in allen anderen Institutionen in Deutschland, stellen. Auf den jüdischen Institutionen lastet ein hoher Repräsentationszwang, der nach innen hinein oft wenig Diversität erlaubt: Individuellen Positionen und Haltungen der Mitarbeitenden wird dabei selten Raum zugestanden und noch viel weniger werden sie öffentlich kommuniziert. Besonders ungewöhnliche und kreative Positionen werden häufig als eine Gefährdung einer einheitlichen und somit als allein überzeugungsfähig verstandenen Repräsentation aufgefasst. Sie könnten – so die Befürchtung – zu einer Schwächung der Institution insgesamt führen. Diversität und Vielstimmigkeit werden dann nicht als Bereicherung empfunden, sondern als Disharmonie und Zersplitterung wahrgenommen. Das könnte, so die oftmals vertretene Auffassung, dazu führen, dass einzelne Haltungen als Meinung der Institution missinterpretiert werden und schließlich der Eindruck entstehe, die Institution als Ganzes könne keinen einheitlichen Standpunkt entwickeln, was wiederum zu Verunsicherung aufseiten der Gesprächspartner:innen führt, die sich gern an einem Standpunkt orientieren und nicht an Widersprüchlichkeiten. *Eine* Auffassung, monolithisch vertreten durch eine Institution, verhindert allerdings, dass Gesprächspartner:innen verschiedene Meinungsbilder und Positionen in Erwägung ziehen können. Differenziertheit und Pluralismus – Grundbedingungen des demokratischen Austauschs – stellen also nicht nur im gesamtgesellschaftlichen Kontext erhöhte Anforderungen an alle Gesprächspartner:innen, sondern auch innerhalb jüdischer Institutionen.

Ich möchte diese Aussage mit einem kleinen Exkurs über die Zusammensetzung der jüdischen Gemeinschaft in Deutschland heute verdeutlichen: In der Bundesrepublik Deutschland leben aktuell ca. 220.000 Jüdinnen und Juden, wobei weniger als die Hälfte Mitglieder der 99 jüdischen Gemeinden sind, die unter dem Dach des Zentralrats der Juden in

Deutschland versammelt und durch diesen vertreten werden. Die Mitgliederstatistik der Zentralwohlfahrtsstelle der Juden in Deutschland (ZWST 2024) weist für das Jahr 2023 90.478 Mitglieder aus. Nichtdestotrotz heißt es auf der Website des Zentralrats, dass sich dieser als Vertreter aller Juden in Deutschland versteht. Doch viele Jüdinnen und Juden fühlen sich vom Zentralrat entweder nicht gut vertreten oder wollen ausdrücklich nicht von ihm vertreten werden. Dennoch werden einzig die Vertreter:innen des organisiert-institutionalisierten Judentums in Deutschland als legitime Repräsentant:innen für jüdisches Leben in Deutschland wahrgenommen und anerkannt. Dementsprechend können wir beobachten, dass politische Repräsentant:innen in allen Fragen zu jüdischem Leben hierzulande nur die großen Verbände anerkennen und als legitimiert betrachten, mit ihnen über die Stellung der jüdischen Gemeinschaft insgesamt und die Unterstützung und Finanzierung jüdischen Lebens generell im Austausch zu sein: Die Höhe staatlicher Zuwendungen aus den Staatsverträgen wird ausschließlich mit diesen Dachorganisationen diskutiert und nicht mit außerhalb dieser Repräsentationsstrukturen stehenden Organisationen. Darüber hinaus bedarf es zumeist der ausdrücklichen Zustimmung des Zentralrats der Juden in Deutschland zu Projektideen und Programminitiativen, um diese staatlicherseits zu fördern.

Expertise und Vision

Auch Demokratiearbeit innerhalb jüdischer Institutionen benötigt zweierlei: Expertise und Vision. Das heißt, wofür eine jüdische Institution steht und wie sie weiterentwickelt werden kann, muss ein Thema in diesen Institutionen selbst sein. Für die Erarbeitung einer Vision ist Expertise notwendig. Diese Expertise muss erworben werden. Sie besteht aus mehr als nur der Fähigkeit zur Formulierung knackiger Slogans, wie es die Episode mit dem Wahlplakat auf traurige Weise verdeutlicht. Eine jüdische Herkunft allein macht noch keine/n zum Experten/in für alles Jüdische. Womit wir zu einer weiteren Verwechselung kommen: Gemeinhin wird vorausgesetzt, dass Jüdinnen und Juden Experten für ihr Judentum sind. Dementsprechend ungefragt werden sie in eine Stellvertretendenposition gedrängt, die sie häufig mit Unbehagen erfüllt: Viele Jüdinnen und Juden wollen nicht stellvertretend für die Gesamtheit der jüdischen Gemeinschaft sprechen. Sie wollen aber genauso wenig, dass einige wenige jüdische Funktionäre stellvertretend für sie und alle anderen jüdischen Männer, Frauen, Kinder und Jugendlichen in Deutschland auftreten und das Wort führen.

Repräsentationszwang und zugewiesene Stellvertretendenposition führen auch dazu, dass Gemeindefunktionäre definieren, wer als *Jude* gilt und wie Judentum zu verstehen sei. Das lässt sich am Beispiel der Rabbiner:innen-Ausbildung, die von nach religiösen Strömungen unterschiedenen An-Instituten der Universität Potsdam angeboten wird, gut darstellen: Die Gemeinden, die auf der Suche nach geeignetem geistlichem Personal an die Ausbildungsstätten herantreten, wünschen sich fast ausnahmslos einen männlichen Rabbiner, möglichst klassisch in Schwarz und mit Hut gekleidet, zugleich distinguiert als auch jugendlich wirkend. Die meisten Gemeindefunktionäre sind nicht bereit oder trauen sich nicht, die Pluralität der Lebensentwürfe aller, die sich zum Rabbiner oder gar zur Rabbinerin ausbilden lassen und Jüdische Theologie studieren, in ihren Gemeinden abzubilden. Es stellt sich daher die dringliche Frage, wie sich Pluralität und Diversität entwickeln sollen, wenn Führungspersönlichkeiten und diejenigen, die die Gemeinden nach außen repräsentieren, zu großen Teilen traditionellen Vorstellungen verhaftet bleiben.

Um diesen Herausforderungen begegnen zu können und zugleich jüdische Institutionen sprechfähig, argumentationsstark und dabei divers und pluralistisch weiterzuentwickeln, benötigt es: Bildung. Bildung muss hier über den ureigenen fachlichen Inhalt hinausgehen und auch zeitgemäße Methoden und Ansätze, wie sie in der demokratischen Bildungsarbeit üblich sind, mit einbeziehen. Auch jüdische Institutionen müssen also in neue und erweiterte Bildungsmaßnahmen investieren, um auf die Herausforderungen in einer demokratischen, pluralen Gesellschaft adäquat reagieren zu können. Sie sollten eine Atmosphäre schaffen, in der es möglich wird, sich immer wieder darüber zu verständigen, *welche* Inhalte vertreten werden sollen und *wie* diese präsentiert werden können. Nur wenn jüdische Institutionen sich dafür entscheiden, neben Tradition auch Vielfalt und Diversität abzubilden, also andere Lebensentwürfe zu inkludieren, wird es ihnen gelingen, viele einzubeziehen und mitzunehmen, ohne dabei individuelle Zugänge und Bedürfnisse zu nivellieren oder unter das große Ganze zu subsumieren.

Demokratiearbeit jüdischer Institutionen für die und in der Gesellschaft

Nach meiner Auffassung fällt eine Vermittlungsarbeit nicht zwingend in den Bildungsbereich jüdischer Institutionen, und es ist nicht die erste Aufgabe jüdischer Institutionen, das Judentum der nichtjüdischen Mehrheitsgesellschaft zu erläutern. Diese Aufgabe muss, und das ist schon demografisch begründbar, von allen Institutionen demokratischer Bildungsarbeit geleistet werden.
Jüdische Institutionen sind zuvörderst mit innergemeindlicher oder sozialer Arbeit und theologischer Ausbildung beschäftigt. Sie können aufgrund des personellen Mangels nur in dem ihnen möglichen Rahmen gesamtgesellschaftliche Aufgaben übernehmen. Antisemitismuskritische Arbeit, also Bildungsangebote zu Geschichte des Antisemitismus und von Verschwörungserzählungen, können jüdische Institutionen kaum leisten. Was ihnen möglich ist, sind lebendige Darstellungen jüdischer Gegenwart und Geschichte und die Öffnung zu Interessierten hin.
Doch selbst hier stellt sich das oben beschriebene Problem der Repräsentation: Welches Judentum soll in diesem Rahmen präsentiert werden? Eine Auseinandersetzung mit dieser Frage, die innerhalb des Themenkomplexes Bekämpfung von Antisemitismus und demokratiefeindlichen Einstellungen mitverhandelt wird, bietet die Möglichkeit, innerjüdisch drängende Debatten zu führen, weiterzuentwickeln und auf diese Weise die eigenen Vertreter:innen zu empowern.
Zum Schluss möchte ich noch auf eines verweisen: Der brutale Überfall der Hamas auf Israel am 7. Oktober 2023 hat schmerzlich gezeigt, dass die etablierten Verbände und die institutionalisierten Organisationen teilweise zu schwerfällig agierten und vielfach Überforderung zu spüren war, wie dem sich bahnbrechenden Antisemitismus zu begegnen sei. Einmal mehr fanden sich jüdische Gemeinden mit der politischen Bildungsaufgabe konfrontiert den Nahostkonflikt zu erläutern. Vertreter:innen jüdischer Gemeinden sind jedoch nicht immer Expert:innen, die über die fachliche und mediale Kompetenz verfügen, den Konflikt überall argumentationsstark zu entschärfen. Ihre erste und eigentliche Aufgabe besteht darin, sich um die Gemeindemitglieder zu kümmern und diesen Sicherheit, Hilfe und Informationen zu bieten. Wie viele Jüdinnen und Juden sahen sich auch Gemeindemitglieder – während sie sich um Angehörige und Freunde in Israel sorgten – mit einem massiv anschwellenden Antisemitismus in Deutschland konfrontiert. Insbesondere die ostdeutsche Spezifik mit ihrem tradierten linken, antikolonialen Antisemitismus, auf die wir vielleicht an anderer Stelle noch eingehen sollten (siehe dazu das Panel *Antisemitismus*, S. 48–67), darf hier nicht aus dem Blick geraten, um Jüdinnen und Juden, Gemeindemitglieder oder nicht, im offiziellen und im privaten Gespräch zu stärken, so dass ihre unterschiedlichen Stimmen sowohl innerhalb der jüdischen Institutionen gehört und anerkannt wie auch außerhalb dieser Institutionen angstfrei geäußert werden können.

Vielfalt in Freiheit ohne Furcht: Der Beitrag jüdisch gelesener Institutionen zur Demokratiearbeit

Anton Hieke

Jüdischen Institutionen, wie z. B. Jüdischen Gemeinden, und auch jüdisch gelesenen Institutionen, wie Universitäten mit jüdischen Fachrichtungen oder Jüdischen Museen wird in Deutschland häufig, durchaus auch explizit, eine Bildungserwartung entgegengebracht: Mit Fragen zu Themenbereichen wie dem Holocaust, der Geschichte des Nationalsozialismus, aber auch zu Antisemitismus oder der Geschichte des Nahen Ostens wenden sich Menschen, Vereine, Schulen oder politische Organisationen insbesondere an sie. Jüdischen und jüdisch gelesenen Institutionen wird damit eine umfangreiche und zentrale Rolle in der Bildungs- und Demokratiearbeit sowohl zugesprochen als auch abverlangt. Die eigentlichen Bildungseinrichtungen – universitär und museal – sehen sich in der Regel auch in der gesellschaftlichen Verantwortung, auf fachwissenschaftlicher Grundlage und aus eigenem Selbstverständnis als Bildungseinrichtungen zu wirken. Dabei verbinden sie in ihrer Arbeit häufig innovative Bildungsansätze zu Themen gesellschaftlicher Vielfalt mit Schwerpunkten der Erinnerungskultur und beziehen in einem weiter gefassten Verständnis von Empathie *testemonies* und Zeugenaussagen ein. Ein Ziel dieses neuen Ansatzes ist es, individuelle Betroffenheit mit faktischer Nachvollziehbarkeit zu ergänzen, um so die persönliche Relevanz zu erweitern.

Der bisherige, unzweifelhaft wichtige Ansatz, politische Bildung über Informationen zu Verbrechen der Nationalsozialisten und heutigen Antisemitismus umzusetzen und auf diese Art für eine plurale, demokratische Gesellschaft zu sensibilisieren, greift noch zu kurz, worauf die Stagnation antisemitischer Einstellungen in der Gesamtgesellschaft (vgl. die Antisemitismus-Studien des BMI) hinweist. Stünde der Ansatz allein, liefe er Gefahr, die folgenden Ergebnisse zu zeitigen:

- eine gleichzeitige Über- und Unterrepräsentation des Judentums selbst: Die Begrifflichkeiten sind omnipräsent, ihre Bedeutungen jedoch meist unbekannt, so dass bekannte, aber weitgehend inhaltsfreie Begriffe („jüdisch", „Judentum") unter Umständen auch vorurteilsbelastete Definitionen erhalten können;
- die Schwierigkeit, die jüdische als eine selbstverständliche Facette der heutigen Gesellschaft zu begreifen;
- die Suggestion einer jüdischen „Minderheit" innerhalb einer homogenen nichtjüdischen „Mehrheit" und dadurch eine weitgehende Ausblendung anderer damaliger und über Migration hinzugekommener „Minderheiten-" und Opfergruppen (Frauen, politisch Andersdenkende, Homosexuelle und Transpersonen, geistig oder körperlich beeinträchtige Menschen, Kriegsgefangene, Schwarze Deutsche, Sinti und Roma u. a.);
- erwartete Empathie der Zielgruppen, welcher entweder aus dem Erkennen dieser Erwartung oder aus einem emotionalen Schutzmechanismus heraus nicht entsprochen wird und die, gerade bei Schülergruppen, als Abstumpfung vom Lehrpersonal aufgefasst wird;
- die Zementierung eigentlich überkommener Definitionsgegenüberstellungen und damit eine Suggestion, deutsche und jüdische Identitäten könnten nicht verbunden miteinander existieren;
- eine Ritualisierung und Objektifizierung sowohl der Opfer als auch der Täter:innen bis in die heutige Zeit, welche dadurch eine begrenzte Relevanz für Rezipienten schafft.
- Der klassische Ansatz allein über die Erinnerungskultur, aber ohne Einblicke in lebendige Traditionen von „Minderheiten" wird selten den Opfergruppen ausreichend gerecht noch dem Wesen des nationalsozialistischen Staates als korrupte, raubmörderische und entmenschlichte Pervertierung eines Gesellschaftskonzepts. In der Schulbildung bezieht sie sich zudem entweder auf die Genera-

tion wenigstens der Ururgroßeltern (welche in der Regel kaum mehr als Namen im Stammbaum sind), oder im Fall des Migrationshintergrunds der Schüler:innen, auf Menschen ohne scheinbaren persönlichen Bezug – zumindest solange die Täter:innen nicht als handelnde Menschen kontextualisiert werden. Es stellt sich dadurch die Frage nach einer begrenzten Relevanz für die Zielgruppen.

Für heutige jüdische Deutsche führt der alleinige Ansatz neben einer Zementierung der Opferrolle und der gedanklichen Trennung zwischen „deutsch" und „jüdisch" (und dem damit verbundenen Anderssein) zu einem starken Erwartungsdruck insbesondere von staatlicher Seite. Auf der einen Seite werden sie in der Regel überexponiert sowie auf den jüdischen Anteil ihrer vielschichtigen Identität als Personen reduziert und zugleich in Stellvertreterschaft der zerstörten historischen Gemeinden gesetzt. Mit diesen haben sie jedoch aufgrund des eigenen Migrationshintergrundes der 1990er und 2000er Jahre mehrheitlich wenig gemein.

Zum anderen wird, wie es scheint, von ihnen erwartet, bedenkliche Folgen des bisherigen Ansatzes zu kompensieren. Das Konzept der historisch-politischen Bildung wurde seit den 1970er Jahren weiterentwickelt. Seit dem gemeinsamen Statement der Kultusministerkonferenz (KMK) und des Zentralrates der Juden von 2016 sollen auch Einblicke in modernes jüdisches Leben geboten werden, da, abhängig vom Engagement einzelner Lehrender, Schüler:innen am Ende der Ausbildung zwar Vorstellungen von Juden und Jüdinnen als Verfolgungsopfer haben, aber nicht vom Judentum als Teil des modernen Deutschlands. Aspekte der lebendigen jüdischen Tradition sind so kaum bekannt.

Programme, wie das „Meet a Jew"-Projekt des Zentralrates, eine Art modernes Zeitzeugenprogramm für heutiges jüdisches Leben (stellvertretend für andere genannt), Führungen von Schulklassen durch aktive Synagogen oder die Ausrichtung von jüdischen Kulturtagen sind wichtige Bausteine der Vermittlung von aktuellen und historischen Inhalten zur lebendigen jüdischen Tradition. Sie ermöglichen eine tatsächliche Empathie über positive Inhalte und damit eine Nachvollziehbarkeit innerhalb einer vielfältigen und demokratischen Gesellschaft. Diesen Bausteinen sind jedoch Grenzen gesetzt. Die etwa 200.000 jüdischen Deutschen können auf sich gestellt kaum den übrigen 84,3 Millionen nichtjüdischen eine Balance zur Erinnerungskultur als Schwerpunkt der Bildung anbieten. Fast die Hälfte aller jüdischen Deutschen sind in den rund 90 Gemeinden mit Synagogenbauten und -räumen organisiert. Sie engagieren sich oftmals intensiv in der Vermittlung jüdischen Lebens, nicht allein Verfolgung, haben jedoch als religiöse und soziale Einrichtungen ihrer Mitglieder völlig andere Aufgaben als die implizit erwartete gesellschaftliche Bildung der Mehrheitsgesellschaft. Hier sind Institutionen gefragt, welche sich mit dem Judentum beschäftigen und die gesellschaftliche Bildung im Fokus haben: so insbesondere die Jüdischen Studien der Universitäten und Museen mit jüdischer Thematik.

Die Bedeutung dieser als jüdisch gelesenen Bildungseinrichtungen liegt besonders in der möglichen Schaffung eines ergänzenden und damit korrektiven Gleichgewichts (nicht Ersatzes!) zur Erinnerungskultur, indem die Begriffe „Jüdisch" und „Judentum" über ein positiv besetztes Kennenlernen der lebendigen jüdischen Tradition auch eine Bedeutung erhalten. Sie sind bereits aufgrund ihres eigenen Selbstverständnisses als wissenschaftlich orientierte Bildungseinrichtungen in der Lage, zu kontextualisieren, Relevanz zu schaffen und eigene Netzwerke sowie vor allem plurale Perspektiven der Gesellschaft einzubinden. Sie können, falls sie die inhärente Verpflichtung dazu anerkennen und ausreichend von ihren Trägern inhaltlich und finanziell unterstützt werden, neben Schaufenstereinblicken (wie den Jüdischen Kulturtagen) die essenzielle stete Hintergrundarbeit zur Bewusstmachung der modernen, lebendigen jüdischen Traditionen anbieten.

Um zumindest dieser als Element der modernen Gesellschaft gerecht werden zu können, bedarf es eines Perspektivwechsels hin zu einer Modernität. Ein solcher Wechsel kann mit der Schaffung von Relevanz erlangt werden, welche über die Einbeziehung der örtlichen, altersgemäßen und sozialen Lebensrealitäten der Zielgruppen erarbeitet wird. Anders gesagt: Modernes jüdisches Leben in New York oder Amsterdam wird für Personen im sachsen-anhaltischen Stendal, beispielsweise, keine selbstverständliche Relevanz haben – die lebendige Gemeinde in Magdeburg heute oder in Stendal vor 1933 jedoch schon. Die Betonung der Relevanz in der Bildungsarbeit wird mit einem nachhaltigen Ansatz gestärkt, der sowohl zwischen analogen und digitalen Inhalten (wie digitalen Synagogenführungen), nahbar und authentisch sowie wiederkehrend austariert. Hier ist es, zumindest ist es die persönliche Erfahrung des Autors, besonders zielführend, dialogisch und hürdenarm zugleich, d. h. auch mobil, heranzugehen. So sollten Zielgruppen insbesondere im ländlichen Raum aufgesucht werden, um Begegnungen zu schaffen. Für den schulischen Bereich sind hierbei Zielgruppen jenseits der Gymnasien relevant (berufsbildende, Förder- und Sekundarschulen). Das anwendungsbereite Fachwissen zur jüdischen Vergangenheit und Gegenwart in seiner Vielfalt erlaubt dabei einen Austausch mit den Zielgruppen. Er ist besonders dann erfolgreich, wenn sich Fragen und Anmerkungen ergeben, die sich auf die Lebensrealität der meist nichtjüdischen Zielgruppen bezieht.

Ein Perspektivwechsel hin zu jüdischem Leben erfordert ebenfalls die Legung von Grundlagen wie der Schaffung von regional-/landesspezifischem Bildungsmaterial, mit dem Lehrpersonal erst arbeiten kann, aber auch der Einsatz in dem Lehrer:innenaus- und -fortbildungen. Dieser erleichtert wiederum dem Lehrpersonal, Unsicherheiten und empfundene Hürden abzubauen, sich der lebendigen Tradition zu nähern, da sie in der Regel ebenfalls nicht Teil der eigenen Ausbildung ist. Es ist zugleich erforderlich, Schuleinsätze selbst durchzuführen und Strukturen vor Ort wie etwa Friedhöfe oder Synagogenbauten in Zusammenarbeit etwa mit den jüdischen Landesverbänden einzubinden, auch um die praktische Umsetzbarkeit für das Lehrpersonal zu demonstrieren bzw. auf ihre Alltagstauglichkeit zu überprüfen.

Zugleich bietet sich in dieser Form der Bildungsarbeit die Chance, das im allgemeinen Ansatz der politischen Bildung über das scheinbar jüdische Beispiel angelegte kategorische Bewusstsein aufzubrechen. Indem Formate umgesetzt werden, die sich sowohl jüdischen als auch queeren oder muslimischen oder Sinti- und Roma-Thematiken widmen, wird der intersektionalen Natur des Menschen und damit der Vielfalt der Gesellschaft eher Rechnung getragen.

Letztendlich ist das Ziel dieser Form der Demokratiearbeit zu jüdischen Traditionen keine vollumfängliche Ausbildung der Zielgruppen zu Judaist:innen. Dagegen spricht allein deren mehrtausendjähriger Inhalt oder, für Sachsen-Anhalt, das Jahrtausend hochkomplexer jüdischer Geschichte als Teil der Gesamtgesellschaft. Das Ziel ist ein Einblick, der über persönliche Relevanz Strategien der antisemitismus- und antidemokratiebildenden aktiven Gegenseite nutzt und in sich umkehrt. Das Ziel ist, ein persönliches, positives Gefühl über Begegnungen zu schaffen und damit ebenfalls Gesprächsmöglichkeiten in den Familien, im Freundeskreis o. Ä.

Ohne die Modernisierung der gesellschaftlichen Bildung als Fundament einer persönlich relevanten Demokratiearbeit bleibt es jedoch fraglich, inwieweit auch das Engagement als jüdisch gelesener Bildungseinrichtungen dauerhafte Erfolge zeitigen kann. Das ist vor allem der Fall, wenn Bildung zur lebendigen jüdischen Tradition sporadisch, auf unsicheren finanziellen Grundlagen und unergänzt bleibt. Letztendlich wird der eingeengte Fokus auf die Verbrechen der Nationalsozialisten oder nur auf die jüdische Dimension selten dem Wesen der modernen Bundesrepublik und der deutschen Demokratie gerecht. Zum einen geht die Staatsräson der Bundesrepublik über die Anerkennung der und Information zur Schuld hinaus: Sie liegt in den gesellschaftlichen Lehren daraus. Zum anderen ist die moderne deutsche Demokratie keine schuldbasierte Konsequenz des Nationalsozialismus, sondern ihr diametraler Gegenentwurf mit dem Kernelement der Berücksichtigung facettenreicher menschlicher Lebensrealitäten. Sie basiert auf dem Bewusstsein der gesellschaftlichen Vielfalt, dem Erkennen, Ausbau und Schutz der Bedürfnisse von Bürger:innen – Minderheitengruppen inbegriffen.

Dazu gehört auch das Bewusstsein, dass der moderne Antisemitismus nur ein wichtiges Problem der Gesellschaft ist und andere Ismen und Feindlichkeiten sehr wohl existieren, denen auch in der Bildung stark begegnet werden muss: etwa gegen Frauen, queere, muslimische, sozial benachteiligte, ostdeutsche und/oder ältere Menschen, Kinder, Sinti und Roma, Schwarze Deutsche usw. Ihre Identitäten sollten im gesellschaftlichen Diskurs stärker wahrgenommen zu werden. Der Beitrag jüdischer oder als jüdisch gelesener Ins-

titutionen zur Demokratiearbeit und politischen Bildung kann dementsprechend immer nur eine Facette der Anstrengungen in einer stark facettierten Gesellschaft sein.
Ein grundlegender Aspekt in der Bildung kann das Bewusstsein hierfür schärfen: die miteinander verwobene Erinnerung an das von der nationalsozialistischen Diktatur Zerstörte sowie die Anerkennung, was ihr Untergang ermöglicht hat. Diese Verbindung erlaubt nicht nur die Schaffung persönlicher Relevanz, sondern betont über die Wertschätzung der Vielfalt in der heutigen Gesellschaft die eigentliche Attraktivität der modernen deutschen Demokratie: Vielfalt in Freiheit ohne Furcht. Die nachhaltige politische und finanzielle Unterstützung dieser Ansätze in der Demokratiearbeit ist wiederum im Sinne einer gesellschaftlichen Infrastrukturmaßnahme essenziell.

Ein Museum reagiert auf Krisen: Austausch von Expertise und Partizipation von Communities

Anne Matviyets

Zuvorderst möchte ich festhalten, dass ich als Leiterin des Berend Lehmann Museums für jüdische Geschichte und Kultur in Halberstadt nicht für jüdische Institutionen sprechen kann, da das Museum nicht allumfassend jüdisch ist und diesen Anspruch auch nicht stellt. Das Berend Lehmann Museum für jüdische Geschichte und Kultur wurde 2001 durch die Stiftung Moses Mendelssohn Akademie Halberstadt eröffnet. Spiritus Rector für die inhaltliche Ausrichtung der Stiftung war und ist Prof. Dr. Julius H. Schoeps, Vorsitzender der Moses Mendelssohn Stiftung Berlin-Erlangen. Wir können nicht als repräsentatives Organ einer jüdischen Community verstanden werden. Vielmehr bezeichne ich unsere Einrichtung als Institution mit jüdischem Thema, die sich dem Ziel verschrieben hat, jüdische Geschichte(n) und Gegenwart zu beforschen, zugänglich aufzuarbeiten und an ein diverses Publikum zu vermitteln – um bestenfalls durch Bildung das Verständnis für eine heterogene Gesellschaft zu fördern und Phänomenen wie Antisemitismus und Diskriminierung entgegenzuarbeiten.

Nehmen wir den Begriff „Demokratiearbeit" auseinander, so verstehe ich darunter, Menschen über ihre Rechte, Pflichten und Werte in einer Demokratie aufzuklären und sie zu Verfechter:innen (und auch Beschützer:innen) dieser Rechte, Pflichten und Werte auszubilden und zu informieren. Bei dem Thema unseres Panels stellt sich die Frage, ob es zu den Aufgaben der jüdischen Community und der dazugehörigen jüdischen Institutionen gehört, diese Bildungsarbeit zu leisten und demnach sich als Minderheit mit besonderer Verfolgungsgeschichte in Deutschland quasi selbst zu verteidigen. Ich finde nicht. Oder zumindest nicht nur. Vielmehr ist es die Aufgabe der nichtjüdischen Mehrheitsgesellschaft, Feindbildern der Demokratie – wie Rassismus, Diskriminierung oder Antisemitismus – entgegenzutreten und gesellschaftliche Minderheiten, und damit auch sich selbst, zu schützen. Ein Museum mit jüdischem Thema kann einen Beitrag zu dieser Demokratiearbeit leisten.

Für wen und wie leisten wir Demokratiearbeit? Als Museum erarbeiten wir Expertise und entwickeln Bildungsangebote für alle Lernenden und Lehrenden (Schüler:innen, Studierende, Lehrer:innen), Menschen in der öffentlichen Verwaltung und Staatsbedienstete (zum Beispiel Polizeikräfte) und alle Interessierten. Durch Führungen, Workshops, den Besuch unserer Dauerausstellung, wechselnde Sonderausstellungen, unterschiedliche Veranstaltungen wie Vorträge, Lesungen, Konzerte usw. können Menschen jüdisches Leben und jüdische Geschichte bei uns erfahren und kennenlernen. Und somit die historische Heterogenität der Kulturen in Deutschland und darüber hinaus begreifen. In der Geschichte von Halberstadt, dessen Bevölkerung zu Zeiten schon mal 10 Prozent jüdisch war, ist insbesondere gut zu erkennen, inwieweit jüdische Menschen nicht nur Teil der Gesellschaft sind und waren, sondern auch inwieweit jüdische Deutsche einen Anteil an der Prosperität und dem Aufbau dieser Gesellschaft und ihrer Strukturen hatten. Mir ist es wichtig, in diesem Zusammenhang auf eine Studie des Instituts für Museumsforschung (Grotz/Rahemipour 2024) hinzuweisen, die das Vertrauen der Menschen in unterschiedliche Institutionen untersucht hat. Die wichtigste Erkenntnis der Studie ist, dass „Museen im persönlichen und institutionellen Umfeld das höchste Vertrauen nach Familie und Freunden und vor Wissenschaftler*innen und Medien genießen. Sie erzielen die höchsten Vertrauenswerte unter allen öffentlichen Einrichtungen und heben sich damit deutlich ab von politischen Organisationen, zu denen ebenfalls Vertrauenswerte erhoben wurden" (ebd., S. 2). Museen besitzen folglich ein besonderes Potenzial, „das gesellschaftliche Zusammengehörigkeitsgefühl zu stärken und Vertrauen in kulturelle Institutionen insgesamt zu befördern" (ebd., S. 1). Dieses Vertrauen ist eine Herausforderung und eine Chance zugleich. Auf der einen Seite ist es eine wichtige Aufgabe, diesem Anspruch gerecht zu werden. Auf der anderen Seite haben wir als Museen die Chance, durch unsere Arbeit als außerschulische Bildungsorte wichtige Demokratiearbeit zu leisten.

Was uns aktuell in der Museumslandschaft, nicht nur innerhalb der Museen mit jüdischem Thema, intensiv beschäftigt, ist die Frage, wie wir auf aktuelle *Krisen* reagieren können und sollten. Was können und sollten wir als außerschulische Bildungsorte tun, welche Rolle nehmen wir in der Gesellschaft ein, und können wir indifferente Institutionen sein oder bleiben? Im Frühjahr 2024 fand die jährliche Konferenz der Vereinigung jüdischer Museen in Europa im neu gegründeten Holocaust Museum in Amsterdam statt. Auch dort wurde intensiv über diese Fragen diskutiert: Können wir indifferent bleiben, oder was machen wir angesichts der vielen politischen Krisen, wie der gesellschaftlichen Polarisierung und den wachsenden antisemitischen Vorfällen nach dem 7. Oktober 2023, aber auch angesichts der Klimakrise und so weiter. Und: Wie werden wir zu resilienten Einrichtungen? Bei all diesen Menschen, die aus den Museen aus ganz Europa kamen, war das Gefühl einvernehmlich, dass wir keine passive Rolle einnehmen können. Das passt auch dazu, dass das International Council of Museums 2016 einen Findungsprozess für eine Neudefinition des Begriffs „Museum" angestoßen hat. Die ehemalige Definition für Museen wurde erweitert und definiert Museum heute als „nicht gewinnorientierte, dauerhafte Institution im Dienst der Gesellschaft, die materielles und immaterielles Erbe erforscht, sammelt, bewahrt, interpretiert und ausstellt. Öffentlich zugänglich, barrierefrei und inklusiv, fördern Museen Diversität und Nachhaltigkeit. Sie arbeiten und kommunizieren ethisch, professionell und partizipativ mit Communities. Museen ermöglichen vielfältige Erfahrungen hinsichtlich Bildung, Freude, Reflexion und Wissensaustausch" (ICOM Deutschland 2023).

In Abgrenzung zur vorhergegangenen Museumsdefinition wurde die Arbeit des Museums um Barrierefreiheit und Inklusion und um die Förderung von Diversität und Nachhaltigkeit erweitert und der Aspekt der Zusammenarbeit mit Communities hinzugefügt. (Die alte Definition lautete: „Ein Museum ist eine dauerhafte Einrichtung, die keinen Gewinn erzielen will, öffentlich zugänglich ist und im Dienst der Gesellschaft und deren Entwicklung steht. Sie erwirbt, bewahrt, beforscht, präsentiert und vermittelt das materielle und immaterielle Erbe der Menschheit und deren Umwelt zum Zweck von Studien, der Bildung und des Genusses" (ICOM Deutschland 2020). Alle hinzugefügten Aspekte sind Werte von Demokratien, und damit leisten wir durch die Umsetzung dieser Selbstdefinition Demokratiearbeit. Diese neue Definition gibt uns als Museum natürlich einen erweiterten Handlungsspielraum, wenn man sie ernst nimmt. Die Antwort, die wir auf der Konferenz in Reaktion auf Krisen gefunden haben, war der Schulterschluss mit anderen Institutionen oder Vereinen, durch die Bündelung und den Austausch von Expertisen.

In Amsterdam wurde auch über die Grenzen unserer Einrichtungen diskutiert. Darüber, wo unsere Arbeit aufhört oder aufhören muss. Ich möchte ein Beispiel für meine Einrichtung skizzieren, das mit dem 7. Oktober 2023 und seinen Folgen in Verbindung steht (vgl. dazu auch den Beitrag von Charlotte Brandes, S. 56–60). Die Entwicklung, die nach dem 7. Oktober begann, die Polarisierung in den Gesellschaften, die Fragen, die in den Köpfen der Menschen entstanden, suchten natürlich nach einem Ventil. Und natürlich erhielten wir als Museum mit jüdischem Thema vermehrt Anfragen zu Themen wie dem sogenannten „Nahostkonflikt" oder „Israel-Palästina-Konflikt", zu Antisemitismus, Zionismus, israelischer Politik und so weiter. Und da musste ich Grenzen setzen und auch sehr klar kommunizieren, dass die Mitarbeiter:innen unserer Einrichtung im Umgang mit diesen Themen nicht trainiert sind, gegebenenfalls gerade selbst Retraumatisierung erleben oder kein Mediator:innentraining erhalten haben im Angesicht sehr emotionaler Debatten. Auch hier gilt der Schulterschluss, indem wir bei fehlender Expertise auf Institutionen verweisen, die diese Expertise haben. Im oben genannten Fall zählen dazu beispielsweise die Amadeo Antonio Stiftung in Berlin, die Landeszentrale für politische Bildung Sachsen-Anhalt oder diverse Lehrstühle, wie das Institut für demokratische Kultur an der Hochschule Magdeburg-Stendal.

Da es in diesem Beitrag ja auch explizit um die Herausforderungen nach dem 7. Oktober 2023 gehen soll, möchte ich noch ein Thema erwähnen, das mich als

Leiterin einer außerschulischen Bildungseinrichtung mit jüdischem Thema beschäftigt. Mich treibt eine Leerstelle um: Dass wir in der Bildung verpasst haben zu vermitteln, was Israel für die jüdische Community weltweit eigentlich bedeutet. Oftmals ist in der Öffentlichkeit die Aussage zu hören: Die jüdischen Menschen in Deutschland, die haben ja nichts mit Israel zu tun. Sofern solche Aussagen in meiner Anwesenheit fallen, widerspreche ich diesen mit Vehemenz. Sie versinnbildlichen eine Bildungslücke. Denn die jüdischen Menschen, die hier leben und das Aufstreben rechtsextremer Kräfte und die Polarisierung sehen, was historisch betrachtet schon immer mit einem Anstieg an Antisemitismus in Verbindung steht, werden mit Angst konfrontiert. Auch wenn diese jüdischen Menschen hier in Deutschland oder China oder Amerika leben und ihr jüdischer Hintergrund für sie eine nachrangige Rolle spielt, ist Israel für sie immer relevant. Denn Israel ist der einzige Staat auf der Welt mit einer jüdischen Mehrheit. Es ist der einzige Ort, an den sie immer das Recht haben zu gehen, wenn jüdische Menschen, wie in der Geschichte schon häufig passiert, als Ventil für Krisen benutzt werden, zum Ursprung allen Übels deklariert werden und vor Hass und Vertreibung fliehen müssen. Wir dürfen den historischen Zusammenhang der Gründung dieses jüdischen Staates nicht vergessen. Diesen Zusammenhang haben wir verpasst zu vermitteln, indem eine künstliche Grenze aufgezogen wurde, bei der es heißt: Sie (jüdische Israelis) sind da, und ihr (jüdische Deutsche) seid hier. Dass nahezu jede jüdische Familie auch Verwandte in Israel hat, weiß kaum jemand – oder man möchte es nicht wissen. Diese Bildungslücken holen uns jetzt ein.

Zuletzt möchte ich auf eine Entwicklung hinweisen, die in den letzten Jahren, vermehrt durch den rechtsextremen Anschlag auf ein jüdisches Gotteshaus in Halle (Saale) sowie noch stärker seit dem 7. Oktober 2023, stattgefunden hat. Es geht um die steigende Anerkennung von Selbstwirksamkeit einer jungen jüdischen Community, die sich durch die Aneignung von Expertise und den vermehrten Einsatz der Sprechfähigkeit ausgestaltet. Zuvorderst junge jüdische Menschen und Aktivist:innen, die in Deutschland geboren oder jung nach Deutschland migriert sind, die mit den Verfolgungsgeschichten ihrer traumatisierten Vorfahren aufgewachsen sind und nun durch steigende antisemitische Vorfälle (der rechtsextreme Anschlag Halle, antisemitische Kunst auf der letzten Documenta, die aktuelle Kriminalstatistik, israelbezogener Antisemitismus nach dem 7. Oktober) teilweise selbst retraumatisiert wurden, haben beschlossen, sich selbst Expertise anzueignen, sprechfähig zu werden und über ihre Lage in Deutschland (und der Welt) aufzuklären. Dazu gehören institutionalisierte Programme wie „Meet a Jew“ und Menschen aus Organisationen wie JSUD (die jüdische Studierendenunion) oder Keshet (ein queeres jüdisches Netzwerk) oder weitere regionale jüdische Vereine und Jugendverbände. In diesem Zusammenhang ist auch viel junge jüdische Literatur entstanden. Es bleibt zu beobachten, inwieweit ihre wachsende Sprechfähigkeit und Vernetzung mit Politik und Gesellschaft auch reale politische und gesellschaftliche Verbesserungen mit sich bringen. Ich sehe es als Aufgabe von Museen mit jüdischem Thema an, auch diesen jungen Aktivist:innen einen Raum für ihre Perspektiven und ihren Diskursvorschlag zu geben und sie als Teil ihrer Communities an unserer Arbeit partizipieren zu lassen – im Sinne der neuen Selbstdefinition der Museen des ICOM. Ein gutes Beispiel für diese Darstellung ist die 2023 eröffnete neue Dauerausstellung „400 Jahre Gegenwart. Jüdisches Leben in Schleswig-Holstein“ des jüdischen Museums in Rendsburg.

Literatur des Panels *Demokratiearbeit jüdischer Institutionen*

Antisemitismus in Deutschland – aktuelle Entwicklungen, hg. von Bundesministerium des Inneren und Heimat, Rostock 2018, https://www.bmi.bund.de/SharedDocs/downloads/DE/publikationen/themen/heimat-integration/expertenkreis-antisemitismus/expertenbericht-antisemitismus-in-deutschland.pdf?__blob=publicationFile&v=12 (19.02.2025).

Anusiewicz-Baer, Sandra: On the Possibilities and Impossibilities of Being Jewish in Postwar Germany, in: Gideon Reuveni/Diana Franklin (Hg.): The Future of the German-Jewish Past. Memory and the Question of Antisemitism, West Lafayette 2021, S. 109–119.

Anusiewicz-Baer, Sandra/Hild, Christian/Massud, Abdel-Hafiez (Hg.): Humanität als religionspädagogisches und -didaktisches Leitmotiv, in: Religion und Kommunikation in Bildung und Gesellschaft, Bd. 3, Stuttgart 2023.

Anusiewicz-Baer, Sandra: Jüdische Religiöse Bildung im 21. Jahrhundert. Inhalte – Ziele – Herausforderungen, in: Bettina Reichmann/Wolfgang Urbany (Hg.): Jüdische und christliche religiöse Bildung im Dialog. Anstöße für eine menschenrechtliche Zukunft, Ostfildern 2022, S. 35–48.

Anusiewicz-Baer, Sandra: Die Jüdische Oberschule in Berlin. Identität und jüdische Schulbildung seit 1993, Bielefeld 2017.

Arendt, Hannah: Von der Menschlichkeit in finsterer Zeit. Rede über Lessing, München 1960.

Benl, Andreas: Vom Kulturrelativismus zum Antizionismus, in: Ingo Elbe u. a. (Hg.): Probleme des Antirassismus: Postkoloniale Studien, Critical Whiteness und Intersektionalitätsforschung in der Kritik, Berlin 2022, S. 199–211.

Bodemann, Y. Michal (Hg.): Die erfundene Gemeinschaft. Erinnerungspolitik, Staat und Judentum in Deutschland, Berlin 2025.

Bernstein, Julia: „Mach mal keine Judenaktion!". Herausforderungen und Lösungsansätze in der professionellen Bildungs- und Sozialarbeit gegen Antisemitismus. Im Rahmen des Programms „Forschung für die Praxis", Frankfurt am Main 2018.

Elbe, Ingo: Antisemitismus und postkoloniale Theorie. Der „progressive" Angriff auf Israel, Judentum und Holocausterinnerung, Berlin 2024.

Ertuğrul, Ali Tonguç/Martin, Sabri Deniz/Vukadinović, Vojin Ŝa: Dirk Moses und die „Pluralisierung" von Erinnerungskultur. Eine antizionistische Geschichte der Gegenwart, in: Stella Leder (Hg.): Über jeden Verdacht erhaben? Antisemitismus in Kunst und Kultur, Berlin/Leipzig 2021, S.130–142.

Grotz, Kathrin/Rahemipour, Patricia: Das verborgene Kapital: Vertrauen in Museen in Deutschland. Wie die Menschen in Deutschland auf eine Kultureinrichtung im Wandel blicken. Eine bevölkerungsrepräsentative Studie des Instituts für Museumsforschung – Stiftung Preußischer Kulturbesitz, Berlin 23.10.2024, https://zenodo.org/records/13981575 (05.03.2025.)

ICOM (International Council Of Museums): Museumsdefinition, 25.06.2020, https://icom-deutschland.de/netzwerk/museumsdefinition/ (21.05.2025)

ICOM. International council of museums (Hg.): Klarheit geschaffen: Offizielle deutsche Übersetzung der neuen Definition für Museen veröffentlicht (Pressemitteilung), 11.07.2023, https://www.mvnb.de/fileadmin/user_upload/2023-07-11_PM_Deutsche_Ubersetzung_Museumsdefintion_verof fentlicht_ICOM_Deutschland.pdf, (27.05.2025).

Sznaider, Natan: Die jüdische Wunde: Leben zwischen Anpassung und Autonomie, München 2024.

Digitalität zwischen Hass, Manipulation, Emanzipation und Mobilisierung

Matthias Quent

Die fortschreitende Mediatisierung und Digitalisierung sind mal mehr, mal weniger bewusst reflektierte Transformationsprozesse, in denen sich verschiedene Bereiche des Alltags und sozialen Lebens teils radikal verändern. Die technologische Modernisierung geht einher mit ambivalenten, teils krisenhaften Folgen auf verschiedenen Ebenen: soziale Beziehungen, Arbeit, Medien und Kommunikation, Gesundheit und Kultur sowie die politische Öffentlichkeit. Über aktuelle Herausforderungen, Möglichkeiten und Schwierigkeiten, diesen Entwicklungen mit (politischer) Bildung zu begegnen, diskutierten Leo Fischer (Bildungsstätte Anne Frank) und Max Neuhäuser („Fairsprechen"). Das Projekt „Fairsprechen" bietet in Sachsen-Anhalt Beratung und Bildung im Umgang mit Hass im Netz an.[1]

Dieser Schwerpunkt widmet sich der Analyse, wie digitale Technologien politische Diskurse formen, polarisieren und herausfordern. Dabei werden sowohl die destruktiven Auswirkungen digitaler Manipulation als auch die vielfältigen Möglichkeiten für zivilgesellschaftliches Engagement im digitalen Raum beleuchtet.

Die schleichende Monopolisierung von Kommunikations- und Informationskanälen, das Außerkraftsetzen nationalstaatlicher Regulierungsmöglichkeiten, die Alltäglichkeit folgenschwerer Hassbotschaften, gezielte Desinformation und Manipulation sind nur einige demokratierelevante Aspekte fortschreitender Digitalisierung. Soziale Medien können auch Mittel emanzipatorischer Aufklärung und Mobilisierung sein, wie zahlreiche internationale Beispiele von #metoo bis zum revolutionären Kampf der Frauenbewegung im Iran zeigen. Zugleich sind soziale Medien ein ideales und umfassend verwendetes Werkzeug autoritärer und faschistischer Emotionalisierung, Propaganda und Einschüchterung. Besonders häufig werden emanzipierte Frauen zum Opfer digitaler Gewalt und von Silencing-Strategien. Die Einflussnahme bösartiger nationaler und internationaler Akteure auf Wahlen und der hybride Informationskrieg Russlands gegen westliche Staaten hat Auswirkungen auf die demokratische Debattenkultur und politische Mehrheiten. Die massenhafte Verbreitung von Verschwörungserzählungen, die Popularisierung rechtsextremer Influencer:innen und Kanäle zersetzen mehr und mehr die institutionellen und diskursiven Grundlagen demokratischer Kultur. Gewann 2008 in den USA noch der demokratische Präsidentschaftskandidat Barack Obama mit der gezielten Mobilisierung von marginalisierten Minderheiten über die sozialen Medien (insbesondere Facebook), haben sich diese Netzwerke mittlerweile zu regelrechten Radikalisierungsmaschinen für die äußerste Rechte entwickelt. Über soziale Medien besitzen große Unternehmen, Milliardäre und staatliche Interessen extrem machtvolle Instrumente mit transnationaler Reichweite, die sich demokratischer Kontrolle teilweise entziehen können.

Soziale Medienplattformen bieten Möglichkeiten, politische Bewegungen zu organisieren, Diskurse zu prägen und Zielgruppen mit präzise zugeschnittenen, sogar individualisierten Botschaften anzusprechen sowie die Filterfunktion seriöser Medien zu umgehen. Die Entgrenzung traditioneller Gatekeeping-Prozesse hat zu einer Erosion klassischer Mechanismen der Wirklichkeitsprüfung geführt.

Eine der zentralen Herausforderungen des digitalen Zeitalters ist die Verbreitung von Desinformation und die gezielte Manipulation öffentlicher Diskurse. „Flood the zone with shit" – diesem Paradigma des amerikanischen Rechtsextremisten Steve Bannon folgend wird das Internet mit Falsch- und Fehldarstellungen, mit Banalitäten und Pseudoskandalen überzogen. So können Menschen mehr und mehr

1 Krankheitsbedingt entfiel ein geplanter Beitrag zu visuellem Aktivismus von Dr.in Tanja Maier von der Universität Rostock.

den Bezug zur Realität und die Fähigkeit zur Unterscheidung von wichtigen Informationen und blödsinnigen Inhalten verlieren. Das Abschweifen von wesentlichen gesellschaftlichen Entwicklungen durch mediale Dauerunterhaltung lenkt von gehaltvollen und relevanten Ideen ab. Studien zeigen, dass Desinformationskampagnen zunehmend automatisiert und skalierbar werden, während die Kosten für deren Produktion kontinuierlich sinken – insbesondere durch künstliche Intelligenz.

Die professionelle Nutzung antidemokratischer Akteure von Plattformen wie Facebook und TikTok, auf denen Rechtsaußenparteien um ein Vielfaches beliebter sind als die demokratischen Parteien, ist kein Zufal. Es ist Ausdruck und Teil der Veränderung kommunikativer Öffentlichkeiten und der strategisch-manipulativen Nutzung dieser Technologien. Soziale Medien sind gerade für politische Akteure wichtig, die sich aus verschiedenen Gründen in seriösen Medien nicht angemessen repräsentiert sehen; zum Beispiel, weil dort irreführende Inhalte journalistisch eingeordnet werden. Insofern wiederholt sich das bereits für die Faschismen des 20. Jahrhunderts fundamental wichtige Muster der Beherrschung neuer zeitgenössischer Hochtechnologien für antimoderne und antidemokratische Zwecke. Die in der Regel profitorientierten sozialen Medienunternehmen verdienen an der Polarisierung: Durch Mechanismen der algorithmischen Verstärkung werden polarisierende und emotionale Inhalte bevorzugt, was zur Radikalisierung und Fragmentierung der öffentlichen Meinung beiträgt. Soziale Medien begünstigen diese Effekte, da ihre (geheimen) Algorithmen darauf abzielen, Nutzer:innen so lange wie möglich zu binden – und dies gelingt besonders gut mit negativen Emotionen wie Angst und Wut. Die Konzentration von ökonomischer, kommunikativer und politischer Macht in den Händen Einzelner gefährdet die Demokratie. Dies zeigen exemplarisch das vom chinesischen Regime kontrollierte TikTok, die noch immer einflussreiche Plattform X (ehemals Twitter) von Elon Musk sowie Donald Trumps Medienunternehmen mit dem orwellschen Namen „Truth Social", zu dem die Plattform „Gettr" gehört.

Mit einem potenziell neuen Internet von morgen im sogenannten „Metaverse" mit einer noch stärkeren Immersion von Nutzer:innen in virtuelle Welten könnten sich Herausforderungen gesellschaftlicher Fragmentierung und des Bedeutungsverlusts realer Erfahrungen in der echten Welt im Vergleich zu den prägenden Einflüssen virtueller Erfahrungen noch intensivieren. In erweiterten und virtuellen Realitäten können Belästigungen und Angriffe noch intensiver wahrgenommen werden; zugleich können diese Technologien auch genutzt werden, um durch Perspektivübernahmen Empathie und Toleranz zu stärken und durch Training und Bildung soziale und emanzipatorische Kompetenzen einzuüben. Dies setzt jedoch proaktives Design für diese Ziele voraus. Ansätze der politischen Bildung und insbesondere Kunstprojekte setzen sich intensiv mit diesen Entwicklungen auseinander. Auch Pilotprojekte am Institut für demokratische Kultur erforschen die Chancen und Risiken immersiver virtueller Räume (www.metaverse-forschung.de).

Die weitgehend marktgetriebene und unregulierte Digitalisierung hat nicht nur die Grundlagen gesellschaftlicher Kommunikation und der Willensbildung tiefgreifend verändert, sondern auch die ökonomischen und politischen Machtverhältnisse.

Ein Ende dieser Entwicklung ist nicht in Sicht – im Gegenteil: Die Logiken und Interessen von Krypto-Communitys haben zum Wahlsieg von Donald Trump beigetragen – infolge seiner erneuten Wahl als US-Präsident im November 2024 erreichte der Wert des Bitcoins Rekordergebnisse. Technologien erweiterter Realität lassen die Grenzen zwischen Wirklichkeit und Virtualität weiter verschwimmen. Und insbesondere der Boom von künstlicher Intelligenz beschleunigt Prozesse der Digitalisierung erneut. Speziell antidemokratische Akteure nutzen KI-generierte Inhalte – Bilder, Ton, Videos – für Wahlkämpfe, zur Irreführung und Manipulation, für Deepfakes und dafür, Vertrauen und Glauben in die Wirklichkeit zu zerstören. So nutzten verschiedene Akteure im US-Präsidentschaftswahlkampf 2024 ebenso wie die AfD bei den Landtagswahlen 2024 künstliche Intelligenz. Gleichzeitig wird KI als Argument genutzt, um echte Bilder als Fakes darzustellen. Die Trump-Kampagne nutzte unter anderem KI-generierte Bilder, um zu behaupten, dass „Swifties" (Fans der beliebten Sängerin Taylor Swift) für Trump werben würden, nachdem sich die Sängerin selbst für die demokratische Kandidatin Kamala Harris ausgesprochen hatte. Zugleich unterstellte Trump der Harris-Kampagne, sie würde mit KI-generierten Bildern ihrer Wahlkampfveranstaltungen der Öffentlichkeit größere Zuschauermengen vortäuschen als tatsächlich anwesend waren. Beide Aktionen der Trump-Kampagne waren Lügen.

Was kann man noch glauben und was nicht? Diese und weitere Beispiele, wie die Nutzung KI-generierter Inhalte durch politische Akteure, verdeutlichen, wie leicht es geworden ist, überzeugende Fälschungen zu erstellen, die die Glaubwürdigkeit demokratischer Institutionen und Diskurse untergraben. Als „Erosion der Wirklichkeit" bezeichnet der politische Bildner Leo Fischer von der Bildungsstätte Anne Frank diese Gefahren durch den Einsatz generativer künstlicher Intelligenz in seinem Beitrag (siehe S. 120–122). Wirklichkeitserosion beschreibt das Phänomen, dass Nutzer:innen nicht mehr in der Lage sind, zwischen Fakten und Fiktion zu unterscheiden. Klimakatastrophen? Antisemitismus? Rassistische Gewalt? Alles Fakes, um den Menschen Angst zu machen und sie besser kontrollieren zu können! So argumentieren Rechtsextreme und Verschwörungsideolog:innen schon heute – KI und die damit verbundenen Unsicherheiten bestärken solche Narrative. Fischer sieht darin die größte Bedrohung der KI-Technologie für die demokratische Kultur.

Der Bildner Max Neuhäuser von „Fairsprechen" in Sachsen-Anhalt diskutiert Rahmenbedingungen, um Phänomenen gruppenbezogener Menschenfeindlichkeit und digitaler Radikalisierung entgegenzuwirken (siehe S. 124–125). Dabei wird die Diskrepanz zwischen der digitalen Mediennutzung Jugendlicher und der darunterliegenden, oft unzureichenden Bildungsbasis adressiert. Die Interventionen des nur prekär finanzierten Projekts „Fairsprechen" in Sachsen-Anhalt beinhalten sowohl die Vermittlung von Medienkompetenz als auch die rechtliche Stärkung mittels kostenfreier Rechtsberatung für Opfer von Onlinehetze. In Anbetracht der digitalen Transformation der Kommunikationskultur, die traditionelle Massenmedien marginalisiert und die politische Meinungsbildung in digitale und asynchrone Foren verlagert, unterstreicht der Beitrag die Notwendigkeit eines stärkeren Engagements zur Etablierung einer demokratischen digitalen Diskurskultur.

Die Digitalität ist allumfassend – kaum jemand kann sich dem mehr entziehen. Ob Professionelle in der Sozialen Arbeit oder in der politischen Bildung, ob seriöse Medien, ob Politiker:innen demokratischer Parteien oder emanzipatorischer Bewegungen: Auch wenn es viele immer noch versuchen: Die sozialen Medien zu ignorieren ist keine Option, wenn man nicht einen bedeutenden Teil sozialer und politischer Realität ignorieren möchte. Wie kann ein professioneller Umgang damit aussehen? Boykott? Strategische Nutzung? Initiativen wie „Fridays for Future" zeigen, wie soziale Medien zur Mobilisierung globaler Bewegungen genutzt werden können. Empirische Forschung zeigt auch dass: Für die Politisierung junger Menschen spielen Influencer:innen und Soziale Medien eine hervorgehobene Rolle, auch im demokratischen Spektrum. Plattformen wie Telegram spielen eine zentrale Rolle bei Protesten in autoritären Regimen, während Kampagnen wie „Reclaim TikTok" darauf abzielen, digitale Räume für progressive Anliegen zurückzugewinnen. Und auch die Nutzung KI-basierter Tools für politische Bildung und zivilgesellschaftliches Engagement bietet Potenziale. Zeitzeug:innenprojekte, die auf KI-gestützter Sprachsynthese basieren, ermöglichen es, historische Erfahrungen in interaktiver Form zugänglich zu machen. Gleichzeitig können Bots zur Bekämpfung von Hassrede und zur Förderung demokratischer Diskurse eingesetzt werden. Digitalität muss technikkritisch begleitet, aber auch gestaltet werden, will man den Kampf um die Zukunft nicht der äußersten Rechten und den Profitinteressen der Unternehmen überlassen.

Die beschriebenen Entwicklungen unterstreichen die Dringlichkeit, (politische) Bildung und emanzipatorische Praxis im digitalen Zeitalter weiterzudenken. Eine wesentliche Aufgabe ist es, den Kampf um die Hegemonie auch und insbesondere in virtuellen Räumen zu führen. Notwendig sind Demokratiebildung online und offline, Medienkompetenz und kritisches Denken, digitale Ethik, Empowerment zivilgesellschaftlicher Akteure in digitalen Räumen, Förderung partizipativer Ansätze, Regulierung und Kontrolle der Plattformen, Schaffung und Stärkung unabhängiger und freier Alternativen zu den hegemonialen und nach rechts außen kippenden Plattform[kultur]en.

Code und Vorurteil: Die Rolle von KI bei Desinformation und Diskriminierung

Leo Fischer

Die Bildungsstätte Anne Frank in Frankfurt am Main, für die ich hier heute spreche, beschäftigt sich mit den Themen Antisemitismus, Rassismus, Diskriminierung – Zusammenhänge, in denen man eigentlich nicht nicht über KI sprechen kann. Die Fälle algorithmischer Diskriminierung, die bekannt wurden, haben bei vielen große Besorgnis ausgelöst. Von algorithmischer Diskriminierung spricht man dann, wenn KI auf Basis z. B. rassistisch verzerrter Datensätze oder rassistischer Parameter Fehlentscheidungen trifft. Das äußert sich dann etwa so, dass Menschen aufgrund ihrer Wohngegend oder ihrer Nachnamen schlechtere Chancen haben, einen Kredit oder eine Wohnung zu erhalten. Immer stellt sich also die Frage, ob die Daten, mit denen KIs trainiert werden, wirklich neutral sind – oder ob KIs Rassismus und Antisemitismus weiter reproduzieren werden. Ganz unabhängig stellt sich auch die Frage, wer KI macht, wer von KI profitiert und wessen Arbeit erleichtert wird. Schon jetzt scheint es so, dass die klassischen kolonialen Herrschaftsstrukturen in der KI-Industrie perpetuiert werden – der Profit strömt in die Hände westlicher Großkonzerne, geführt von weißen Männern, die eigentliche Arbeit erfolgt in digitalen Sweatshops an der globalen Peripherie.

In der Bildungsarbeit stellen wir ein wachsendes Interesse an unserer Position zu KI fest. Einerseits geht es dabei darum, wie man überhaupt mit KI umgehen sollte. Andererseits geht es um KI als Thema selbst, beispielsweise wenn Menschen bemerken, dass ihre Accounts von KI-generierten Inhalten überschwemmt werden oder wenn sie sich fragen, ob ihre Follower*innen echt sind oder ob es sich um Bots handelt.

Schließlich stellt sich auch die Frage, wie wir selbst die Potenziale von KI nutzen können. Persönlich bin ich kritisch, was diese Potenziale angeht. Natürlich gibt es große transformatorische Versprechen, wie bei jeder neuen Technologie, sei es nun der Buchdruck oder das Internet. Es gibt jedoch ebenso Dystopien. Diese Spannung zwischen Utopie und Dystopie haben wir bei der Herausgabe unseres Sammelbands „Code & Vorurteil. Über Künstliche Intelligenz, Rassismus und Antisemitismus“ abzubilden versucht.[1]

KI hat zahllose Einsatzmöglichkeiten und birgt dementsprechend viele potenzielle Risiken für die Zivilgesellschaft. Ich möchte mich vor allem auf die sogenannte generative KI im Rahmen von Desinformation und der Mobilisierung durch rechtsradikale und rechtsextreme Gruppen konzentrieren und stelle im Folgenden einige Beispiele vor.

Die AfD und ihre FunktionärInnen etwa nutzen KI absolut hemmungslos und schöpfen die entsprechenden Möglichkeiten konsequent aus. Sie haben ein postfaktisches Verhältnis zur Realität entwickelt – oder zu dem, was sie für real halten. Es beginnt schon damit, dass sie sich künstliche Sympathisant*innen schaffen. Ein Bild zeigt beispielsweise einen jungen Mann vor einer Reihe von Windrädern, darüber der Slogan: „Weil die Verspargelung der Landschaft überhand nimmt, bin ich AfD-Mitglied geworden – Tobias Mayer, Bad Boll“. Dieses Zitat wurde von einem AfD-Verband auf Facebook gepostet. Erst nach Recherchen von JournalistInnen kam heraus, dass Tobias Mayer nicht existiert; es handelt sich um eine KI-generierte Person. Der Verband hat dies sogar ausdrücklich bestätigt und nicht einmal darüber diskutiert: Sie haben sich sogar aktiv dazu bekannt, mit fiktiven Testimonials zu arbeiten.

Die Erklärung des Verbands dafür ist äußerst interessant: Die AfD-Wähler*innen würden demnach 1.) erkennen, dass das Bild eine Fälschung ist, aber 2.) ihre eigenen Haltungen darin wiedererkennen. Dazu zwei Beobachtungen: Die erste Aussage stimmt nicht, denn wenn man sich den Kommentarbereich dieses Bilds ansieht, halten es die meisten AfD-Sympathisant*in-

1 Adeoso, Marie Sophie u. a. (Hg.): Code & Vorurteil. Über Künstliche Intelligenz, Rassismus und Antisemitismus, Berlin 2024.

nen für echt. Zweitens zeugt das von einem absolut instrumentellen Verhältnis zur Wahrheit. Ob diese Person existiert oder ob sie diese Haltung wirklich hat, spielt keine Rolle; wichtig ist nur, die eigenen AnhängerInnen in ihren Haltungen zu bestätigen. Solche Fälschungen waren schon vorher möglich. Und es stimmt: Das gab es alles schon. Aber nicht so schnell, nicht so billig und nicht so leicht für alle zugänglich.
Durch KI sind nicht zuletzt auch gewisse Gatekeeper-Stationen weggefallen: Auch früher konnte man bereits eine Fotomontage erstellen, aber man musste meistens eine Person dafür beauftragen oder in ein Stockfoto-Archiv gehen, um Porträts zu bekommen. Das hatte, wenn auch in geringem Maß, noch Gatekeeper-Funktionen, vor allem, was die Quantität anging. Im Zuge unserer Recherchen zu TikTok haben wir festgestellt, dass die AfD im Wesentlichen eine Spam-Strategie fährt, dies sowohl auf TikTok, aber auch auf den meisten anderen sozialen Medien. Das heißt, Produkte wie diese Sharepics sind nicht besonders originell oder werden immer wieder neu entworfen, sondern sie werden einfach massenhaft verbreitet, teilweise von Support-Netzwerken neu eingespielt, oft minimal überarbeitet. Es wird ein anderer Filter daraufgesetzt, eine andere Schriftart verwendet oder aus einem Standbild eine Slideshow gemacht, oft mit den billigsten Effekten. Und das wird dann immer wieder und zu jedem Hashtag, zu jedem möglichen Stichwort ausgespielt.
Das hat einen Effekt, vor allem einen statistischen, da wir uns in algorithmisch gesteuerten Medien bewegen. Die Masse übertrumpft grundsätzlich die Klasse, auch in solchen Fällen. Und es hat ferner einen Gewöhnungseffekt. Dieses Sharepic wurde etwa 150-mal geteilt, und zwar von zahlreichen AfD-Accounts. Diese Accounts verstärken sich gegenseitig. Wenn ich so ein Sharepic von Accounts sehe, denen ich vertraue, und zwar von mehreren Accounts, greifen alle üblichen Strategien der Medienkompetenz nicht mehr. Sehe ich diese Botschaft nur ein einziges Mal, könnte ich mir noch Fragen stellen: Existiert diese Person überhaupt? Was wird mir hier mitgeteilt? Gibt es wirklich eine „Verspargelung der Landschaft"? Doch all diese Gedanken, die man bei einer einzelnen Meldung noch haben könnte, schalte ich aus, sobald eine genügend große Anzahl vertrauter Accounts die Meldung ebenfalls teilen.

So entsteht etwas, das wir als „Erosion des Wirklichkeitsgefühls" bezeichnen, was in unseren Augen tendenziell problematischer ist als Desinformation. Gerne werden mit KI auch künstliche Idyllen erzeugt, wie in einem Beitrag des AfD-Kreisverbands Hessen. Dort wird ein „deutsches Grill-Fest" gefeiert, man sieht eine Gruppe blonder Menschen an einem Picknicktisch, einen Blinker „Genussmonat" und ein blaues Herz. Es ist ziemlich offensichtlich, dass auch dieses Bild KI-generiert ist. Diese Personen existieren nicht wirklich. Wenn man genauer hinschaut, sieht man, dass gar nicht so viele weiße blonde Menschen an einem nicht existierenden Tisch sitzen können. Aber die Botschaft ist klar. Und: Ein solches Stockfoto hätte man früher nicht so einfach gefunden, es gibt keine Fotoagenturen, die ausschließlich Bilder von weißen blonden Menschen anbieten. Wenn ich so ein Foto haben möchte, dann hilft mir KI sehr.
Mit dem Stichwort „Genussmonat" soll auch ein Gegenbild zum Fastenmonat Ramadan erzeugt werden, das somit Muslime ausschließt. Man kennt Ähnliches bereits vom queerfeindlichen „Stolzmonat". Dabei handelt es sich um eine Kampagne, bei der AfD-Sympathisant*innen versuchen, queere Repräsentationen zu verhindern oder sich darüber lustig zu machen. Das Beispiel greift verschiedene Ästhetiken auf, die ich hier nur kurz andeuten möchte, zum Beispiel Cottagecore-Ästhetiken, die eine naturverbundene Idyllik beschwören und oft auch eine Welt von gestern, die so nie existiert hat. Vielfach geht es darum, Plätze aus der Vergangenheit zu romantisieren, wie „Frankfurt 1960", mit der impliziten Botschaft: „Es war alles besser, als es hier keine Ausländer gab."
Diese imaginären Traditionen und Idyllen haben immer auch einen rassistischen Unterton. Manchmal gibt es auch offensiv rassistische Propaganda, wie zum Beispiel in einem Bild des AfD-Abgeordneten Norbert Kleinwächter, das eine Gruppe junger Männer mit schwarzem Haar und wutverzerrten Gesichtern zeigt – das Motto: „Nein zu noch mehr Flüchtlingen!" Kleinwächter wurde bekannt als KI-Pionier der AfD. Er gab zu, gezielt Bilder wie dieses einzusetzen. Dieses Bild postete er zuerst auf Facebook, es wurde dann von vielen AfD-Accounts und Sympathisant*innen-Accounts weiterverbreitet. Auf den Hinweis, dass es sich um ein KI-generiertes Bild handelt, sagte er: Das

stimme, aber so könne er die Emotionen und Vorstellungen der AfD-Wählerschaft am besten ansprechen. Es geht also gar nicht darum, die Realität zu zeigen, sondern der reine Propagandaeffekt ist bereits implizit und soll bewusst angesprochen werden.

Kleinwächter hat im Zusammenhang mit diesem Bild behauptet, er hätte als Prompt, also als Eingabe in das KI-System, einfach „Arab refugees in Berlin" eingegeben. Unsere Recherchen haben jedoch ergeben, dass er das nicht so eingegeben haben kann, jedenfalls nicht mit der damals beliebtesten Bildgenerierungs-KI Midjourney. Er muss wahrscheinlich andere, vermutlich auch rassistische Begriffe eingegeben oder diverse Umwege und Skripte genutzt haben, um ein solches Bild zu erzeugen. Denn: Es ist nicht mehr so einfach, wirklich rassistische Bilder mit KI zu erzeugen. Wenn Sie heute „Arab refugees in Berlin" bei Midjourney eingeben, erhalten Sie andere, viel menschenfreundlichere Bilder. Aber das zeigt vielleicht auch, dass es hier nicht um objektive Realität geht, sondern um gefühlte Realitäten, die gewisse Vorannahmen bestätigen und eine Art Metakommunikation zwischen Sympathisant*innen darstellen.

Man teilt solche Bilder nicht, weil sie eine problematische Wirklichkeit zeigen, sondern weil man damit provozieren möchte, oder aber, um zu zeigen, was man sich wünscht. Diese Bilder haben einen Gewöhnungseffekt. Was wir oft sehen, gerade in der Jugendbildung, ist die komplette Erosion des Wirklichkeitsgefühls. Nachdem Bundeskanzler Olaf Scholz einen TikTok-Account eröffnet hat, waren die Beiträge des Bundeskanzlers so absurd, dass das junge Publikum ihn für einen Satire-Account hielt. Hinzu kommt, dass es Dutzende Fake-Accounts von Olaf Scholz gibt, aber auch vom Bundespräsidenten, die sich aus offiziellem Videomaterial der Politiker bedienen, jedoch nur solche Ausschnitte aus Reden zeigen, die dem AfD-Narrativ nahekommen. Nach unserer Beobachtung wird typische Desinformation sogar noch relativ gut erkannt, das erodierte Wirklichkeitsgefühl jedoch nicht. Die Menschen glauben nicht einfach nur das Falsche, sondern sie glauben überhaupt nichts mehr und auch nicht mehr das, was aus gut recherchierten journalistischen Quellen kommt.

Ich möchte nun weiterhin auf immersive Umgebungen eingehen. Umgebungen wie das Metaverse oder auch MMO-RPGs kommen bald nicht mehr ohne KI-generierte Inhalte aus. Es wird ein Punkt kommen, an dem sich diese Universen nicht mehr schnell genug entwickeln können, ohne KI zu nutzen. Dann wird es darauf ankommen, was diese KI will. Es ist durchaus denkbar, dass Menschen durch KI-generierte immersive Inhalte viel schneller und stärker in Radikalisierungstrudel hineingezogen werden, als wir es von Social Media kennen. Denn die gesamte Umgebung, die ich sehe, entspricht dann meinen politischen Einstellungen. Wenn ich nicht unterscheiden kann, ob die Avatare, denen ich begegne, Menschen oder Bots sind, die Dinge sagen, die zu meinen politischen Haltungen passen, lässt sich der Effekt der Radikalisierung gut vorstellen.

Abschließend möchte ich nun zum positiven Teil übergehen: Kann die KI ein Ally, also eine Verbündete, sein oder zumindest unterstützen? Wir haben dazu einige Beispiele herausgesucht, wo KI bereits im Sinne der Zivilgesellschaft eingesetzt wird, wenn auch nicht ohne Widersprüche oder Probleme. Ein Beispiel ist die KI-basierte Zeitzeug*innenarbeit. Insbesondere in Zusammenarbeit mit der Shoah Foundation sind verschiedene Gedenkstätten und Bibliotheken in Europa und Amerika dazu übergegangen, Zeitzeug*inneninterviews in Sprachmodelle zu verwandeln. Die Idee ist, dass wir auch nach dem Tod der letzten Zeitzeug*innen mit ihnen sprechen können, als wären sie noch da. Das ist auch deswegen vielversprechend, weil solche Interviews einen emotionalen Zugang ermöglichen, den es in der klassischen Bildungsarbeit nicht gibt. Es ist etwas anderes, ein Buch über die Shoah zu lesen oder der Erzählung einer Überlebenden zuzuhören, egal ob sie auf einem Sprachmodell basiert oder nicht. Die Frage ist, wie weit man diese künstliche Authentizität treiben kann und ob dabei nicht auch potenziell ein geschichtsrevisionistisches Moment entsteht. Sprachmodelle sind nur begrenzt vorhersehbar. Bei jeder Anfrage wird grundsätzlich eine neue Antwort generiert – möglicherweise auch eine falsche. So wird potenziell auch jedes Mal ein neues Geschichtsbild konstruiert. Das ist derzeit eine Grenze dessen, was mit digitaler Zeitzeug*innenarbeit erreicht werden kann.

Es gibt auch Bestrebungen, politische Bildung auf Bots auszulagern. Zum Beispiel mit dem Chatbot „e-

Bird“ von der Friedrich-Ebert-Stiftung.[2] Es ist eine Art Spiel mit einem Chatbot. Es werden verschiedene fiktionale Tweets mit radikalem Inhalt angezeigt, wie zum Beispiel: „Unsere Sozialsysteme sind überlastet, erst mal um die deutsche Armut kümmern.“ Der Bot liefert verschiedene Handlungsoptionen, mit denen man reagieren und intervenieren kann. Diese Optionen kann man einüben, und am Ende wird ausgewertet, wie gut man widersprochen und wie gut man Counter-Speech geleistet hat.

An der TU Berlin versucht man, sich mit KI dem Kontext von Antisemitismus und antisemitischer Hassrede zu nähern. Dort entwickelt man Bots, die in der Lage sind, Antisemitismus zu erkennen, was nicht so trivial ist, wie es scheint, weil Antisemitismus oft versteckt oder über indirekte Kommunikation daherkommt.[3] Diese Bots leisten doppelte Arbeit: Einerseits analysieren sie antisemitische Vorbilder und Sprache, die sie gesammelt haben, andererseits analysieren sie das menschliche Moderator*innenverhalten: Sie lassen Menschen antisemitische Texte lesen, Antisemitismus markieren und analysieren so, wie die ModeratorInnen Antisemitismus erkennen.

Das sind wichtige Bausteine zu einem progressiven Umgang mit KI. Die strukturellen und systemischen Probleme in der KI-Industrie bleiben davon natürlich unberührt. Es gilt, im Umgang mit dem Thema gleichzeitig neugierig und kritisch zu bleiben – und stets auf die Konsequenzen zu achten, die die neue Technologie für marginalisierte Menschen haben kann.

2 E-Bert – Politische Bildung im Chat, hg. von der Friedrich-Elbert-Stiftung e. V., o. J., https://www.fes.de/politische-akademie/e-bert (01.02.2024).

3 Weltbild Antisemitismus. Didaktische und methodische Empfehlungen für die pädagogische Arbeit in der Migrationsgesellschaft, hg. von der Bildungsstätte Anne Frank e. V., Frankfurt am Main 2013, https://www.bs-anne-frank.de/mediathek/publikationen/weltbild-antisemitismus (05.02.25).

Einblicke in die Praxis – ein Bericht von „Fairsprechen“ aus Sachsen-Anhalt

Max Neuhäuser

„Fairsprechen“ ist seit 2018 in Sachsen-Anhalt aktiv und bietet umfassende Bildungs- und Beratungsangebote rund um das Thema Hass und Hetze im Netz. Die Schwerpunkte liegen auf der Prävention von gruppenbezogener Menschenfeindlichkeit und Radikalisierung sowie der Bekämpfung von Desinformation, „Fake News“ und Verschwörungsideologien. Organisatorisch ist „Fairsprechen“ an den Jugendmedienverband **fjp>media** angebunden und wird durch das Landesprogramm **„Demokratie, Vielfalt und Weltoffenheit“** des Landes Sachsen-Anhalt gefördert, um flächendeckend zivilgesellschaftliche Bildungs- und Beratungsangebote umzusetzen.

Ein zentrales Element des Projekts ist die Arbeit in einem Tandem aus pädagogischem Referenten und einem Volljuristen als Rechtsreferent. Diese Kombination ermöglicht es, sowohl rechtliche als auch pädagogische Ansätze in die Arbeit zu integrieren und so ein umfassendes Unterstützungsangebot bereitzustellen. Ein besonderer Fokus liegt auf der kostenfreien Rechtsberatung für Betroffene von Onlinehetze, um diesen konkrete Handlungsoptionen aufzuzeigen und sie in ihrer rechtlichen Lage zu stärken.

Die Bindung an einen Jugendverband ermöglicht es „Fairsprechen“, aktuelle gesellschaftliche Entwicklungen und dynamische Veränderungen im digitalen Raum flexibel und zeitnah aufzugreifen. Die Aktualität methodischer und inhaltlicher Ansätze ist ein wesentliches Qualitätsmerkmal des Projekts. Ein Großteil der Arbeit liegt auf der präventiven Ebene: „Fairsprechen“ strebt an, durch Informationsveranstaltungen und mit gezielter Bildungsarbeit für den Phänomenbereich zu sensibilisieren und so präventiv gegen menschenfeindliche Ideologien sowie Hass und Hetze im Netz vorzugehen. Die Bildungseinrichtungen, die durch „Fairsprechen“ erreicht werden, umfassen alle Altersstufen und Schulformen, wodurch eine breite und nachhaltige Wirkung erzielt werden kann. Fortbildungen und Multiplikator*innen sollen dabei die Reichweite und Zuständigkeit erhöhen.

Die Digitalisierung spielt dabei eine zentrale Rolle. Mit dem „Web 2.0“ hat das Internet das politische und gesellschaftliche Leben von jeder/m Einzelnen grundlegend verändert. Politik wird nicht mehr ausschließlich in Parlamenten und auf der Straße gestaltet, sondern zunehmend in vorpolitischen und diskursiven Räumen – allen voran den sozialen Medien. Diese Transformation der Kommunikationswege führt zu einem Paradigmenwechsel: Menschen kommunizieren online asynchron und gestalten Inhalte aktiv mit, anstatt nur passiv zu konsumieren. Algorithmen analysieren das Verhalten der Nutzer*innen und bestimmen, welche Inhalte bevorzugt dargestellt werden. Diese Mechanismen machen jede*n *Nutzer**in zu einer Art Produzent*in, da das eigene Verhalten aktiv zur Gestaltung der Inhalte im Netz beiträgt.

Die Verlagerung der Informationsbeschaffung ins Internet hat traditionelle Massenmedien in ihrer Relevanz deutlich zurückgedrängt. Dies eröffnet einerseits immense Potenziale für die Mobilisierung und Vernetzung im Bereich des Aktivismus, wie internationale Menschenrechts- oder Klimabewegungen zeigen. Andererseits nutzen auch ideologisch motivierte Akteur*innen diese Dynamiken, um gezielt Anhänger*innen zu rekrutieren und politische Diskurse zu beeinflussen. Diese digitale Mobilisierung hat unmittelbare Auswirkungen auf die politische Kultur, da sie zunehmend auch zu gezielten Angriffen auf politische Mandatsträger*innen, Journalist*innen und Vertreter*innen marginalisierter Gruppen führt.

Für die präventive Arbeit mit Kindern und Jugendlichen ist dieser Wandel besonders herausfordernd. Sie wachsen in eine digitalisierte Welt hinein, in der das Internet nicht nur selbstverständlich, sondern als statischer Raum wahrgenommen wird. Jugendliche betreten diesen Raum häufig, bevor sie eine fundierte politische oder moralische Bildung erhalten haben, und sind daher früh mit den Dynamiken der digitalen Diskurse konfrontiert. Hier setzt die präventive Arbeit von „Fairsprechen" an: Es gilt, diese jungen Menschen für die Gefahren und Mechanismen von Onlinehass und Desinformation zu sensibilisieren und sie in ihrer Medienkompetenz zu stärken, bevor sich problematische Verhaltensweisen verfestigen.

Dieser Prozess ist jedoch kompliziert, da junge Menschen die digitale und die analoge Welt nicht als getrennt betrachten – für sie sind Onlinephänomene wie Hass und Hetze Teil ihrer Lebensrealität und somit oft schwer als Problem zu identifizieren. Diese Entwicklung führt zu einem intergenerationalen Konflikt: Während ältere Generationen, die den Wandel des Internets erlebt haben, differenziert zwischen „online" und „offline" unterscheiden, ist diese Trennung für viele Jugendliche bedeutungslos. In der Folge wird die Präventionsarbeit zusätzlich erschwert, da sich Normen und Werte, die in der digitalen Welt etabliert sind, auch auf das Offlineverhalten auswirken.

Aktuelle Studien zeigen, dass Jugendliche angesichts multipler Krisen pessimistisch und unsicher sind. In einer vernetzten, krisenbehafteten Gesellschaft fällt es ihnen schwer, ihre eigene, identitätsstiftende Position zu finden. Die im Netz vorherrschende Kommunikationskultur, die sich oft in Polarisierung und „Nullsummendiskussionen" erschöpft, trägt zusätzlich zur Radikalisierung bei. Dies ist problematisch, da die „lautesten" Stimmen im Netz oft gerade keinen lösungsorientierten Dialog suchen, sondern mit ihren Kommentaren ideologische Ziele verfolgen und/oder Macht ausüben wollen.

Diese Normalisierung einer aggressiven Diskussionskultur erschwert präventive Maßnahmen erheblich, insbesondere dann, wenn Grundschulkinder ohne umfassende Begleitung und Anleitung Zugang zum Internet bekommen. Wenn der „moralische Kompass" bereits in diesem Alter durch diese Dynamiken geprägt wird, kann ein späteres Umdenken herausfordern. Im Fokus von „Fairsprechen" steht daher, diese Prozesse zu durchbrechen und durch präventive Bildungsmaßnahmen zur Förderung demokratischer Werte beizutragen. In Zeiten, in denen junge Menschen vermehrt rechte und populistische Parteien wählen, ist die politische Bildung von zentraler Bedeutung.

Die pädagogische Arbeit mit jungen Menschen bei „Fairsprechen" zielt darauf ab, sie umfassend zu befähigen, sicher und selbstbewusst im digitalen Raum aufzutreten. Medienkompetenzvermittlung ist hierbei zentral, umfasst jedoch weit mehr als den rein technischen Umgang mit digitalen Medien. Es geht darum, Handlungsmöglichkeiten aufzuzeigen, die die Hemmschwelle für ein couragiertes Eingreifen senken. Jugendliche sollen lernen, dass sie Meldefunktionen nutzen, problematische Inhalte blockieren oder löschen und solidarisch mit Betroffenen agieren können. Diese scheinbar einfachen Schritte können, konsequent angewandt, einen erheblichen Einfluss auf die digitale Kultur haben. In „schwerwiegenden" Fällen wird zudem die Möglichkeit zur Strafanzeige thematisiert, um deutlich zu machen, dass auch Straftaten im Netz von der Gesellschaft zu missbilligen sein sollten, um Betroffenen zu zeigen, dass sie ernst genommen werden.

Doch es ist wichtig, die Verantwortung nicht allein auf die Jugendlichen auslagern zu wollen. Hass im Netz ist ein gesamtgesellschaftliches Problem, das tief in soziale, kulturelle und politische Strukturen eingebettet ist. Daher müssen ebenso Eltern, pädagogische Fachkräfte und politische Entscheidungsträger*innen in die Pflicht genommen werden. Es reicht nicht, moralische Erwartungen an die Jüngsten zu stellen; vielmehr muss die Thematik generationsübergreifend und auf Augenhöhe bearbeitet werden. Couragiertes Handeln und digitale Zivilcourage sind Anliegen, die alle Mitglieder der Gesellschaft betreffen. Um dies zu erreichen, braucht es ein gemeinsames Engagement und Unterstützung über alle Altersgruppen hinweg.

Die pädagogische Arbeit von „Fairsprechen" schlägt hier eine wichtige Brücke, indem sie Aufklärung, Sensibilisierung und konkrete Handlungsmöglichkeiten vereint. Doch diese Brücke ist nur ein Teil der Lösung. Um die digitale Zivilgesellschaft nachhaltig zu stärken, braucht es ein Zusammenspiel vieler Akteur*innen und eine Kultur des gegenseitigen Beistands. Nur so kann eine demokratische und respektvolle Diskussionskultur im Netz langfristig etabliert werden.

Podium

ZIVILGESELLSCHAFT:

Nach der Wahl ist vor der Wahl

„Nach der Wahl ist vor der Wahl" – Perspektiven der Zivilgesellschaft auf das Erstarken antidemokratischer Kräfte und zukünftige Strategien für eine emanzipatorische Gesellschaft

Die Tagung war als Forum des Austauschs zwischen praxisorientierter Wissenschaft und demokratisch engagierter Zivilgesellschaft ausgerichtet. Besonders deutlich wurde dies in dem Podiumsgespräch, zu dem Expert:innen aus der Zivilgesellschaft eingeladen waren. Ihre Organisationen setzen sich in Sachsen-Anhalt für eine demokratische Alltagskultur und gegen demokratiegefährdende Entwicklungen ein: Michelle Angeli, Vorsitzende des Landesfrauenrats (LFR), des größten Dachverbandes von Frauenorganisationen und -verbänden im Land; David Begrich, der bei Miteinander e. V., einem seit 1999 tätigen Verein für Demokratieförderung und Weltoffenheit, die Arbeitsstelle Rechtsextremismusprävention innehat; Marina Chernivsky, Gründungsgeschäftsführerin von OFEK e. V. – Beratungsstelle bei antisemitischer Gewalt und Diskriminierung, sowie Mamad Mohamad, seit dessen Gründung Geschäftsführer des Landesnetzwerks Migrantenorganisationen Sachsen-Anhalt e. V. (LAMSA). Damit war eine gewisse Vielfalt an Perspektiven auf zentrale Bereiche demokratischer Alltagskultur – Geschlechtergerechtigkeit, Rechtsextremismus, Antisemitismus und Rassismus – präsent.

Das Podium fand wenige Wochen nach den Europa- und Kommunalwahlen statt. Zugleich standen die Landtagswahlen 2026 schon am Horizont. In dieser Zwischenzeit sollte das Podium dazu dienen, die aktuelle Lage einzuschätzen sowie strategische Optionen aus Sicht der Expert:innen zu entwerfen. Dass die in Sachsen-Anhalt als gesichert rechtsextremistisch geltende AfD im Vergleich zur Landtagswahl 2021 in der EU-Wahl rund 10 Prozent hinzu- und rund 30 Prozent der Stimmen gewonnen hatte und die Folgen des 7. Oktober 2023 antisemitismus- und rassismuskritische Perspektiven in ein Spannungsverhältnis versetzt hatten, waren nur zwei Hintergründe dieses Zusammentreffens. Andere Anlässe waren die mangelnde (kommunal-)politische Repräsentation von Frauen und Sachsen-Anhalter:innen mit Migrationsgeschichte – und die noch ausbaufähige Bündnisarbeit der verschiedenen Organisationen.

Im Vorfeld der Kommunalwahlen hatte der LFR die Parteien dazu aufgerufen, mehr Frauen in kommunale Ämter zu bringen und die Gleichstellungspolitik im Land konsequent weiterzuführen. Dass die Bedingungen für diese Anliegen nach den Geländegewinnen der äußersten Rechten nicht eben besser geworden sind, dürfe und werde die im LFR organisierten Frauen nicht entmutigen. Mit Zuversicht und Stolz formuliert Michelle Angeli, „dass sie weiterarbeiten in den Beratungsstellen, in den Kommunalgleichstellungen, bei den Gewerkschaften. Anstatt zu verzagen, sagen sie: „Wir machen weiter." Und sie machte eine Ansage: „Wir werden in den nächsten Monaten unsere Themen weiterhin setzen. Dazu gehört auch die kritische Auseinandersetzung mit dem Antifeminismus."

Auch LAMSA hatte sich mit der Kampagne „Wir sind 7 Prozent" dafür eingesetzt, Sachsen-Anhalter:innen mit Migrationsgeschichte ihrem proportionalen Anteil an der Bevölkerung entsprechend in die Kommunalpolitik zu bringen. Von den 18 Kandidat:innen schaffte es am Ende eine. Und durch den Rechtstrend stehe mittlerweile infrage, welche Zukunft Menschen mit Migrationsgeschichte im Land hätten. Mit einer klaren Forderung und Besorgnis kommentierte Mamad Mohamad die Lage: „Es muss ein klares Bekenntnis zur Migration geben. Es kann nicht sein bzw. für uns ist es einfach unerträglich, dass Menschen weiterhin in die Situation gebracht werden, dass ihnen im Grunde nichts bleibt als die Entscheidung zu gehen."

Marina Chernivsky blickte ebenfalls mit Sorge auf den Rechtstrend in Sachsen-Anhalt. Darüber hinaus betonte sie, wie tiefgreifend die jüdische Community seit dem 7. Oktober, den genozidalen Massakern der

OFEK e.V.
ofek
אופק
LAMSA e.V.
LANDESNETZWERK MIGRANTENORGANISATIONEN SACHSEN-ANHALT
„WEIßE WAHL"
„22% Frauenanteil - reicht es? Nein."
ANGST
LANDTAGSWAHL 2024
„ES WIRD AUSWIRKUNGEN HABEN"
„KEINE ÜBERRASCHUNG"
RECHTS
IST ANGEKOMMEN
MEHR ANALYSE + AUSWERTUNG
WER SIND DIE WÄHLER:INNEN?
AFD ERNST NEHMEN!
SPRACHE ENTWICKELN
IN WELCHER GESELLSCHAFT
WOLLEN WIR ZUKÜNFTIG
LEBEN?
WIR MACHEN WEITER
KAMPF DEM ANTIFEMINISMUS
NEUE ARBEITSGRUPPE
WORKSHOP WEITERBILDUNG
BERATUNGSSTELLEN
BURN-OUT
IMMER
UND IMME
WIEDER
SPEAKER
SEIN
TRAUER
&
GEFÜHL VON
BEDROHUNG
UND ENDSOLIDARISIERUN
&
SPANNUNG
zwischen den NGOs

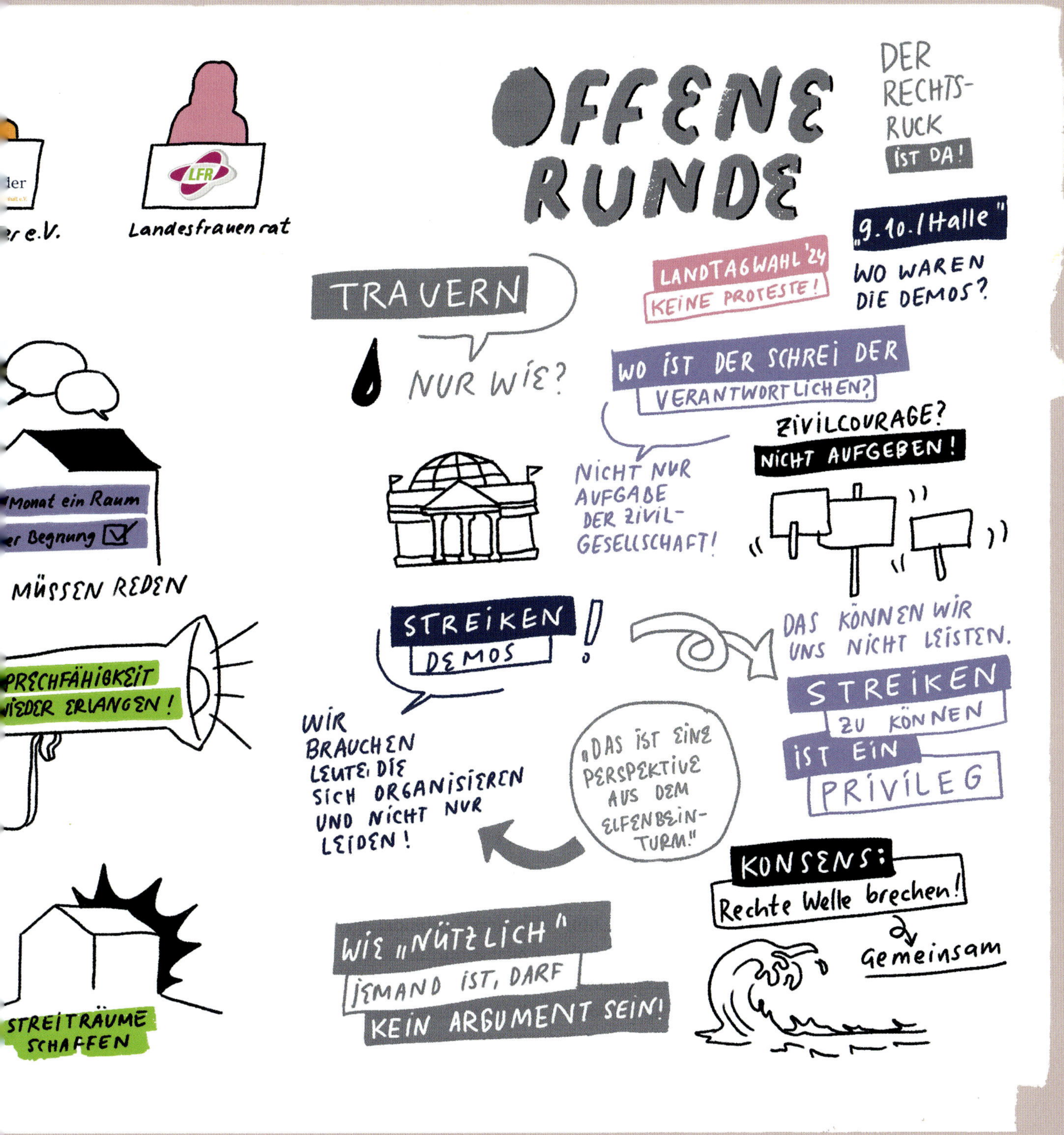

der e.V.
LFR
Landesfrauenrat
OFFENE RUNDE
DER RECHTSRUCK IST DA!
„9.10./Halle"
LANDTAGWAHL '24
KEINE PROTESTE!
WO WAREN DIE DEMOS?
TRAUERN
NUR WIE?
WO IST DER SCHREI DER VERANTWORTLICHEN?
ZIVILCOURAGE?
NICHT AUFGEBEN!
NICHT NUR AUFGABE DER ZIVILGESELLSCHAFT!
Monat ein Raum
er Begnung
MÜSSEN REDEN
PRECHFÄHIGKEIT WIEDER ERLANGEN!
STREIKEN DEMOS!
DAS KÖNNEN WIR UNS NICHT LEISTEN.
STREIKEN ZU KÖNNEN IST EIN PRIVILEG
WIR BRAUCHEN LEUTE, DIE SICH ORGANISIEREN UND NICHT NUR LEIDEN!
„DAS IST EINE PERSPEKTIVE AUS DEM ELFENBEINTURM."
KONSENS: Rechte Welle brechen!
Gemeinsam
WIE „NÜTZLICH" JEMAND IST, DARF KEIN ARGUMENT SEIN!
STREITRÄUME SCHAFFEN

Hamas im Süden Israels, erschüttert ist. Zu der mit diesem Datum verbundenen „tiefen Zäsur“ gehöre auch der deutliche Anstieg des antisemitischen Bedrohungspotenzials in Sachsen-Anhalt. Und dieser Antisemitismus komme eben „von allen Seiten, aus allen Gruppen“. Es brauche nicht nur Zeit und Raum zum Trauern, sondern auch den Beistand aus der Gesellschaft: „Wir müssen diesem immer extremer werdenden Kurs unsere gemeinsame Sprechfähigkeit entgegensetzen. Und die können wir erreichen, indem wir uns nicht nur verstehen, sondern auch streiten können, und trotzdem gemeinsam an einem Strang ziehen.“

Mit Blick auf die Mehrheitsgesellschaft ordnete David Begrich die Zugewinne der äußersten Rechten so ein: „Die AfD ist eine rechtsextreme Partei, und die Normalisierung rechtsextremer Inhalte in der diskursiven Öffentlichkeit Ostdeutschlands ist abgeschlossen.“

Angesichts der verschiedenen, teils spannungsreichen, aber auch gemeinsamen Anliegen wurde die stärkere Vernetzung miteinander als strategisch wichtig benannt. Exemplarisch tat dies Mamad Mohamad mit Blick auf die Gegenwehr gegen AfD und Co.: „Man muss die Räume besetzen, man muss klar signalisieren, dass sie keinen Platz haben. Und das schaffen wir nicht alleine, deswegen ist es mein Wunsch, dass am Ende Menschen aus Sachsen-Anhalt gemeinsam diese Räume besetzen.“

Das Podium „Nach der Wahl ist vor der Wahl“ machte deutlich, dass die bisherigen und zukünftigen Strategien der Zivilgesellschaft in emanzipatorischer Perspektive vielfältig sind.

Nachwort: Zwischenzeitlich haben sich die Verhältnisse nochmals verschoben: Nachdem die FDP am 7. November 2024 aus der Bundesregierung ausgeschieden war und Bundeskanzler Scholz am 11. Dezember die Vertrauensfrage verloren hatte, standen vorgezogene Neuwahlen bevor. In die Wahlkampfzeit fiel die Amokfahrt eines aus Saudi-Arabien stammenden Mannes am 20. Dezember auf dem Magdeburger Weihnachtsmarkt. Sechs Menschen wurden getötet, weit über 1.000 sind betroffen. Der Täter war radikaler Anti-Islamist und AfD-Anhänger. Gleichwohl nahmen rechtsextreme Kräfte die Tat zum Vorwand dafür, einschneidende Maßnahmen gegen Geflüchtete zu fordern und Menschen, die als ‚fremd‘ angesehen werden, sehen sich seitdem im Alltag bedroht. Und bei den vorgezogenen Bundestagswahlen am 23. Februar 2025, in deren Vorfeld Themen jenseits des Umgangs mit Flucht und Migration kaum eine Rolle gespielt hatten, gewann die AfD erneut hinzu. Zugleich waren bundesweit Hunderttausende für Menschenrechte und Demokratie auf die Straße gegangen. Daran gilt es auch in Sachsen-Anhalt anzuknüpfen.

Recaps – Diskussionen, die auf eine emanzipatorische Zukunft zielen

Heike Kanter

Die Vorträge und Paneldiskussionen der Tagung wurden von zwei *Recap*-Sessions gerahmt. Dieses Format sollte die Teilnehmenden einmal am Tag themenübergreifend zusammenbringen. Dafür schufen wir eine nichtfrontale Sitzsituation, und es gab jeweils eine zum Gespräch einladende Moderation. Das erste *Recap* rekapitulierte die Keynotes und die Panels der ersten Panelrunde *Analysen* zu „Tiefenströmungen unter der rechten Welle", „Antisemitismus vor und nach dem ‚7. Oktober'" und „Rassistischer Gewalt in Sachsen-Anhalt" und der zweiten Panelrunde *Perspektiven* zu „Mobilisierung der heterogenen Klassen", „Demokratiearbeit jüdischer Institutionen" und „Digitalität: Manipulation und Mobilisierung". Das zweite *Recap* widmete sich der letzten Panelrunde *Organisierung* mit den Panels „Alle zusammen gegen den Faschismus?", „Strategien gegen Armut und Ungleichheit" sowie „Ökologische und soziale Gerechtigkeit". Dabei wurde von den Panel-Moderator:innen ein kurzer Einblick ins jeweilige Panel gegeben. Der Fokus sollte auf inhaltlichen *Kernpunkten*, aber vor allem auf *Kontroversen* sowie *offenen Fragen* liegen, und dies immer mit Blick auf das Oberthema der Tagung: *emanzipatorische Wege aus den Krisen*. Die Rekapitulationen zielten auch darauf ab, die offene Diskussionen aller Anwesenden anzuteasern: Wo sehen sie übergreifende Gemeinsamkeiten oder auch Unterschiede in den Themen? Wo gibt es aus ihrer Perspektive *Kontroversen*? Was sind ihre *offenen Fragen*? Welche *emanzipatorischen Wege aus den Krisen* zeichnen sich für sie ab? Im ersten *Recap* fragten wir zu Beginn zudem, wie eine Zusammenarbeit von angewandter Forschung, Politik und Zivilgesellschaft in Zukunft aussehen könnte. Die beiden *Recap*-Diskussionen stellen nur Momentaufnahmen dar. Sie zeigen einen kleinen Ausschnitt der durch die Tagung geschaffenen „Diskursräume", den Austausch und die Vernetzung, um zukünftiges Arbeiten der Akteur:innen in Forschung und Praxis zu stärken.

Welche *Kontroversen* werden benannt?

Während der Rekapitulation der einzelnen Panels wurde noch einmal die Bandbreite der Tagungsthemen offenbar, in denen unterschiedliche und vielleicht auch disparate Kontroversen verhandelt wurden. Um einen Eindruck von der Vielfalt der „Diskursstränge" zu gewinnen, werden hier einige beispielhaft dargelegt.

Mit Blick auf demokratiegefährdende Phänomene wird im Panel *Rassistische Gewalt in Sachsen-Anhalt* etwa die Debatte um Dis-Kontinuitäten aufgemacht. Am Beispiel der Transformationskrise der 1990er Jahre wird diskutiert, ob diese für die Erklärung rassistischer Kontinuitäten in Ostdeutschland dienen kann oder eher als Entlastungsargument funktioniert (s. dazu auch die Beiträge des Panels, S. 68–88). Bezogen auf die Frage nach strukturellen Unterschieden im Erstarken antidemokratischer Kräfte konstatiert das Panel *Alle zusammen gegen den Faschismus* einen „Stadt-Land-Widerspruch". Welche Unterstützungsleistungen können aus den Städten in die ländlichen Regionen fließen? Denn zugleich gibt es dort (bereits) spezifische Potenziale.

Betrachtet man die Folgen der ökonomischen Krisen fragt das Panel *Mobilisierung der heterogenen Klasse*, ob die Deregulierung des Arbeitsmarktes in den Branchen, die davon besonders betroffen sind, Arbeitskämpfe erschwert. Denn gleichzeitig ist zu erkennen, dass hier eine besonders dynamische Mobilisierung der Arbeitnehmer:innen stattfindet (vgl. dazu den Beitrag von Selana Tzschiesche, S. 98–101). Auch bleibt die Frage kontrovers, ob aktuell ein guter Zeitpunkt zum Streik ist. Im Panel *Strategien gegen Armut und Ungleichheit* wird das *Wie* der Gestaltung sozialer Mobilisierungs- und Organisierungsprozesse erörtert; was muss, was darf im Ansatz des Community Organizing vorgeben werden, damit dieses auch eine Chance hat, emanzipativ-transformativ zu wer-

DEMOKRATIE ins
SCHULFACH
LEHRER:INNEN-AUSBILDUNG
NEUE PERSPEKTIVEN
VERSTÄNDNIS FÜR DEMOKRATIE BILDUNG
Schulen
Kindergärten
ICH FÜHLE MICH AUSGEBRANNT
PERSPEKTIV ARBEIT
MEHR OPTIMISMUS
ICH FINDE KEINE FORMATE
Fish
Disk
Panels 1: Ana
Panels
ICH OPFERE MEINE PRIVATE ZEIT
RECHTSRUCK NICHT NUR OSTDEUTSCH!
NEUE FORMATE
FÜR DIE ZUKUNFT
KAMPF GEGEN AFD!
SOLIDARITÄT
SICH ORGANISIEREN = notwend
Was ist Demokra in der

LTIGE
SEN
! FÖRDERUNGEN IN GEFAHR
SORGE, DASS DEMOKRATISCHE MEHRHEIT SCHWINDET
WIR STEHEN AUF „DEMOKRATIE-INSELN"
ZUSAM-MEM-KOMMEN
Demokratiearbeit in selbstorganisierten Gruppen
IDEE VON DEMOKRATIE
IST NICHT NUR EINE AUFGABE DER
SCHULEN
Die „Anderen"
KANN ICH DEMOKRATIE VERTRAUEN?
DEMOKRATIE NAH-BAR MACHEN
.06.2024
DEMOKRATIE AUCH FÜR & VON NICHT-PRIVILEGIERTEN!
BIN ICH SCHON DABEI?
ICH HABE EINE BIOGRAFIE!
ktiven
MIT BESTIMMUNG
VERHÄLTNISSE ÜBERDENKEN!
ildung ist PATERNALISTISCH
WISSEN-SCHAFTS-PRAXIS
ZIVIL-GESELL-SCHAFT
VERGESST UNS BITTE NICHT!
WEG VON: Hierarchien
WEG VON: akademisierter Sprache
Erreichbarkeit -online-?
Elfenbeinturm
mimihoang.de

den (vgl. dazu den Beitrag von Alex Wischnewski, S. 159–162).
Ein wichtiges Stichwort, bei dessen Nennung sich weitere Kontroversen abzeichnen, ist Emotion. Sie zieht sich wie ein roter Faden durch die Tagung. Am Beispiel des Erfolgs der populistischen AfD wurde debattiert, ob es eine gute Gegenstrategie ist, darauf ebenfalls mit „emotionalem Aktivismus" zu reagieren, oder ob in der AfD-Gegenwehr eher auf Aufklärung zu setzen ist. Ähnliches gilt für die Frage, wie stark Emotionen im Kontext menschengemachten Klimawandels zum Thema gemacht werden sollten. Auch im Umgang mit den Wahlergebnissen, die das Erstarken antidemokratischer Kräfte widerspiegeln, wurde einerseits betont, dass es Räume braucht, um gemeinsam zu trauern, es aber andererseits nicht allein beim Trauern bleiben kann.

Politische Bildung und Demokratiearbeit

In der den Panel-Rekapitulationen folgenden offenen Diskussion entspann sich eine starke Debatte um die Themen *politische Bildung* und *Demokratiearbeit*. Es brauche mehr politische Bildung. Sie solle nicht allein in Schulen – oder gar als Schulfach? – unterrichtet werden. Vielmehr solle Demokratie „nahbar" gemacht werden und etwa in selbst organisierten Gruppen stattfinden bzw. „demokratische Inseln" geschaffen werden. Bei der Ausrichtung von politischer Bildung sei eine Auseinandersetzung darüber, wer überhaupt mit Bildungsangeboten erreicht wird, vonnöten; auch um langfristig ein Ausbrennen durch erfolglose Projekte aufgrund geringer Teilnehmer:innenzahlen zu vermeiden. So brauche es neue Formate und einen Abbau von Hierarchien. Demokratie nicht nur für, sondern von Nichtprivilegierten! Denn damit politische Bildung nicht „paternalistisch" umgesetzt wird, müsse der Bedarf von Leuten gehört werden, letztlich ginge es um Kommunikation.
Außerdem brauche man ein weiteres Verständnis von Demokratie: Was verstehen wir eigentlich darunter? *Demokratiearbeit* ist hier das Stichwort; notwendig sei eine Demokratisierung von Institutionen und Gesellschaft (vgl. dazu auch das Panel *Demokratiearbeit Jüdischer Institutionen*, S. 103–116). So reiche politische Bildung mitnichten aus, es brauche etwa mehr Mitbestimmung in den Betrieben. Und allgemein brauche es *mehr* Demokratiearbeit, die ein emanzipatorischer Weg aus den Krisen sein kann. Dies würde auch helfen, dem „Burnout der Demokratie" zu begegnen. Denn im Kampf gegen die AfD und die äußerste Rechte sind nachhaltige Lösungen gefragt. Hier kann das Zusammenspiel von Wissenschaft und Zivilgesellschaft die Perspektivarbeit stärken, auch wenn viele offene Fragen bleiben.

Vielfältige *offene Fragen*

Die Heterogenität der in den beiden *Recaps* zum Ausdruck gebrachten *offenen Fragen* verdeutlicht, dass – trotz oder gerade wegen der Vielfachkrisen – sich deren Beantwortung nicht auf einen Nenner bringen lässt. Ein Ausschnitt der Fragen veranschaulicht, wie das Oberthema der Tagung, die zukünftigen Wege aus den Krisen, die Diskussionen fundierte.
Bereits in der Keynote-Diskussion zur Eröffnung der Tagung zeichnet sich eine der grundlegenden Fragen zur aktuellen gesellschaftlichen Lage ab: Wo ist die mobilisierende Kraft für die „soziale Frage"? So gilt es für demokratiegefährdende Phänomene mehr denn je zu fragen: Wo ist im Aktivismus und der Politik die Brandmauer „nach rechts" zu ziehen? Bewegen wir uns mit Blick auf Antisemitismus vor und nach dem „7. Oktober" in einer Phase, die antisemitische Gewaltdynamiken weiter eskalieren lässt, bzw. wie könnte dem entgegengewirkt werden? (Vgl. dazu die Beiträge des Panels *Antisemitismus vor und nach dem „7. Oktober"*, S. 48–67.) Was sind die besten Gegenstrategien gegen Rassismus? Und mit Blick auf Social Media: Wer kontrolliert KI, und kann KI ein nützliches Tool sein? (Vgl. dazu das Panel *Digitalität: Manipulation und Mobilisierung*, S. 117–125.) Damit zusammen hängt auch die Frage: Wie kann ein Demokratiebildung in einer heterogenen Weltgesellschaft aussehen?
Für demokratiefördernde Strukturen kann zukünftig gefragt werden: Woraus ergeben sich, bzw. was erleichtert Arbeitskämpfe? Wie lassen sich – gerade mit Blick auf Klassismus – Solidaritätserfahrungen

schaffen? Was wären solidarischere Arbeitsstrukturen? Wie können wir sinnvoll in die Zukunft arbeiten? Wie gehen wir mit antiemanzipatorischen Prozessen um? Und andersherum: Wie kann transformatorische Emanzipation gelingen? Wie lassen sich Räume für die Erfahrung solidarischer Beziehungen schaffen? Und die wichtigste aller Fragen zum Schluss ist die bezüglich der Bekämpfung des menschengemachten Klimawandels: Wie können wir dafür sorgen, dass dies alle Menschen verstehen?
Im Sichtbarmachen der offenen Fragen zeigt sich, dass die emanzipatorischen Wege aus den Krisen vielfältig sind und notwendigerweise sehr unterschiedlich ausfallen werden.

Quo vadis? Heterogene Wege führen – vielleicht – in eine emanzipatorische Zukunft

Was sind nun die emanzipatorischen Wege aus den Krisen? Es gibt selbstredend nicht die eine Antwort auf diese eine Frage. Was alle Beteiligten der Tagung als Antwort geben, sind Wegoptionen oder einzelne richtungsweisende Schritte, wie sie im zweiten *Recap* geäußert wurden. Diese die Tagung abschließende Diskussion wirft ein Schlaglicht auf die vielen Möglichkeiten, die uns allen eine Hoffnung auf eine lebenswerte Zukunft bietet.
Grundsätzlich wird sich dafür ausgesprochen, Infrastrukturen zu schaffen und dann „mehrgleisig" zu fahren. So ist Solidarität aus den Städten für etwa progressive Kämpfe auf dem Land genauso wichtig wie untereinander solidarische Beziehungen zu entwickeln durch gemeinsame Praxis. Denn Menschen ernst zu nehmen, führt auch zu Erfahrungen von Selbstwirksamkeit. Damit zusammen hängen widerständige Praxen im Zusammenleben. Dabei kann es nicht allein um die eigene Emanzipation gehen, sondern eine transformatorische Emanzipation ist eine solidarische, gesamtgesellschaftliche Emanzipation.
Konkret als einzelner Schritt wurde das AfD-Verbot benannt. Und dass politische Bildung keine „Feuerwehr" sein kann und darf. Es gibt im Osten mitnichten eine vererbte Nicht-Demokratie, „wir wissen, was Demokratie ist". Der Rechtsruck ist nicht nur ostdeutsch, aber es braucht eine andere strategische Kommunikation im Osten. Und es braucht demokratische Räume in Arbeits-, Schul- und Nachbarschaftskontexten. Das Stichwort ist hier Mitbestimmung. Demokratie muss in ihren bisherigen Grenzen thematisiert werden, um „echte" Demokratie anzustreben. Ja, Demokratie ist Arbeit.
Schlussendlich gilt es an realen Problemen anzusetzen; sei es über die Schaffung von mehr anwendungsorientiertem Wissen, sei es durch die Fortführung eines solchen Austauschs, wie ihn die Tagung darstellt, um „ins Machen zu kommen".
So bleibt uns als Organisator:innen der Tagung, damit zu schließen, dass wir uns auf zukünftige Diskussionen und weitere Zusammenarbeit freuen. Denn „Emanzipation wäre", so eine Teilnehmerin, „dass wir die ungerechten Verhältnisse gemeinsam überwinden können".

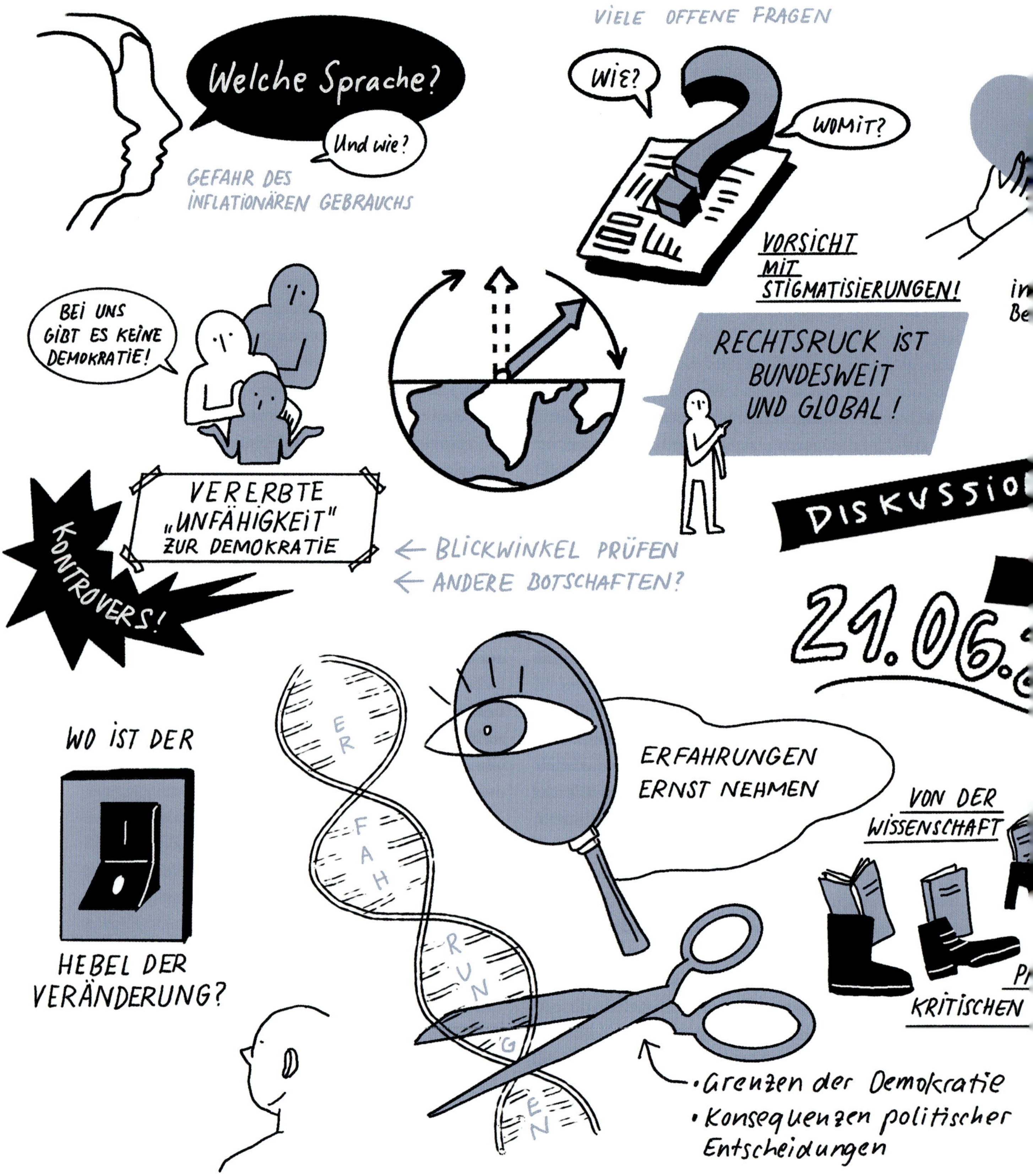
Welche Sprache?
Und wie?
GEFAHR DES INFLATIONÄREN GEBRAUCHS
VIELE OFFENE FRAGEN
WIE?
WOMIT?
VORSICHT MIT STIGMATISIERUNGEN!
BEI UNS GIBT ES KEINE DEMOKRATIE!
RECHTSRUCK IST BUNDESWEIT UND GLOBAL!
VERERBTE „UNFÄHIGKEIT" ZUR DEMOKRATIE
KONTROVERS!
← BLICKWINKEL PRÜFEN
← ANDERE BOTSCHAFTEN?
DISKUSSIO
21.06.
WO IST DER
HEBEL DER VERÄNDERUNG?
ER FAH RUNG EN
ERFAHRUNGEN ERNST NEHMEN
VON DER WISSENSCHAFT
KRITISCHEN
•Grenzen der Demokratie
•Konsequenzen politischer Entscheidungen

Gemeinsame Narrative finden. Inhalt fokussieren.
EMANZIPATION
FRIEDENSSICHERUNG OHNE WAFFEN
auf dem Weg zur Emanzipation
gehen.
„Dritte Generation Ost"
EMPOWERMENT
=Brücke
kritische Zivil-gesellschaft
Demokratisches Subjekt
PHYSIK
DEUTSCH
DEMOKRATIE
Demokratie nur in der Schule
REICHT NICHT!
LANGFRISTIG
LERN-PROZESS
ALLTAG
ARBEITSWELT
STADT
SCHAFFUNG VON INFRASTRUKTUR
URBANE SOLIDARISIERUNG
SKALIERBAR AUF GLOBAL SOUTH
WIR BRAUCHEN GLEICHZEITIGKEIT
mimihoang.de

Panelrunde 3

ORGANISIERUNG:

Alle zusammen gegen den Faschismus?

Strategien gegen Armut und Ungleichheit

Ökologische und soziale Gerechtigkeit

„Alle zusammen gegen den Faschismus"? Spannungsfelder, Herausforderungen und Potenziale

Matthias Quent

„Alle zusammen gegen den Faschismus" lautete eine Losung der Massenproteste in Deutschland am Anfang des Jahres 2024. Über mehrere Wochen demonstrierten mehr als vier Millionen Menschen gegen Rechtsextremismus und die AfD. Anlass der bundesweiten Proteste waren Recherchen von Journalist:innen des gemeinnützigen Medienunternehmens CORRECTIV über ein „Geheimtreffen" von Rechtsextremist:innen in- und außerhalb der AfD in Potsdam, bei dem unter dem neurechten Euphemismus „Remigration" (Kellershohn 2024) über die Deportation von Millionen Menschen aus Deutschland verhandelt wurde (Bensmann 2024). Unter den Teilnehmenden war auch der AfD-Fraktionsvorsitzende in Sachsen-Anhalt, Ulrich Siegmund aus dem AfD-Kreisverband Stendal. Laut CORRECTIV forderte er bei dem Treffen: „Das Straßenbild müsse sich ändern, ausländische Restaurants unter Druck gesetzt werden." Es solle in Sachsen-Anhalt „für dieses Klientel möglichst unattraktiv sein zu leben" (ebd.).

Bei diesen Demokratieprotesten 2024, die innerhalb weniger Monate stattfanden, handelte es sich laut dem Protestforscher Dieter Rucht (2024) um die größte Protestwelle in der Geschichte der Bundesrepublik. In Sachsen-Anhalt wurden in diesem Rahmen 40 Protestveranstaltungen registriert, allerdings im Vergleich der Bundesländer mit der insgesamt geringsten Zahl an Teilnehmenden pro 100.000 Einwohner:innen (ebd., S. 6).

Wie nachhaltig demonstrative Protestveranstaltungen und wie aussagekräftig für die Stärke einer demokratischen Zivilgesellschaft solche Zahlen allein sind, steht auf einem anderen Blatt, doch es verdichtet sich auch in Abgleich mit anderen Studien eine besondere Problemkonzentration der Normalisierung rechtsextremer Positionen im Land Sachsen-Anhalt (Reimer-Gordinskaya u. a. 2023). Das Ausmaß an Normalisierung demokratie- und menschenfeindlicher Positionen ist eng verbunden mit der Stärke oder Schwäche demokratischer und gerechtigkeits- und menschenrechtsorientierter Kräfte im Kampf um zivilgesellschaftliche Hegemonie.

Im Panel *Die Welle brechen. Alle zusammen gegen die Faschismus?* diskutierten Wissenschaftler:innen und politische Engagierte aus verschiedenen Kontexten und Regionen, die Situationen, Herausforderungen und Strategien für zivilgesellschaftliche Bündnisse gegen die äußerste Rechte. Dabei symbolisiert das Satzzeichen gleich mehrere offene Fragen: Welches, wenn überhaupt, Faschismusverständnis trägt die Bewegung? Kann und sollte es ein „alle zusammen" in heterogenen Gesellschaften und Bewegungen überhaupt geben? Wie tragfähig ist ein politischer Minimalkontext, in dessen Zentrum die Ablehnung der besonders extremen Ausformungen gesellschaftlicher Gegenwartsverhältnisse steht?

Faschismus?

Der Faschismusbegriff trägt, insbesondere in Ostdeutschland, eine komplexe historische Last. Seine Prägung wurde maßgeblich durch die Dimitroff-These beeinflusst und durch die propagandistische Nutzung des SED-Regimes verstärkt: Demnach führe, vereinfacht gesagt, Kapitalismus unweigerlich in den Faschismus. Dadurch entwickelte er sich zu einem politischen Kampfbegriff, der faschistische Phänomene vorwiegend auf Klassenunterschiede reduzierte. Diese vereinfachende Sichtweise stand im Kontrast zu späteren, differenzierteren wissenschaftlichen Ansätzen. Beispielhaft hierfür sind die psychoanalytisch fundierten Untersuchungen der Frankfurter Schule um Theodor W. Adorno und Max Horkheimer sowie die nuancierten politikwissenschaftlichen Analysen von Seymour Martin Lipset und anderen Forschenden. Diese moderneren Betrachtungsweisen ermöglichten eine vielschichtigere und zeitgemäßere Auseinandersetzung mit dem Faschismus, die über die reine Klassenperspektive hinausging und somit zu einem tieferen Verständnis des Phänomens beitrug. Neue soziale Bewegungen, besonders aus dem linken Spektrum, hielten auch nach dem Ende der Sowjetunion am Faschismusbegriff fest. Sie verwendeten ihn als kritischen Containerbegriff in unterschiedlichen, zunehmend undogmatischen Verständnisweisen. Dieser Begriff diente zur Beschreibung verschiedener Erscheinungsformen der äußersten Rechten. In den 1980er bis 2000er Jahren bezog sich dies vor allem auf die neonazistische Szene und den Straßenterror der „Faschos". Der Begriff konnte aber auch auf andere vermeintliche oder tatsächliche Akteure der äußersten Rechten angewendet werden, beispielsweise auf Burschenschaften, die sogenannte Neue Rechte oder Rechtskonservative. In der (westlichen) Forschung haben Autor:innen wie Robert O. Paxton, Roger Griffin und später – auf populärwissenschaftlicher Ebene – Umberto Eco oder jüngst Jason Stanley Faschismus als einen Begriff für die wissenschaftliche Analyse und die politische Kritik aktualisiert. Mit den fast 90 Jahren alten Analysen von Karl Löwenstein liegt ein scheinbar vergessenes Faschismusverständnis vor, dass die Fundamente der liberalen deutschen Verfassungsdemokratie entscheidend prägte: Der Jurist definierte 1937 in seinen einflussreichen Abhandlungen „Militant Democracy and Fundamental Right" (Loewenstein 1937) Faschismus als eine Technik der politischen Emotionalisierung, die formal demokratische Verfahren nutzt, um sie zu untergraben und abzuschaffen.

Das wichtigste Mittel des Faschismus ist demnach die Propaganda unter Nutzung neuester Technologien und der Mobilisierung der emotionalen Massen. Demgegenüber ist der demokratische Staat der Vernunft verschrieben und daher nicht fähig, eine derart emotionale Mobilisierung zu erreichen wie der Faschismus. Darum brauche ein liberaler Staat erstens eine „antifaschistische Volksfront" der nichtfaschistischen Parteien (heute spricht man von der „Brandmauer") und zweitens Institutionen, Gesetze und Regeln gegen faschistische Kräfte. Die Möglichkeit der deutschen „wehrhaften Demokratie", Maßnahmen bis hin zu Verbotsverfahren gegen antidemokratische Kräfte und Parteien durchzuführen, gründet sich in dieser Philosophie und den historischen Erfahrungen mit den Faschismen im 20. Jahrhundert nicht nur in Deutschland.

Forderungen nach Abgrenzung demokratischer Parteien bis zu einem Verbotsverfahren gegen die AfD begleiteten die Demokratieproteste ebenso wie diverse Konflikte, etwa um das Verhältnis zwischen Kritik und Einbindung bei den Demonstrationen von Politiker:innen und Parteien, die sich den Positionen der äußersten Rechten diskursiv und politisch insbesondere in Migrationsfragen annähern.

Davon und von den vorausgehenden Diskursen im Rahmen der Tagung widmete sich das Panel der Analyse aktueller Entwicklungen in der Zivilgesellschaft und den Möglichkeiten und Grenzen von Allianzen gegen rechtsextreme und autoritäre Tendenzen. Dabei standen nicht nur die strukturellen Voraussetzungen für ein erfolgreiches antifaschistisches Engagement im Fokus, sondern auch die Spannungsfelder und Herausforderungen, die sich aus der Vielfalt der beteiligten Akteure ergeben. Im Panel diskutierten Niklas Gerlach vom Bündnis „Halle gegen Rechts", der überregionale Campaigner Ferdinand Dürr, die Rechtsanwältin Kristin Pietrzyk mit Büros in Leipzig und Jena sowie der Soziologe Christopher Grobys von der Otto-von-Guericke-Universität Magdeburg.

Alle zusammen?

Breite gesellschaftliche Allianzen gelten gemeinhin als erstrebenswert im Kampf gegen extrem rechte Bewegungen. Protestmobilisierungen im Allgemeinen zeichnen sich durch eine Vielfalt an Akteuren aus, die von zivilgesellschaftlichen Organisationen über Gewerkschaften bis hin zu religiösen Gemeinschaften reichen. Im Panel wurde deutlich, dass diese Heterogenität sowohl eine Chance als auch eine Herausforderung darstellt. Wie Kristin Pietrzyk bemerkte: „Es reicht nicht, gegen etwas zu sein. Eine erfolgreiche Allianz muss auch definieren, wofür sie steht." Dies ist aber umso konfliktträchtiger, je vielfältiger die Hintergründe der Engagierten sind. Besonders konfliktreich sind in diesem Zusammenhang erstens der Umgang mit der immer schärfer werdenden Migrationspolitik fast aller politischer Parteien und zweitens mit dem Nahostkonflikt infolge des antisemitischen Massakers der Hamas am 7. Oktober 2023. So müsse man die Frage „Alle zusammen gegen den Faschismus?“ aus der Sicht einiger Diskutant:innen mit „Nein“ beantworten, um antisemitische und autoritäre Einflüsse in linken Bewegungen zurückzuweisen und um jüdische Menschen zu schützen. Die Glaubwürdigkeit einer Bewegung hänge davon, wie konsequent sie zentrale Werte wie Antisemitismuskritik, soziale Gerechtigkeit und Inklusion vertritt.

Antifaschistische Politik, die sich von antiisraelischen Akteuren und Positionen unterwandern lässt, kann zudem leicht (mit berechtigter Kritik oder in diffamierender Absicht) öffentlich delegitimiert werden. Gleichzeitig sind antifaschistische Werte und ihre Bedeutung innerhalb progressiver Bewegungen immer wieder Gegenstand von Kontroversen – insbesondere in Fragestellungen mit komplexen und ambigen Hintergründen. Dies betrifft unter anderem Kritik am Migrationsregime und damit verbundene Bündnisfragen etwa im Umgang mit politischen Parteien oder Sexismus und hegemoniale Männlichkeiten in Bündnissen sowie Aspekte der Inklusion. Antisemitische Narrative, die sich oftmals hinter Kritik an israelischer Politik verbergen, sind eine wiederkehrende Herausforderung für antifaschistische Allianzen. Kristin Pietrzyk betonte: „Eine konsequente Bekämpfung des Faschismus kann nur gelingen, wenn antisemitische Tendenzen klar benannt und ausgeschlossen werden.“ In Halle (Saale), so Niklas Gerlach, sei die demokratische Zivilgesellschaft mit verschiedenen Konflikten bis zu antisemitischen Anfeindungen gegen Engagierte auch aus der politischen Linken konfrontiert. Diese Auseinandersetzung auf antisemitismuskritischer Grundlage zu führen ist notwendig, aber in Hinblick auf die Ressourcen von Zeit und Kraft auch aufwendig.

Auch in der Paneldiskussion auf der Tagung mit Engagierten aus Sachsen-Anhalt zeigte sich die konflikthafte Natur antifaschistischer Bewegungen als wiederkehrendes Thema; nicht zuletzt aufgrund vielfältiger, heterogener politischer Selbstverständnisse progressiver Akteure, die unterschiedlich interpretiert werden. Kristin Pietrzyk stellte dazu fest: „Antifaschismus ist keine statische Position. Es ist eine Praxis, die von den historischen und sozialen Bedingungen abhängt, unter denen sie ausgeübt wird.“ Diese Aussage verdeutlicht, dass antifaschistisches Engagement immer auch von Spannungen und Aushandlungsprozessen geprägt ist. Ein Beispiel hierfür ist die Diskussion um die Einbindung konservativer Gruppen in antifaschistische Allianzen. Während einige argumentierten, dass breite Allianzen notwendig seien, um den Einfluss rechter Bewegungen zu begrenzen, warnten andere vor der Verwässerung menschenrechtsorientierter Ziele. Einmal mehr wurden strukturelle Herausforderungen breiter Bündnispolitiken sichtbar.

Antifaschismus als konflikthafte Praxis

Ein weiterer zentraler Punkt der Diskussion war die Rolle von Narrativen und ihrer medialen Vermittlung. Die Panelist:innen betonten, dass antifaschistische Bewegungen verstärkt darauf angewiesen sind, ihre Botschaften effektiv und zielgruppenspezifisch zu kommunizieren. Die Diskussion verdeutlichte, dass antifaschistische Narrative in einem starken Spannungsverhältnis zu den stark vereinfachenden und emotionalisierenden Botschaften rechter Narrative stehen. Darin besteht das Grundproblem demokratischer Entitäten im Umgang mit faschistischer Agitation, welches bereits Karl Löwenstein thematisierte. Doch anders als der demokratische Verfassungsstaat und seine rechtsstaatlichen Institutionen können und müssen politisch heterodoxe Bewegungen in einem gewissen Maße auch Emotionsarbeit jenseits (mehr oder weniger) purer Vernunft mobilisieren.

Strategische Kommunikation

Ferdinand Dürr argumentierte, dass progressive Bewegungen „die Balance zwischen moralischer Klarheit und strategischer Ambiguität finden müssen, um unterschiedliche Zielgruppen anzusprechen, ohne zentrale Werte zu verraten“. Diese Einschätzung zeigt, dass es nicht nur um die inhaltliche Ausgestaltung von Botschaften geht, sondern auch um deren Form und mediale Reichweite. So muss sich dem Gegensatz aus inhaltlichen Ansprüchen der heterogenen Bewegungen und den nach rechts kippenden politischen Realitäten gestellt werden. Hinzu kommt außerdem das Spannungsfeld aus diskursiver Reichweite und den Erfordernissen der Komplexitätsreduktion, die sich aus den Bedarfen effizienter politischer Kommunikation heraus ergeben. Diese Ebenen stehen in einem komplexen Wechselverhältnis ohne ‚one fits all'-Antworten. „Alle zusammen gegen den Faschismus" bedeutet im Kontext einer „Bewegungsgesellschaft" (Neidhardt/Rucht 1993), deren Organisationen sich in den vergangenen Jahrzehnten erheblich professionalisiert haben und die den Wettbewerb der Aufmerksamkeitsökonomie für ihre Anliegen aufnehmen müssen, auch die Nutzung strategischer Kommunikation. Was dies für antifaschistische Kampagnen bedeutet, erörtert der Beitrag des erfahrenen Campaigners Ferdinand Dürr (siehe S. 143–146). Strategische Ansätze, die vor allem an Milieus und Zielgruppen außerhalb antifaschistischer Bewegungsnetzwerke adressiert sind, wurden in der Diskussion überwiegend als notwendig erachtet, um über die eigenen Reichweiten hinaus verständlich und effektiv kommunizieren zu können.

Herausforderungen strukturschwacher Regionen

Die Diskussion wandte sich auch den spezifischen Herausforderungen des ländlichen Raums zu, wo rechtsextreme Narrative oft stärker verankert sind und auf weniger Gegenwehr stoßen als in urbanen Ballungsräumen. Hier stellt sich nicht nur die Bündnisfrage progressiver Bewegungen anders, sondern auch die Frage, wie der stärker normalisierte Rechtsextremismus problematisiert werden kann. Zudem ist die Bekämpfung des Rechtsrucks nicht allein durch dessen diskursiv-kommunikative Denormalisierung zu erreichen, sondern sollte die Bearbeitung und Mobilisierung bei materiellen und alltagsweltlichen Krisen und Missständen sowie die Umleitung berechtigter Unzufriedenheit in emanzipatorische Lösungen umfassen. Diese Mobilisierung gelingt in Großstädten beispielsweise durch Kampagnen für bezahlbaren Wohnraum (wie in der Berliner Kampagne „Deutsche Wohnen & Co enteignen"), steht aber in ländlichen und strukturschwachen Regionen vor spezifischen Herausforderungen. Potenziale und Themen von emanzipatorischem Engagement in strukturschwachen Regionen Sachsen-Anhalts hat der Soziologe Christopher Grobys empirisch untersucht (s. dazu seinen Beitrag, S. 147–150). In der Diskussion wurden verschiedene Reaktionen, von finanzieller und struktureller Unterstützung bis hin zum strategischen Umzug aus Städten in ländliche Regionen, diskutiert.

Ausblick

Das Panel zeigte, dass zivilgesellschaftliche Allianzen und Mobilisierungen gegen „den Faschismus" von der Fähigkeit abhängen, gesellschaftliche Spannungen, die sich auch in emanzipatorischen Zusammenhängen widerspiegeln, aktiv auszuhandeln, anstatt passiv auszuhalten.

Sichere Diskursräume und Angebote politischer Bildung spielen hierbei eine zentrale Rolle. Für eine erfolgreiche emanzipatorische Hegemoniepolitik ist es gerade vor erschwerten Ausgangssituationen naheliegend, solidarische Verbindung außerhalb der üblichen Netzwerke zu suchen und soziale Konflikte miteinander zu verknüpfen, um soziale Fortschritte zu erreichen und potenzielle Resonanzräume extrem rechter Akteur:innen zu verkleinern. Vernetzung, kommunikative Kompetenzen, die Identifizierung von mobilisierungsfähigen Konflikten und Ressourcen auch jenseits der größeren Städte sowie die Unterstützung von Engagierten in ländlichen Regionen sind entscheidend, um antifaschistische und emanzipatorische Arbeit auch in strukturschwachen Regionen zu ermöglichen und die Motivation von Engagierten aufrechtzuerhalten. Graswurzelarbeit und ein strategisch-langfristiger Blick über Legislatur- oder Förderphasen hinaus sind erforderlich, um die Existenz und Wirksamkeit zivilgesellschaftlicher Initiativen sicherzustellen. Dies erfordert eine gezielte Stärkung lokaler Netzwerke und den Aufbau widerstandsfähiger Gemeinschaften, die flexibel genug sind, um auf Veränderungen in politischen und sozialen Landschaften zu reagieren und steigendem Druck standzuhalten. „Alle zusammen gegen den Faschismus" kann und wird nicht bedeuten, dass *alle* immer den gleichen Weg nehmen.

Strategische Kommunikation als Mittel gegen Rechtsextremismus

Ferdinand Dürr

In den letzten Jahren hat sich im Bereich der Klimapolitik ein erfolgreicher Ansatz für strategische Kommunikation etabliert. Anders als in vielen weiteren Bereichen der zivilgesellschaftlichen Arbeit stehen hier ausreichend Ressourcen zur Verfügung, um eine progressive öffentliche Debatte strategisch zu fördern. Diese zielt darauf ab, politische Entscheidungsträger*innen in Verwaltung, Wirtschaft und Zivilgesellschaft für klimafreundlichere Optionen zu gewinnen. In diesem Beitrag möchte ich einige Ansätze aufzeigen, wie dieser Kommunikationsansatz funktioniert, welche Ressourcen dafür notwendig sind und wie er auf den Kampf gegen antidemokratische Kräfte übertragen werden kann. Ziel ist nicht, fertige Lösungen zu präsentieren, sondern erste Ideen und strategische Handlungsansätze zu entwickeln.

Was bedeutet strategische Kommunikation?

Strategische Kommunikation mag zunächst abstrakt klingen. Im Kern geht es jedoch darum, sich bei kommunikativen Interventionen genau zu überlegen, welche Zielgruppen mit welchen Botschaften durch welche Botschafter*innen erreicht werden können, um ein bestimmtes Ziel zu erreichen. Wenn wir beispielsweise die Macht von antidemokratischen Parteien eindämmen wollen, müssen wir uns fragen:

a) Wen müssen wir gezielt ansprechen, um dieses Ziel zu erreichen?

b) Welche Botschaften könnten diese Menschen überzeugen?

c) Wer kann diese Botschaften glaubwürdig vermitteln, damit sie wahrgenommen werden?

Ein einfaches Beispiel zu b): Wenn wir durch die Innenstadt ziehen und „Alle zusammen gegen den Faschismus" skandieren, werden wir den Vorsitzenden einer antidemokratischen Partei vermutlich nicht zum Umdenken bewegen – aber wir mögen Menschen aus sozialen Bewegungen ein Moment des Empowerments schaffen. Oder wenn wir konservative Politiker*innen dazu bringen wollen, sich gegen Rassismus zu positionieren, dann wird es vermutlich erfolgreicher sein, wenn wir c) Stimmen aus der Wirtschaft mobilisieren, die über die positiven ökonomischen Effekte von Migration sprechen.

Die Überlegung, den Ansatz strategischer Kommunikation aus dem Bereich der Klimapolitik auch auf das Feld der Demokratiearbeit zu übertragen, stammt daher, dass wir langfristig keine progressive Klimapolitik umsetzen können, wenn sich unsere Demokratie weiter in Richtung einer Normalisierung rechtsextremer Kräfte bewegt. Zugleich ist es essenziell, dass Bewegungen den gesellschaftlichen Diskurs beeinflussen und verändern. Denn nur Themen und Lösungen, die auch öffentlich besprochen werden, können Menschen erreichen und bestimmen damit den Rahmen dessen, was Entscheidungsträger*innen tun können: Kein Klimaschutzgesetz ohne Debatte über Gefahren durch Klimawandel und praktische Lösungsmöglichkeiten. Keine Gesundheitsreform ohne Debatte über Krankenhaussterben, Ärzt*innenmangel oder hohe Versicherungsbeiträge. Keine Förderung für Demokratieprojekte ohne Diskussion über rassistische oder menschenverachtende Einstellungen in der Gesellschaft.

Gleichzeitig muss uns auch klar sein, dass Kommunikation nicht alles ist: Ohne substanzielle Grundlagen, positive Beispiele und reale Erfolge demokratischer Institutionen und Praktiken gibt es keine glaubhaften Geschichten, die erzählt werden können. Das bedeutet, dass strategische Kommunikation nur dann wirksam sein kann, wenn es auch substanzielle Grundlagen gibt, auf denen sie aufbauen kann. Ein Beispiel hierfür aus dem Klimabereich sind etwa Regionen im Strukturwandel: Nur wenn es reale Erfolge im Strukturwandel gibt, wenn sich parallel etwa zum Kohleausstieg neue Industrien ansiedeln, nur dann wird die Transformation sichtbar, kann strategisch-kommunikativ gestärkt werden und damit auch tatsächlich den öffentlichen Diskurs verändern und eine positive Grundstimmung für die Transformation herstellen. Oder andersherum: Geschichten zu erzählen, die nicht zur Lebenswirklichkeit der Menschen passen, kann langfristig nicht überzeugen.

Kommunikative Ressourcen im Demokratieschutz

Um solche strategisch-kommunikativen Ansätze umzusetzen, braucht es zunächst einmal natürlich ausreichend Ressourcen und Räume, um über strategisch sinnvolle und effektive Maßnahmen nachzudenken. Mir scheint ein zentraler Unterschied zwischen der Klimabewegung und der Arbeit im Bereich Demokratieschutz zu sein, dass im Klimabereich wesentlich mehr finanzielle Mittel und in der Folge auch strategische Kapazitäten zur Verfügung stehen. Dort gibt es Räume, in denen sich Menschen über langfristige Strategien austauschen und Allianzen schmieden können – auch in staatliche Institutionen hinein.
Diese Ressourcen fehlen im Bereich des Kampfes gegen antidemokratische Kräfte zu häufig. Zwar gibt es zivilgesellschaftliche Netzwerke, aber oft mangelt es an einer übergeordneten strategischen Ebene, auf der sich Akteur*innen darüber austauschen, welche langfristigen Maßnahmen notwendig wären, um die demokratische Kultur gegen die wachsende Faschisierung der öffentlichen Debatte zu verteidigen. Das scheint mir auch daran zu liegen, dass Programme zur Demokratieförderung häufig von staatlichen Mitteln abhängig sind, die nicht flexibel eingesetzt werden können, sondern einmal beantragt entsprechend des vorgeschlagenen Programms umgesetzt werden müssen – bevor anschließend Zeit und Ressourcen eingesetzt werden müssen, um Anträge für die nächste Förderperiode zu stellen. Auf diese Weise fehlt vielen Akteur*innen schlicht die gedankliche Freiheit, darüber nachzudenken, welche Maßnahmen eigentlich in der aktuellen Situation notwendig wären für die Zielerreichung. Zugleich sind Ressourcen entlang der Bedingungen der Fördergeldgeber*innen verplant und häufig nicht flexibel einsetzbar für sich aktuell bietende Interventionsmöglichkeiten.
Hier brauchen wir dringend mehr Ressourcen, die nicht ausschließlich vom Staat oder von politischen Parteien kommen können. Denn Parteien haben eigene Interessen, in der Regel den Machtgewinn oder Machterhalt – und diese kurzfristigen Interessen stimmen oft nicht damit überein, was getan werden müsste, um zum Schutz der Demokratie beizutragen. Es braucht also Räume, in denen unabhängig von staatlichen oder parteipolitischen Zwängen über langfristige Strategien nachgedacht werden kann.

Drei kommunikative Herausforderungen

Derzeit scheint es mir drei Herausforderungen für die Demokratiearbeit zu geben, die wir langfristig mit strategisch-kommunikativen Mitteln bearbeiten müssten.

1. Die AfD de-normalisieren

Eine der größten kommunikativen Herausforderungen besteht darin, die AfD im öffentlichen Diskurs zu de-normalisieren. Zwar scheint die AfD in Ostdeutschland längst eine „normale" Partei geworden. Doch es gibt immer noch Möglichkeiten, diesen Prozess rückgängig zu machen, wie die massiven Proteste im ganzen Land seit Januar 2024 gezeigt haben. Eine der Strategien kann etwa darin bestehen, die antidemokratischen, rechtsextremen Tendenzen der Partei sichtbar zu machen und an diejenigen Zielgruppen zu kommunizieren, für die eine demokratische Grundeinstellung Voraussetzung dafür ist, dass eine Partei zu Wahlen antreten kann.
Ob es das Aufbringen und Verstärken der Debatte um ein Parteiverbot ist, das Wähler*innen zeigt, dass mit dieser Partei etwas nicht stimmen kann oder die Beobachtung durch den Verfassungsschutz, das muss im Hinblick auf die jeweilige Zielgruppe getestet werden. Doch beides können Ansatzpunkte sein, um zu zeigen, dass es sich bei der AfD eben nicht um eine ganz normale Partei handelt. Wenn das gelingt, kann das wiederum praktische Folgen für die Partei haben: Wenn Banken einer gesichert rechtsextremen Ver-

einigung das Spendenkonto kündigen, dann müssen die erst einmal ein neues Konto eröffnen. Wenn Druckereien es ablehnen, rassistische Hetze zu drucken, fehlen vielleicht einfach die Flugblätter.

Die Wirkung dieses Ansatzes haben die Europawahlen im Juni 2024 gezeigt. Die Skandale rund um die AfD und ihr Spitzenpersonal im Wahlkampf haben deutlich gemacht, dass es sich hierbei nicht um „normale" Politiker*innen handelt. Diese Skandale sind zumindest in Westdeutschland auf Resonanz gestoßen, wo die Wahlergebnisse für die AfD deutlich hinter den Ergebnissen bei den bayerischen und hessischen Landtagswahlen zurückgeblieben sind. Das zeigt allerdings auch, dass kommunikative Ansätze auch regional auf Zielgruppen zugeschnitten sein müssen, um die gewünschte Wirkung zu entfalten.

*2. Progressive Akteur*innen stärken*

Eine weitere Herausforderung besteht darin, progressive Akteur*innen zu stärken und zu unterstützen, damit sie ihre strategische Kommunikation verbessern und erweitern können. Denn nur wenn es progressiven Akteur*innen gelingt, eigene Inhalte zu setzen und in den öffentlichen Diskurs zu tragen, werden die Nachrichten nicht von den Themen dominiert, die Rechtsextreme diskutieren wollen. Zugleich brauchen Progressive, die sich für den Erhalt und die Weiterentwicklung der Demokratie einsetzen, die Ressourcen, um bestimmte Zielgruppen effektiv ansprechen zu können.

Hier noch einmal der Vergleich zum Klimabereich und der Hinweis auf die Problematik der Abhängigkeit von staatlicher Förderung für Arbeit gegen Rechtsextremismus: Wenn Demokratiearbeit an bürokratische Projektzyklen gebunden ist, dann fällt es schwer, sich flexibel auf die Arbeit mit neuen Zielgruppen einzustellen, selbst wenn sich die Rahmenbedingungen im Lauf der Förderperiode verändert haben sollten. Es braucht daher mehr Ressourcen, um zivilgesellschaftlichen Akteur*innen zu unterstützen, sich langfristig über die strategischen Ziele ihrer Arbeit Gedanken zu machen. Und anschließend braucht es kommunikative Unterstützung dabei, die richtigen Messages und Geschichten zu transportieren und damit entscheidende Zielgruppen zu erreichen. Nur so kann es gelingen, progressiven Kräften eine ähnlich starke Stimme zu geben wie rechtsextremen Parteien, die ihre Themen oft langfristig und strategisch in den öffentlichen Diskurs einbringen.

*3. Die AfD von ihren Wähler*innen entfremden*

Schließlich muss es ein Ansatz sein, die AfD langfristig von ihren Wähler*innen und Unterstützer*innen zu entfremden. Denn solange die Bindung zwischen der Partei und bestimmten, von der Demokratie und der aktuellen Politik enttäuschten Gruppen so eng ist, wird die AfD diese Kreise immer wieder als Wähler*innen mobilisieren können. Dieser Ansatz ist besonders schwierig, weil die Zielgruppe sich zunehmend abschottet und in den eigenen Diskursräumen verbleibt, so dass es kaum noch glaubwürdige Sprecher*innen gibt, die sie ansprechen können. Dennoch ist dieser Ansatz notwendig, wenn es gelingen soll, große Bevölkerungsgruppen wieder für die Beteiligung am demokratischen Prozess zurückzugewinnen. Das könnte durch das Aufdecken innerparteilicher Konflikte gelingen, durch Korruptionsskandale oder andere Missstände in der Partei, die gezielt an AfD-nahe Zielgruppen kommuniziert werden. Dabei wird es jedoch darauf ankommen, neben den richtigen Sprecher*innen auch die richtigen Kanäle zu finden, denn über klassische Medien, die oft als „Lügenpresse" oder „Staatsmedien" abgetan werden, ist diese Zielgruppe kaum noch zu erreichen. Hier braucht es innovative Kommunikationswege, um gezielt in diese Gruppen hineinzuwirken und mit Botschaften zu arbeiten, die auf Basis von Einstellungsforschung erfolgreich getestet worden sind.

„Alle zusammen gegen den Faschismus?"

Zum Abschluss möchte ich die Frage aufgreifen aus dem Titel des Panels: Brauchen wir ein gemeinsames Vorgehen gegen den Faschismus? Meine Antwort lautet: Ja. Und wir müssen dabei wandlungsfähig und flexibel bleiben. Es wird notwendig für die Verteidigung der Demokratie sein, auch mit Akteur*innen zusammenzuarbeiten, die wir nicht als klassische Pro-Demokrat*innen oder progressive Kräfte einstufen würden.

So müssen wir bereit sein, mit konservativen Stimmen zusammenzuarbeiten, um in konservative Kreise hineinwirken zu können, und beispielsweise die wirtschaftlichen Vorteile von Migration betonen, anstatt Asyl als Menschenrecht zu thematisieren. Und vielleicht müssen wir auch ganz unkonventionelle Bündnisse eingehen und etwa mit Influencer*innen aus der Bundeswehr zusammenarbeiten, wenn wir AfD-nahe Wähler*innen erreichen wollen, um sie über die Position der AfD zum NATO-Austritt zu informieren. Hier gilt es, kreativ zu denken und pragmatisch neue Wege zu gehen, um uns gemeinsam antidemokratischen Kräften entgegenzustellen – und strategische Kommunikation kann einen Beitrag dazu leisten, um entscheidende Zielgruppen ansprechen zu können.

Demokratische Zivilgesellschaft im ländlichen Osten – eine empirische Analyse der Herausforderungen und Perspektiven in Sachsen-Anhalt

Christopher Grobys

Einleitung

Die Erfolge der AfD bei den Landtagswahlen 2024 in Brandenburg, Thüringen und Sachsen waren vermutlich nur ein Vorgeschmack auf die Urnengänge der kommenden Jahre. Vor allem im Osten befindet sich die Partei auf der Überholspur – und zwar weit rechts. In diesen Regionen erhält sie derzeit starken Zuspruch als neue Volkspartei, der es in den letzten Jahren gelungen ist, in vielen Teilen des Ostens rechte Hegemonien zu etablieren (Begrich 2024). Gleichzeitig ist der Osten von einer fragmentierten Zivilgesellschaft geprägt, deren Strukturen umso fragiler werden, je ländlicher und strukturschwächer die Regionen sind (Lorenz/Pischtschan 2024). Auch aufgrund dieses prekären Korrektivs konnte der vorpolitische Raum vielerorts von rechts erobert und in der Alltagskultur normalisiert werden. Zwar zeigten die Anti-AfD-Proteste zu Beginn des Jahres 2024, dass es auch in den Kleinstädten und Dörfern des Ostens demokratische Akteure gibt, die sich entschlossen gegen den Rechtsruck stellen, doch blieb ihre Wirkung nicht nachhaltig. Überspitzt formuliert stellt sich die Frage: Sind diese ländlichen Regionen des Ostens verloren, oder gibt es dort noch demokratisches Potenzial?

Meine hier vertretene These knüpft an Letzteres an: In diesem Beitrag möchte ich empirisch aufzeigen, dass eine wirkungsvolle Praxis gegen den gesellschaftlichen Rechtsruck nur dann erfolgreich sein kann, wenn es gelingt, die demokratischen Kräfte der Zivilgesellschaft im vorpolitischen Raum der ländlichen Regionen des Ostens zu stärken und die rechte Hegemonie zurückzudrängen. Dies möchte ich exemplarisch für die ländlichen Regionen Sachsen-Anhalts aufzeigen. Zu diesem Zweck nutze ich Interviews mit zivilgesellschaftlichen Akteuren, die ich im Rahmen einer Studie für die Rosa-Luxemburg-Stiftung im Jahr 2021 durchgeführt habe (Grobys 2022), sowie eine Nachbefragung einiger dieser Personen. Mit der erneuten Analyse dieses Materials versuche ich auszuloten, inwiefern Potenziale zur Stärkung der demokratischen Zivilgesellschaft im ländlichen Sachsen-Anhalt existieren und welche Handlungsmöglichkeiten sich daraus ableiten lassen.

Praxis der progressiven Zivilgesellschaft im ländlichen Sachsen-Anhalt

Die Kernbefunde, die ich nun vorstelle, beziehen sich auf drei Ebenen der politischen Praxis ländlicher Akteure: Erstens auf ein zentrales Strukturmerkmal ihrer Organisationskultur, zweitens auf das Erleben ihrer demokratischen Handlungsfähigkeit und drittens auf ihre kooperative Praxis. Bevor ich diese drei Ebenen genauer erläutere, möchte ich einen wichtigen Befund voranstellen: In ganz Sachsen-Anhalt gibt es, wenn auch in geringer Zahl, verschiedene progressive demokratische Akteure, die regional verwurzelt sind und sich zu unterschiedlichen Themen engagieren. Dies ist eine bedeutsame Erkenntnis: Zwar sind die ländlichen Regionen keine demokratischen Hochburgen, aber sie sind auch keine homogenen rechten Sümpfe. Es gibt dort, wenngleich fragmentiert, progressive Akteure, die sich für eine demokratische Gesellschaft einsetzen.

Organisationsstruktur: Kultur der Kernaktiven

Ein zentrales Strukturmerkmal der Organisationskultur ländlicher Akteure in Sachsen-Anhalt ist, dass sie vorrangig von Einzelpersonen mittleren Alters getragen wird. Man kann hier von einer *Kultur der Kernaktiven* sprechen, um die sich verschiedene Kreise von Aktiven und Unterstützenden gruppieren. Diese Kernaktiven bilden das Fundament der Akteure. Sie verfügen über spezifisches Wissen, lokale Bekanntheit und regionale Beziehungen. Dadurch wirken sie organisierend, bauen Netzwerke auf und sind die treibenden Kräfte. Diese Organisationskultur birgt jedoch die Herausforderung einer *Monopolisierung von Verantwortung*. Der Ausfall dieser Kernaktiven führt nicht selten zu einer Schwächung oder sogar dem Verschwinden der Akteure. So berichtete bspw. ein Interviewpartner, dass sich eine antifaschistische Gruppe in der Altmarkregion auflöste, nachdem ein Kernaktiver, der viel Verantwortung trug, in eine andere Stadt zog und damit die organisierende Kraft verlorenging.

Demokratische Handlungsfähigkeit: Selbstwirksamkeitserfahrung trotz begrenzter Gestaltungsmöglichkeiten

Die Interviewten aus dem ländlichen Sachsen-Anhalt erleben in ihrer zivilgesellschaftlichen Praxis eine *begrenzte Gestaltungsmacht*. Sie möchten die Region aktiv mitgestalten und tun dies mit Ausdauer und einer hohen Frustrationstoleranz. Bleiben jedoch Erfolge ihrer Arbeit aus, kann das zu einem Sinnverlust ihres Engagements führen, was nicht selten eine Schwächung der kollektiven Handlungsfähigkeit zur Folge hat und in personellen Ausfällen oder dem Aufgeben der Akteure münden kann. Entscheidend für das Aufrechterhalten ihrer Praxis ist das Erleben von *Selbstwirksamkeit*. Solche Erfahrungen entstehen in der Regel, wenn auf die eigenen Themen und Aktionen von außen reagiert wird – bspw. wenn sich die lokale Bevölkerung einer Demonstration anschließt oder ein organisiertes Konzert gut besucht ist. So formulierte ein Befragter eines Bündnisses gegen Rechts in Salzwedel Folgendes: „Dann hat sich halt dieses Bündnis gegründet, was dann auch einmal im Jahr eine bürgerliche Demo gemacht hat [...], wo wir von Anfang an gesagt haben: Ey, cool. Macht das. Wir sind dabei. Wir sind auch bis heute noch Teil des Bündnisses als Projekt. Das war dann nochmal eine andere Perspektive. Dass normale Leute nochmal aufmerksamer wurden auf so ein Naziproblem. Damit haben wir sehr, sehr gute Erfahrungen gemacht, und was dann auch dazu geführt hat, dass wir, glaube ich, vor zwei Jahren [...]. Hier von der AfD, hier Björn Höcke und [Andreas] Kalbitz nach Salzwedel gekommen [sind,] und dann haben wir zusammen einfach mit Bürger:innen [...] eine Demo organisiert mit 1.200 Leuten in Salzwedel, die auf der Straße waren. Also das war die größte Demo seit der Wende hier."

Kooperationen: Eine Strategie zur Kompensation gegen die zivilgesellschaftliche Fragmentierung

Auf der Ebene der Vernetzung konnte ich feststellen, dass die ländlichen Akteure nur teilweise oder temporär mit anderen verbunden sind bzw. dass sich Arbeitsbeziehungen zu anderen Akteuren nur punktuell herausgebildet haben. Trotz einiger anlassbezogener Bündnisse agierte ein Großteil der befragten Akteure isoliert, mit begrenzten personellen und finanziellen Ressourcen sowie einer geringen Sichtbarkeit. Zum Beispiel berichtete ein Aktiver des demokratischen Bündnisses *offen.bunt.anders* aus Gräfenhainichen: „Weil überall, ich glaube jede Initiative hat Probleme – ja, was heißt Probleme – hat Bedarf an Unterstützung, an Leuten oder auch an speziellen Geschichten."
Viele der Akteure versuchen jedoch, aus dieser Not eine Tugend zu machen. Sie betrachten es als strategisch notwendig, Kooperationen mit anderen einzugehen, auch wenn dies nicht immer aufgrund des Arbeitsaufwands gelingt.
Anhand der Interviews konnte ich drei zentrale Motive und eine wesentliche Herausforderung für eine kooperative Praxis herausarbeiten: Das erste Motiv für die Kooperation ist die *Kompensation fehlender Handlungsmacht*. Nahezu alle Interviewten begrüßten externe überregionale Projekte, wie z. B. die Gründung eines lokalen Ablegers des Unteilbar-Bündnisses, mit Vorfreude und verbanden damit die Hoffnung, mehr regionale Gestaltungsmöglichkeiten entwickeln zu können. Bei der Suche nach Kooperationen achten sie zweitens darauf, dass eine gemeinsame Zielperspektive vorhanden ist, und drittens entstehen Kooperationen häufig dann, wenn sich Beziehungen entwickeln, die auf gegenseitiger Anerkennung der Anliegen basieren. Die Akteure folgen hier einer *Quid-Pro-Quo-Logik*: „Hilfst du mir, helfe ich dir".
Bemerkenswert für die Stärkung der ländlichen Akteure ist auch eine Kritik, die von mehreren Befragten geäußert wurde: Sie bemängelten eine Diskrepanz in der Kooperationsbereitschaft zwischen Stadt- und Landakteuren. Ein Aktiver eines selbst organisierten Jugendclubs brachte das wie folgt auf den Punkt: Bei der Gründungsveranstaltung „hatten wir auch diver-

se – eigentlich alles, was es im südlichen Sachsen-Anhalt gibt – angeschrieben und eingeladen. Und dann kamen natürlich auch Leute, [...] z. B. auch eine Abgeordnete. Aber z. B. aus den Großstädten oder aus der Großstadt Halle [...,] da gab es nicht mal eine Mail zurück auf die Einladung. Von denen [den Akteuren aus Großstädten] war bisher niemand hier [...]. Also das ist dann diese Solidarität. Die ländlichen Provinzen unterstützen ist dann immer eine Einbahnstraße." Man könnte dies als eine *kooperative Land-Stadt-Einbahnstraße* bezeichnen. Die ländlichen Akteure suchen teilweise aktiv nach Unterstützung aus den Städten, erhalten diese jedoch nicht. Solche Einbahnstraßen verstärken das Gefühl des Abgehängtseins in den ländlichen Regionen, das als Geringschätzung der eigenen zivilgesellschaftlichen Praxis interpretiert wird.

Zwei praxisorientierte Thesen gegen die ländliche rechte Hegemonie

Zum Abschluss des Beitrags möchte ich zwei thesenhafte Schlussfolgerungen präsentieren, die grundsätzlich nicht neu sind (Begrich 2024), jedoch in ihrer konkreten Ausgestaltung Innovationspotenzial enthalten.

These 1: Es bedarf einer ressourcenorientierten und kooperativen Stärkung der ländlichen Akteure. Richtungsweisend hierfür sind einerseits unabhängige und leicht zugängliche Finanzierungsmittel und andererseits Kooperationen zwischen Stadt- und Landakteuren.

Drei Aspekte sind besonders bedeutend für die Stärkung der Zivilgesellschaft in den ländlichen Regionen Sachsen-Anhalts: Erstens sind viele progressive demokratische Akteure in diesen Landstrichen finanziell prekär aufgestellt. Im Kontext der anhaltenden Angriffe der AfD auf die finanziellen Ressourcen, etwa durch Anfragen und Versuche, die Gemeinnützigkeit abzuerkennen, könnten alternative Finanzierungen zukünftig an Bedeutung gewinnen. Die Gemeinschaftsinitiative „Zukunftswege Ost" (www.zukunftswege-ost.de) und das solidarische Netzwerk „Polylux" (www.polylux.network/) sind bspw. in diesem Zusammenhang begrüßenswert. Beide Strukturen unterstützen demokratische Initiativen auf niedrigschwellige Weise finanziell und stärken deren Sichtbarkeit. Sie leisten damit ressourcenorientierte Konsolidierungs- und Aufbauarbeit für die ländliche Zivilgesellschaft.

Zweitens ist es wichtig, *Solidarität* für die ländlichen Akteure zu *organisieren*. Denkbar wären bspw. Kooperationspatenschaften mit größeren Akteuren aus den Städten sowie die Etablierung von Räumen, etwa durch eine Onlinekartierung progressiver demokratischer Akteure, in denen die ländlichen Akteure sichtbar werden und solche Kooperationen entstehen können. Die organisierte solidarische Fahrradtour von „Unteilbar Sachsen-Anhalt" war ein interessanter Ansatz, der zukünftig wiederbelebt werden könnte. Verbunden mit gezielten *ländlichen Organizing-Kampagnen*, die personell aus den Städten unterstützt werden, könnten die Zivilgesellschaft gestärkt und die Kultur der Kernaktiven erweitert werden.

Drittens plädiere ich für eine stärkere *kooperative Praxis zwischen den Parteien und den ländlichen Akteuren*. In Ostdeutschland fehlt insgesamt ein regionaler Parteiunterbau, und die zunehmende Entfremdung von den parlamentarischen Akteuren könnte auch zukünftig eine Herausforderung für die Demokratie darstellen. Es gilt daher, den Fokus der Parteien von den Oberzentren weg zu verlagern und die Schwächen im Unterbau zu minimieren. Die Parteien verfügen über Ressourcen in Form von Wissen, Kompetenzen und Räumen, die auch für zivilgesellschaftliche Akteure nutzbar gemacht werden sollten. Eine stärkere Nähe zu den ländlichen Akteuren könnte möglicherweise durch die damit einhergehende Bürgernähe das Vertrauen in die demokratischen Parteien wieder stärken.

These 2: Der gesellschaftspolitische Fokus der zivilgesellschaftlichen Akteure sollte sich nicht allein auf eine moralische Kritik am Rechtsruck beschränken. Vielmehr gilt es, erweiterte demokratische Projekte zu entwickeln, die Partizipation fördern und damit Mitbestimmung für ein gutes, sicheres und ökologisches Leben für alle ermöglichen.

Ohne Frage bleibt eine antifaschistische Praxis in den ländlichen Regionen derzeit notwendig. Die Wirkung dieser reinen Antipolitik ist jedoch begrenzt, wie auch die Proteste gegen die AfD zu Beginn des Jahres gezeigt haben. Deshalb schlage ich vor, über diese reine Antipolitik hinauszugehen und sich für Projekte einzusetzen, die eine demokratische Mitgestaltung im Kleinen erfahrbar machen. Es geht mir um die Entwicklung von erweiterten kommunalen Mitbestimmungs- und Gestaltungsmöglichkeiten für die Bevölkerung. Der Soziologe Steffen Mau verweist in seinem jüngsten Buch „Ungleich vereint" darauf, wie z. B. Bürgerräte im Osten als Form der direkten Mitbestimmung dazu beitragen könnten, die parlamentarische Demokratie insgesamt zu revitalisieren (Mau 2024). Der Kampf gegen den Rechtsruck gelingt uns im Osten nach Mau vielleicht nur dann, wenn Demokratie direkt erfahrbar und gestaltbar wird. Die Schaffung kommunaler Bürgerräte könnte ein solches Potenzial bieten. Die Entwicklung solcher modifizierten demokratischen Instrumente ist jedoch nicht allein Aufgabe der progressiven Zivilgesellschaft, sondern muss auch von Parteien und anderen politischen Akteuren aktiv vorangetrieben werden. Hier besteht möglicherweise eine entscheidende Schnittstelle für eine verbindende Praxis, die zukünftig genutzt werden könnte.

Literatur des Panels *Alle zusammen gegen den Faschismus?*

Begrich, David: Ostdeutschland: Was nach den Demos kommen muss, in: Blätter für deutsche und internationale Politik, 3 (2024), S. 9–12.

Bensmann, Marcus u. a.: Geheimplan gegen Deutschland, 10.01.2024, https://correctiv.org/aktuelles/neue-rechte/2024/01/10/geheimplan-remigration-vertreibung-afd-rechtsextreme-november-treffen/ (22.12.2024).

Grobys, Christopher: Sachsen-Anhalt linksdrehen!?, 28.04.2022, https://st.rosalux.de/news/id/46435/sachsen-anhalt-linksdrehen (09.02.2025).

Kellershohn, Helmut: Von „Umvolkung" zu „Remigration", 15.01.2024, https://www.diss-duisburg.de/2024/01/von-umvolkung-zu-remigration/ (22.12.2024).

Loewenstein, Karl: Militant Democracy and Fundamental Rights, Bd. 1, in: American Political Science Review, 31, 3 (1937), S. 417–432.

Lorenz, Astrid/Pischtschan, Luisa: Zivilgesellschaft in Deutschland – Unterschiedliche Dichte und Staatsquote in Ost und West, in: Lars Vogel/Astrid Lorenz/Rebecca Pates: Ostdeutschland. Identität, Lebenswelt oder politische Erfindung?, Wiesbaden 2024, S. 93–113.

Mau, Steffen: Ungleich vereint. Warum der Osten anders bleibt, Berlin 2024.

Neidhardt, Friedhelm/Rucht, Dieter: Auf dem Weg in die „Bewegungsgesellschaft"? Über die Stabilisierbarkeit sozialer Bewegungen, in: Soziale Welt, 44, 3 (1993), S. 305–326.

Reimer-Gordinskaya, Katrin u. a.: Demokratie in Sachsen-Anhalt unter Druck: Lageeinschätzungen und Handlungsempfehlungen, 05.09.2023, https://idk-lsa.de/2023/09/05/pressegespraech-demokratie-in-sachsen-anhalt-unter-druck-lageeinschaetzungen-und-handlungsempfehlungen/ (22.12.2024).

Rucht, Dieter: Für Demokratie – gegen Rechtsextremismus. Profil und Dynamik der jüngsten Protestwelle, in: Ipb working papers, 1(2024).

Strategien gegen Armut und Ungleichheit

Selana Tzschiesche

„Allein machen sie dich ein", formulierten Ton Steine Scherben 1971 eine Binsenweisheit für all diejenigen, die nicht in einflussreichen Positionen sitzen. Handlungsfähigkeit, im Sinne der Gestaltung und ggf. auch Veränderung der eigenen Lebensbedingungen, setzt in einer komplexen Gesellschaft wie der unsrigen mindestens Kooperation voraus. Widerspricht der Veränderungswunsch dann auch noch geltenden Machtverhältnissen, bedarf es des Zusammenschlusses in größeren Gruppen, um sich Gehör zu verschaffen und die eigenen Anliegen durchzusetzen. Auf die kollektiven Zusammenschlüsse gegen Armut und Ungleichheit hat in den letzten 30 Jahren ein als Neoliberalismus bekannter Angriff stattgefunden, in dessen Konsequenz Handlungsmacht und Lebenslagen der unteren Klasse erheblich eingeschränkt bzw. verschlechtert wurden. Doch in letzter Zeit regt sich Widerstand. Auf dem Panel *Strategien gegen Armut und Ungleichheit* wurden verschiedene Versuche, die „demobilisierte Klassengesellschaft" (Dörre 2020) wieder zusammenzuführen, miteinander ins Gespräch gebracht und ihre jeweiligen Herausforderungen diskutiert. Dabei richteten wir den Blick geografisch von Stendal bis Barcelona, thematisch von Kämpfen gegen das Jobcenter bis zur Vergesellschaftung von Sorgearbeit und taktisch von Haustürgesprächen bis zur Einrichtung von Sorgezentren.

Ein Angriff auf die Klasse

Der neoliberale Angriff auf die Institutionen der Arbeiter:innenbewegung hat innerhalb und außerhalb der Betriebe stattgefunden. In Bezug auf die Betriebe spielten Privatisierung, Ausgliederung und Leiharbeit eine zentrale Rolle. So wurden Teile der Belegschaft von der betrieblichen Mitbestimmung und von tarifvertraglichen Standards ausgeschlossen und die Streikmacht der nun jeweils kleineren Belegschaften gemindert. Mit der Androhung, Standorte auf einem globalisierten Markt ins Ausland zu verlagern, wurden Gewerkschaften dabei zu Kompromissen gezwungen, die ihre Glaubwürdigkeit als Interessenvertretungen der Arbeiter:innen enorm schwinden ließ. Gemeinsam mit der Sozialdemokratie führten sie Hartz IV ein und damit in Deutschland den größten Niedriglohnsektor Europas. „Wir haben keine Lobby!", stellte eine Interviewpartnerin unserer Berliner Studie zu Klassenverhältnissen und Klassismus (Reimer-Gordinskaya/Tzschiesche 2023) in einer Gesprächsrunde fest und erntete dafür viel Zustimmung.

Dabei hat Hartz IV nicht nur einen disziplinierenden Effekt auf die sogenannten „Stammbelegschaften". Vordergründig vereinzelt es diejenigen, die temporär oder längerfristig von staatlichen Transferleistungen abhängig sind. Wer von Hartz IV, heute Bürgergeld, (über-)leben muss, ist schon aus materiellen Gründen weitestgehend von gesellschaftlicher Teilhabe ausgeschlossen. Die öffentlichen Debatten, die schon die Einführung von Hartz IV und seither regelmäßig seine Reformen begleiten, stigmatisieren Menschen zusätzlich als mindestens selbst verschuldet, wenn nicht gar absichtlich abhängig von öffentlicher Wohlfahrt. 2005 ging der dem Namen seiner Partei nach sozialdemokratische Arbeitsminister Wolfgang Clement so weit, das Verhalten von Erwerbslosen als moralisch verwerflicher denn parasitär zu bezeichnen. In Konsequenz wird bei den Betroffenen Scham für eine nicht selbst verschuldete Situation hervorgerufen. Scham führt zu Rückzug und erschwert so Protest gegen die Zumutungen der „Armut per Gesetz". Scham kann auch dazu führen, dass Spaltungslinien, die oft schon im „Klassenkampf von oben" angelegt sind, von den Betroffenen selbst vertieft werden, um sich von den vermeintlich allein gemeinten anderen abzugrenzen. So will die Aufstockerin nicht mit den „Langzeitarbeitslosen in einen Topf geworfen werden", statt die geteilte Lebenslage zu skandalisieren. Die Bulgarin äußert sich antiziganistisch, also abwertend gegenüber oft auch aus Bulgarien migrierten Sinti und Roma, statt auf die Diskriminierung im Jobcenter zu verweisen, die sie wie diese erfährt. Und die

Westberlinerin macht sich über „Ossis“ lustig, statt die Folgen der Deindustrialisierung auf beiden Seiten der ehemaligen Mauer zu benennen. So fragmentiert sich die ohnehin segmentierte Klasse auch selbst.

Armut und Ungleichheit wurden nicht nur auf dem Terrain von Erwerbstätigkeit und Erwerbslosigkeit vertieft. Auch und gerade Infrastrukturen, die für die Versorgung und den Erhalt des Lebens notwendig sind, wie Erziehung, Bildung und Gesundheitsversorgung, wurden ab- oder umgebaut. In der feministischen Bewegung spricht man hier von einer doppelten Privatisierung reproduktiver Arbeit (Fried/Wischnewski 2024): Zum einen wurden vormals öffentliche Angebote Marktlogiken unterworfen, zum anderen durch eine Verknappung des Angebots die Versorgung von Alten, Kranken und Kindern teils in die privaten Haushalte verlagert, wo sie unbezahlt von Angehörigen geleistet wird. Dies transformiert nicht nur grundlegend die Idee des Gemeinwesens, sondern reduziert auch in erheblichem Umfang Zeit, die Menschen für soziale und politische Teilhabe hätten oder auch einfach nur für sich selbst.

Neue Klassenpolitik?

Es gab immer Versuche, der „Demobilisierung der Klasse“ etwas entgegenzusetzen, doch diese Versuche waren lange marginal(isiert). Wissenschaftlich verließ man schon mit der Verwendung des Begriffs „Klasse“ das Terrain des öffentlich Sagbaren. Die Klasse der Lohnabhängigen galt nicht als demobilisiert, sondern als vom Fortschritt überholt. Verblieben waren vermeintlich Schichten oder Milieus, und die soziale Mobilität galt als durch Chancengleichheit garantiert. Mitte der 2010er Jahre fanden verschiedene Entwicklungen statt, die dies wieder änderten. Ein diskursiver Stein des Anstoßes war das Buch „Rückkehr nach Reims“ (2016), in dem der Soziologe Didier Eribon anhand seiner proletarischen Familie den Erfolg des Front National in Frankreich nachvollzog. Da die deutsche Ausgabe ungefähr zeitgleich zu den ersten Erfolgen der AfD erschien, schloss sich hier eine Debatte an, ob die gesellschaftliche Linke ihr Klientel und dessen Anliegen vernachlässigt habe, so dass dieses jetzt aus Protest rechts wähle. Unabhängig davon, wie man diese Frage beantwortet, war dies Aufwind für eine „neue Klassenpolitik“ (Friedrich 2018). Wie die Klasse zusammengesetzt ist und entsprechend adressiert werden sollte, ist dabei umstritten. Wirft man einen Blick auf Krankenhäuser, Pflegeheime, Paketdienste, Baustellen etc. und all die dort arbeitenden Menschen (Mayer-Ahuja/Nachtwey 2021), dann wird schnell deutlich, dass die Klasse heterogen und in großen Teilen auch weiblich und migrantisch ist. Auch, wenn sie deshalb nicht per se antirassistisch oder feministisch eingestellt ist, so bedeutet dies doch, dass Kämpfe gegen Rassismus und um Geschlechtergerechtigkeit nicht gegen Kämpfe um Arbeitsverhältnisse und soziale Rechte ausgespielt werden dürfen. Innerhalb der emanzipatorischen Linken hat sich eine solche Position unter dem Schlagwort „verbindende Klassenpolitik“ (Candeias 2021) durchgesetzt. Die jüngsten Wahlergebnisse des BSW zeigen, dass ein national-exklusives Projekt trotzdem Teile der Arbeiter:innen für sich gewinnen kann.

Organisierende Klassenpolitik!

Damit ist eine zentrale Frage der Organisierung Betroffener angesprochen: Wer in prekären Arbeitsverhältnissen ausgebeutet oder von Jobcenter und Sozialamt schikaniert wird, ist deshalb nicht per se progressiv eingestellt. Wie also mit heterogenen, teils reaktionären Positionen innerhalb der Klasse umgehen? Schon Marx wies darauf hin, dass in gemeinsamen Kämpfen für die Verbesserung der Lebensbedingungen auch andere Aspekte der Weltanschauung transformiert werden können. Viele zentrale Anliegen der Klasse, wie gute Arbeit, gerechter Lohn, Mit- und Selbstbestimmung, sind unmittelbar emanzipatorisch. Ob und wie diese politisch artikuliert werden, ist abhängig davon, von wem und auf welche Art und Weise die „Masse“ der Arbeiter:innen „als Klasse“ mobilisiert wird (Marx 1990).

Nicht nur auf diskursiver Ebene gab es in den letzten zehn Jahren Dynamik in der neuen und verbindenden Klassenpolitik. Auf taktischer und praktischer Ebene wurde ein Konzept aus den USA, das (Transformative) Community Organizing (Maruschke 2019), sowohl in Gewerkschaft und Partei als auch in der Bewegungslinken interessiert verfolgt und erprobt. Dabei geht es im Kern darum, durch eine direkte Ansprache in Eins-zu-eins-Gesprächen Menschen und ihre Probleme kennenzulernen und dazu einzuladen, sich gemeinsam mit anderen für ihre Anliegen einzusetzen, also „Macht von unten" aufzubauen. Mithilfe dieser Methode wurde in den letzten Jahren unter anderem bundesweit eine Krankenhausbewegung mobilisiert, die nicht nur höhere Löhne für das Pflegepersonal, sondern mit den sogenannten Tarifverträgen für Entlastung auch eine qualitative Verbesserung ihrer Arbeitsbedingungen erstritt. Außerhalb des Betriebs wurden diverse Versuche unternommen, die demobilisierte Klasse im Stadtteil anzusprechen, zu verbinden und zu mobilisieren. Teile der Linkspartei, aber auch Mieter:innen-Initiativen und besonders die Berliner Kampagne „Deutsche Wohnen & Co enteignen" machten Haustürgespräche sukzessive zu einem Instrument im Werkzeugkasten politischer Strategien. In Leipzig wurde 2024 mit diesem Instrument das Direktmandat von Nam Duy Nguyen gewonnen und so der Verbleib der Linkspartei im Landtag von Sachsen gerettet.

Projekte mit Strahlkraft

Im Panel wurden Projekte vorgestellt, die (neue) Strategien des Zusammenschlusses gegen Armut und Ungleichheit entwickelten: *Michael David* stellte die Nationale Armutskonferenz vor, ein Netzwerk Betroffener, die regelmäßig in einem Schattenbericht zum Armuts- und Reichtumsbericht der Bundesregierung strukturelle Probleme ihres Alltags und mit diesen verbundene Forderungen darstellen. Die Erfahrung, die hier mit Selbstorganisierung und Selbstermächtigung gemacht wurde, kann auch der erst 2023 gegründeten Landesarmutskonferenz Sachsen-Anhalt als Orientierung dienen. *Miriam Pieschke* erprobte Transformative Organizing in Sachsen-Anhalt. Sie und ihre Mitstreiter:innen sprachen mit neuen und alten Bewohner:innen in Stendal-Stadtsee und brachten diese auch ins Sprechen und Handeln miteinander. *Alex Wischnewski* stellte die Vila Veinas in Barcelona vor, Stadtteilzentren mit Fokus auf Sorgearbeit. Gemeinsam ist den Ansätzen, durch den Aufbau von Beziehungen Gesellschaft überhaupt erst wieder herstellen zu wollen. Sie setzen bei Vereinzelung, Scham, Privatisierung und Erschöpfung an und stellen diesen Zusammenschluss, die Benennung struktureller Ursachen und Vergesellschaftung entgegen. Solche Projekte stehen natürlich auch vor Herausforderungen. So ist beim Organizing die Rolle der „lead-Organizer:innen" (nicht einfach) zu klären. Wie viel wird vorgegeben, wie viel gemeinsam entschieden? Ebenfalls nicht leicht zu beantworten ist die Frage danach, ab wann solche Projekte einen genuin politischen im Gegensatz zu einem rein sozialen Charakter gewinnen. Denn natürlich ist man zusammen bereits weniger allein, aber langfristig soll der Status quo ja nicht nur erträglicher, sondern überwunden werden. Zuletzt wurde auf dem Podium ein kritischer Blick auf Förderbedingungen geworfen. Organizing ist Beziehungsaufbau und braucht Zeit und Stabilität. Beides steht im Gegensatz zur temporären und auf Innovation ausgerichteten Logik der Projektförderung. Mit Bundesmitteln lässt sich eine Finanzierung immer nur bis maximal vier, mit Landesmitteln für maximal ein Jahr sichern. Die bezahlten Mitarbeiter:innen in Stendal konnten mit dem Ende der Förderperiode nicht mehr weiterarbeiten, aber die Gruppe und andere Strukturen hielten den Zusammenhang in Teilen aufrecht.

Wie man an den rahmenden Ausführungen und der Paneldiskussion sehen kann, ist es nicht einfach, Macht von unten aufzubauen. Viele der offenen Fragen müssen in der jeweiligen praktischen Situation gestellt und beantwortet werden. Sicher ist und bleibt dabei, dass tiefgreifende Veränderung den Zusammenschluss vieler voraussetzt, ob unter einfachen oder schwierigen Bedingungen. Denn: „Allein machen sie dich ein!"

Kleine Schritte, wichtige Wirkungen – über einen Versuch des transformativen Community Organizings in Stendal-Stadtsee

Miriam Pieschke

Es wäre üblich, einen Beitrag zu Organizing-Strategien mit einer Analyse der relevanten aktuellen Krisendynamiken und einer Skizze passender Handlungskonzepte zu beginnen. Das ist wichtig und richtig. Schließlich müssen wir wissen, womit wir es zu tun haben, um daraus unser strategisches Handeln abzuleiten. Und dieses Handeln muss konzeptionell fundiert sein. Gleichzeitig kann es lähmend sein, die vielen Krisenerscheinungen, die so komplex miteinander verwoben sind, ausführlich erfassen zu wollen. Und zum transformativen Organizing, an dem sich das hier vorgestellte Projekt orientierte, gibt es bereits gute Einführungstexte (Maruschke 2014). Ganz knapp formuliert geht es in diesem Ansatz darum, Menschen, die von vielfältigen Benachteiligungen betroffen sind, darin zu unterstützen, von einem Alltagsanliegen ausgehend in eigener Sache aktiv zu werden, dieses Anliegen zu bearbeiten und gleichzeitig daran zu lernen, wie dieses Anliegen in gesamtgesellschaftliche Herrschaftsverhältnisse eingebunden ist, mit der Perspektive, diese zu verändern. Dieser Text will daher schwerpunktmäßig etwas anderes versuchen, nämlich die Höhen und Tiefen eines kleinen Projektes mit seinen überschaubaren Erfolgen zu schildern. Zu zeigen, dass es lohnen kann, um Menschen und mit Menschen um kleine Verbesserungen zu ringen. Es gibt sicherlich bekanntere und weitreichendere Organizing-Projekte, bspw. „Deutsche Wohnen & Co enteignen" in Berlin, die „Rothe Ecke" in Kassel. Dennoch ist dieser Beitrag *ein* Beispiel dafür, wie die Anfänge eines transformativen Organizings im ländlichen Raum Sachsen-Anhalts aussehen können.

Unser Versuch sollte also nicht in einer Großstadt wie Berlin, Leipzig, Halle oder Magdeburg passieren, sondern in einer ländlichen Region, die von Strukturschwäche geprägt ist und in der die rechtpopulistischen Kräfte schon früh große Wahlerfolge erzielen konnten (2016 holte die AfD bei den Landtagswahlen in Sachsen-Anhalt aus dem Stand 24,3 Prozent. In vielen Wahllokalen in Stendal-Stadtsee erreichte sie bei dieser Wahl bereits die meisten Zweitstimmen. Vgl. https://wahlergebnisse.sachsen-anhalt.de/wahlen/lt16/and/lt.download.php [28.05.2025]). Umgesetzt wurde er ab März 2018 unter dem Titel „Community Organizing im ‚Brennpunkt'" als Drittmittelprojekt der Hochschule Magdeburg-Stendal in Stendal-Stadtsee. In diesem für Ostdeutschland typischen Plattenbaugebiet leben Menschen mit guten Einkommen, aber auch viele, die besonders stark von Einkommensarmut, Alltagsstress und mangelnder sozialer Infrastruktur betroffen sind. In der Fachdebatte ist hier von Prekarisierung die Rede, also der Ent-Sicherung von Erwerbsverhältnissen, sozialer Infrastruktur und Alltagsleben, wodurch Menschen permanent unter Stress gesetzt sind, da ihnen Sicherheiten systematisch entzogen werden. Beispiele hierfür sind prekäre Beschäftigung ebenso wie steigende Miet- und Lebenshaltungskosten, fehlende medizinische und andere Versorgung etc. (Marchart 2013). Mit diesen Menschen wollten wir in Kontakt kommen. Wir wollten die Beteiligten darin unterstützen, gemeinsam mit anderen solidarisch, inklusiv und ausgehend von einem für alle relevanten Alltagsanliegen aktiv zu werden. In und mit den Aktionen sollten einerseits konkrete Verbesserungen errungen werden. Andererseits sollte sich gemeinsam darüber verständigt werden, dass Einkommens-, Alters- und Kinderarmut, mangelhafte soziale Infrastruktur, Einschränkung an Lebenschancen etc. Betroffene zurecht wütend, traurig oder resigniert macht und dass die Ursachen für diese Erfahrungen kein individuelles Versagen sind, sondern strukturelle Ursachen haben, die verändert werden müssen. Im besten Fall kann so herausgearbeitet werden, dass eine solche Veränderung gemeinsam erkämpft werden kann oder dass zumindest der gemeinsame Versuch dazu uns zusammenbringt und klüger macht. Dass wir Wege aus der Ohnmacht, die viele in Bezug auf diese Verhältnisse erleben, entwickeln können, die mittelfristig Verbesserungen der Lebensqualität mit sich bringen und langfristig eine transformative Perspektive andeuten.

Die Chance ist also, dass Menschen Demokratie so als etwas erleben, an dem sie selbst beteiligt sind, und zwar in alltäglichen Zusammenhängen. Und dass sie erfahren, dass die Gesellschaft gestaltbar ist und die Verhältnisse nicht als alternativlos hingenommen werden müssen. Der Anspruch war also durchaus hoch. Bleibt die Frage: Was haben wir (das professionelle Team und die Beteiligten) konkret gemacht in Stendal-Stadtsee? Und: Konnten wir (das Team, aber auch die Beteiligten, insofern sie diesen teilten) dem Anspruch genügen?

Um prekär lebende Einwohner:innen zu erreichen und *deren* Anliegen zu verstehen, sprachen wir zum Projektbeginn mit Menschen, die schon sehr lange in Stendal-Stadtsee aktiv waren, als Personen aus der Zivilgesellschaft und von sozialen Trägern. Wir baten sie, uns zu erzählen, wie sie die Entwicklung des Viertels erlebt haben. So vorbereitet haben wir bei einem Erwerbslosenfrühstück, im öffentlichen Raum und an den Wohnungstüren Eins-zu-eins-Gespräche geführt (Maruschke 2019). Unsere Einstiegsfrage lautete meist „Was gefällt dir in Stadtsee, und was würdest du ändern, wenn du die Macht dazu hättest?"

Die Angesprochenen hatten so die Gelegenheit, von den vielen Dingen zu erzählen, die sie an ihrem Viertel schätzten, und von den Dingen, die sie kritikwürdig fanden. Geschätzt wurden unter anderem die gut geschnittenen Wohnungen, das viele Grün, die Balkone, die Nähe zu Freund:innen und Familie; kritisiert wurde beispielsweise die mangelhafte soziale Infrastruktur (obwohl die Siedlungen stark unter Berücksichtigung von sozialer Infrastruktur gebaut wurden, berichten die Bewohner:innen mittlerweile von fehlender medizinische Versorgung, fehlenden Kitaplätze, Sportmöglichkeiten, Freizeitmöglichkeiten für Jugendliche u. a.) oder die drohende oder reale Einkommens- oder Altersarmut. Auch Migration war ein Thema, wobei durchaus differenzierte Erfahrungen und Erwartungen geschildert wurden: „Ich habe nichts dagegen, dass die kommen", meinte eine junge Mutter ohne Migrationsgeschichte, „wenn es nur nicht so ungerecht wäre." Sie suche, so erläuterte sie, dringend einen Kitaplatz. Und die Konkurrenz um die zu wenigen Plätze habe sich durch die Neuankommenden verschärft, eine Realität, die wir anerkennen mussten. Ein wiederkehrendes Thema war zudem (gefühlt abnehmende) Sicherheit, wobei Menschen ohne Migrationshintergrund eher über Ängste vor vermeintlich Gewalt durch männliche Jugendliche sprachen und dabei teilweise auf rassistische Stereotype zurückgriffen, während Menschen mit Migrations- oder Fluchtbiografie über erlebtem Rassismus oder ihre Angst vor rechter Gewalt sprachen. Viele Geflüchtete erzählten aber vor allem positiv von ihrem Ankommen und erfahrener Solidarität.

Einige der Menschen, die wir an den Türen kennengelernt haben, haben wir um biografische Interviews gebeten. (Hier war eine umfangreiche Auswertung angedacht, die wir aus Kapazitätsgründen nur in Teilen realisieren konnten. Dennoch beeinflussten die Erkenntnisse aus den begonnenen Auswertungen unser weiteres Vorgehen.) Zusätzlich haben wir, um noch tiefer in die Lebensrealität prekär lebender Menschen einzutauchen, eine teilnehmende Beobachtung und Kurzinterviews bei der Stendaler Tafel durchgeführt.

Von alldem, was wir dabei erfahren hatten, nahmen wir einen Aspekt zum Ausgangspunkt unserer weiteren Aktivitäten: Immer wieder hatten uns Gesprächspartner:innen gesagt, dass es im Vergleich zu ‚früher', vor allem zu DDR-Zeiten, weniger Nachbar:innenschaftlichkeit im Viertel gäbe. Dieses Erleben überraschte uns vor dem Hintergrund von zunehmender Vereinzelung nicht, und wir hätten ähnliche Aussagen vermutlich auch in westdeutschen Nachbar:innenschaften gehört. Weil es aber so häufig benannt worden war, stiegen wir hier ein und gaben uns als *erste* Leitfrage vor: Können wir einen Beitrag leisten, Nachbar:innenschaftlichkeit zu stärken, wo sie schon da ist, und helfen, sie wieder erlebbar zu machen, wo sie fehlt? Und zugleich wollten wir diesen und andere Aspekte von Prekarisierung mit den Stadtseer:innen zum Thema machen und davon ausgehend Aktionen entwickeln. Nachdem bereits Studierende der Hochschule eine Zeit lang jede Woche vegan mit Kindern und Jugendlichen aus dem Viertel gekocht hatten, begannen wir ein regelmäßiges kostenfreies Mittagessen anzubieten. Und zwar immer am letzten Sonnabend

im Monat, zeitlich und räumlich parallel zur Abholung bei der Tafel, da diese ein Kristallisationspunkt verschiedener Aspekte von Prekarisierung ist: Hier zeigen sich ganz konkret die (Auswirkungen von) entsicherten Einkommensverhältnisse und verschiedenen Formen von Armut, ungenügender sozialer Infrastruktur, Vereinzelung, entgrenztem Alltag, verschärfter Konkurrenz, aber auch der Solidarität von Betroffenen untereinander (viele Ehrenamtliche der Stendaler Tafel sind oder waren selbst Abholer:innen), Care für und Sorge umeinander (wenn eine:r lange nicht kommt, fällt das auf, dann wird nachgefragt und nachgeforscht) in vielfältiger, ineinanderwirkender, teilweise widersprüchlicher Form („Gut, dass es die Tafeln gibt, schrecklich, dass es sie geben muss").
Die Besucher:innen des Mittagessens (zumeist Stadtseeer:innen, aber nicht ausschließlich) waren eingeladen, beim gemeinsamen Kochen und Essen miteinander ins Gespräch zu kommen, also Gelegenheit fürs ansonsten vermisste soziale Miteinander zu haben. Gleichzeitig boten wir weitere Programmpunkte an, zum Beispiel sprachen wir im Juni 2021 über die damals bevorstehende Landtagswahl, musizierten zusammen oder schauten ein zu uns eingeladenes Puppentheater. Und wir haben andere Projekte (z. B. zum barrierearmen Umbau der Ladenzeile, einem Hauptzugangsweg zur Stadtseeer Einkaufsinfrastruktur) gebeten, von sich zu erzählen, um so Kooperationen auszubauen, Synergieeffekte zu nutzen und gleichzeitig weitere relevante Themen gemeinsam zu diskutieren, und uns dabei die Tatsache zunutze gemacht, dass sich eine regelmäßige Gelegenheit zu Zusammensein und Austausch mit einer zunehmend vertrauensvollen Gesprächskultur zu entwickeln begann. Wir trafen uns dazu im und um das Stadtteilbüro bzw. die „Kunstplatte", einem der wichtigsten und anerkanntesten Anlaufpunkte in Stendal-Stadtsee. Es dauerte etwas, bis wir selbst verstanden, dass dies alles nicht Vorarbeiten für unser Projekt waren, sondern dass dieses längst begonnen hatte: Wir bauten Beziehungen auf, fassten Vertrauen zueinander, etablierten Kommunikationsräume, lernten von- und miteinander. Das Team und die Beteiligten wurden ein „Wir", die Menschen, deren Erwerbsarbeit das Projekt war, und die interessierten Bürger:innen, die dazu gekommen waren und bei unseren Aktivitäten mitzumachen begonnen hatten, bildeten eine verlässliche Arbeitsgruppe mit festgelegten, wenn auch variablen Rollen. Dazu trug auch bei, dass alle unsere Poster, Flyer, Moderationen und Vorträge dreisprachig waren (deutsch, russisch, arabisch), um die Vielfalt des Viertels anzuerkennen und die Beteiligungsmöglichkeiten zu erhöhen. Recht bald war das Mittagessen ein etabliertes Ereignis im Stadtteil. Und dann kam die Corona-Pandemie mit den Maßnahmen zu ihrer Eindämmung. Diese trafen die ohnehin benachteiligten Bevölkerungsgruppen härter, die Pandemie war kein *great equalisier*, vielmehr wurden ökonomische, soziale, politische Ungleichheiten, die sowieso ein zentrales gesellschaftliches Strukturierungsmerkmal darstellen, verschärft (Butterwegge 2022). So auch in unserem Projekt, das weitgehend eingeschränkt werden musste. Zwar gelang es uns in dieser Zeit, den Kontakt zueinander nicht zu verlieren. Sich aber zu treffen und inhaltlich zu arbeiten, vor allem mit Bezug zu den von der Pandemie aufgeworfenen oder sichtbar gewordenen Fragen, schafften wir kaum. Erst nach dem Wegfall der Kontaktbeschränkungen konnten wir zu einem ersten strategischen Kaffeetrinken einladen. Trotz der längeren Unterbrechung gelang es, unsere nächsten, nun expliziter politischen Projektideen zu entwickeln. Nach einiger Diskussion einigten wir uns auf den Fokus „Jobcenter" und entschlossen uns, eine Broschüre aus Sicht der „Kund:innen" zu entwickeln, mit Hinweisen zu den Rechten, mit Tipps, Hinweisen zu Fallstricken und Beratungsangeboten. Diese Broschüre wurde von der ersten Idee, die von einem projektbeteiligten Stadtseeer kam, über die Rubriken und Texte bis hin zu Gestaltung, Titelfoto und Farbauswahl gemeinsam entwickelt und umgesetzt, Schritt für Schritt, immer geprägt von Diskussionen und letztendlich immer im Konsens. Dieser gemeinsame Schreib- und Gestaltungsprozess war dann als Ergebnis vielleicht sogar wichtiger als die fertige Broschüre selbst. Gerne wären wir den nächsten Schritt unseres Organizing-Prozesses gegangen: Diese Broschüre vor dem Jobcenter zu verteilen, mit Menschen ins Gespräch zu kommen, sie einzuladen und gemeinsam einen Plan für die nächsten Aktivitäten zu entwickeln. Aber wir waren am Ende unserer Förderzeit angekommen. Und so blieb nur noch Zeit für ein gemeinsames Abschlussvorhaben: eine Fotoausstel-

lung mit und über (Menschen aus) Stendal-Stadtsee, die ebenfalls gemeinsam von der ersten Idee bis zum letzten Saubermachen der Ausstellungsräume, vom gemeinsamen Kurs in Fotografie für uns alle bis zur Besucher:innenführung eine kollektive Angelegenheit war.

Das Projektende war von gemischten Gefühlen geprägt: Zufrieden waren wir damit, es geschafft zu haben, ein diverses Team von Hochschulangehörigen und Bürger:innen unterschiedlichsten Alters und vielfältiger Herkünfte zu werden und zu bleiben. Glücklich mit dem erfolgreich etablierten Mittagessen, der Broschüre, der Ausstellung. Begeistert über die vielen guten Gespräche, besonderen Nachmittage, aufgebauten Beziehungen. Und gleichzeitig blieb Unzufriedenheit darüber, dass das Arbeiten in einer Förderlogik eben auch bedeutete, genau diese Beziehungen und die Aktivitäten zu Ende gehen zu lassen. Dabei sind wir nicht der Meinung, dass solche Projekte deshalb nicht oder nur dann begonnen werden sollten, wenn sie ohne solche Förderung organisiert werden. Denn sie sind eine wichtige Möglichkeit, Projekte gemeinsam mit Menschen zu realisieren, die selbst über wenige oder auch keine Ressourcen dafür verfügen und für die die Chance, Mittel für solche Projekte zu akquirieren, aufgrund von ökonomischen und anderen Benachteiligungen gering(er) ist. Und schließlich sind auch Dinge geblieben oder von anderen fortgeführt worden. Geblieben ist vor allem die Erfahrung der Anerkennung und das Erleben von Selbstwirksamkeit. Auch das monatliche Mittagessen blieb über das Projektende hinaus bestehen. Unsere Beziehungen untereinander sind lose geworden, aber zumindest in Teilen bestehen geblieben. Viele der bei uns Beteiligten sind in anderen Projekten aktiv geworden.

Und was ist aus unserem Anspruch geworden, ein Projekt des Transformativen Community Organizing zu sein? Auch hier ein gemischtes Fazit: Mit der Etablierung des Mittagessens haben wir eine positive Veränderung im Alltag vieler Stadtseeer:innen erreicht, an die wir vorher überhaupt nicht gedacht haben, nämlich eine regelmäßige Gelegenheit zu Austausch und Nachbar:innenschaftlichkeit. Und insofern dort auch immer wieder zu gesellschaftspolitischen Themen diskutiert wurde, fand hier sicherlich auch – in Ansätzen – politische Bildung statt, aber sicher keine Schritte in Richtung Transformation. Bei der Erstellung der Job-Center-Broschüre jedoch geschah etwas für uns Unerwartetes: Wie wir vermutet hatten, stärkte das Erstellen und die Veröffentlichung des Textes die beteiligten Autor:innen, in dem es sie in ihrem Expert:innen-Status ernst nahm. Schließlich hatten viele von ihnen langjährige Erfahrung mit dem Jobcenter und waren gern bereit, ihr Wissen weiterzugeben. Überrascht waren wir jedoch von dem Moment, als wir uns an die Einleitung der Broschüre machten. Wir wollten diese als *wir* formulieren, als „Wer wir sind", und so begann eine ernste Diskussion, was eigentlich unsere Perspektiven auf Erwerbsarbeit und Erwerbslosigkeit sind, auf Leistungsbezug, auf Rechte und Pflichten von Bezieher:innen von Transferleistungen etc. Debatten dieser Art hätten wir gern mehr geführt, hätten wir mehr führen müssen. Es wäre an den professionellen Mitwirkenden des Teams gewesen, den Raum dafür zu schaffen, wir hätten im Team (Hochschulbeschäftigte und beteiligte Bürger:innen) häufiger über das Projekt und den Hintergrund unseres Vorgehens diskutieren müssen, vielleicht hätten wir mehr Gelegenheit dazu gehabt, wenn wir ausgehend von der Job-Center-Broschüre nächste Schritte hätten machen können (s. o.).

Für die meisten von uns bleibt dennoch die Überzeugung, dass ein solidarisches Miteinander in räumlichen oder anderen Communitys, gemeinsame Aktivitäten im Alltag, kontroverse Diskussionen ebenso wie gemütliche Runden bei Tee und Keksen der Ausgangspunkt, wenn nicht sogar ein vielversprechender Ansatz gegen Prekarisierung, Entsolidarisierung und Polarisierung sind. Dass es am Ende die vielen kleinen Schritte, die Niederlagen ebenso wie die noch so kleinen Erfolge sein werden, die uns zusammenbringen und anhand derer wir ausloten können, wie es gelingen kann, alltagsnahe Veränderungen und eine transformative Perspektive produktiv zusammenzubringen. Dies gelingt nicht automatisch, nicht ohne Mühen und Widersprüche und mit mindestens so vielen kleinen Achtungserfolgen wie Frustrationen. Aber wenn wir die Schritte gemeinsam gehen, haben wir eine Chance auf wichtige politische Erkenntnisse und strategische Einsichten – auch im ländlichen, strukturschwachen Raum.

Mehr zum Projekt:

Reimer-Gordinskaya, Katrin: Stendal-Stadtsee. Lackmustest der Demokratie in einer heterogenen Gesellschaft, in: Peer Pasternack (Hg.): Das andere Bauhaus-Erbe. Leben in den Plattenbausiedlungen heute, Berlin 2019, S. 139–152.

Funke, Anja u. a.: „… auf die volle Entfaltung der menschlichen Persönlichkeit", in: Georg Westermann/Sophie Reinhold (Hg.): Transfer und Third Mission. Das Konzept eines zukunftsfähigen „Transfer- und Innovations-Service" der Hochschulen für angewandte Wissenschaften in Sachsen-Anhalt, Wernigerode 2019, S. 126–135.

Reimer-Gordinskaya, Katrin u. a.: Auf dem Weg zu mehr Bildungsgerechtigkeit – das geht nur gemeinsam! Bildungslandschaften als Projekt von Wissenschaft und Gemeinschaft, in: Georg Westermann/Martin Steinert/Anika Johannson (Hg.): Reallabore im Verbundprojekt TransInno_LSA. Wissenschaftskommunikation, Wissenstransfer und Reallabore als Schnittstelle zwischen Wissenschaft und Gesellschaft, Wernigerode 2021, S. 116–131.

Reimer-Gordinskaya, Katrin u. a.: Ende gut alles gut? Welche Spuren das Projekt Bildungslandschaften in ländlichen Räumen (BLR) hinterlässt. (Dis)Kontinuitäten in der Projekt-, Beziehungs- und Netzwerkarbeit, in: Hardy Pundt/Sophie Reinhold/Hochschule Harz (Hg.): Abschlussveröffentlichung des Verbundprojekts TransInno_LSA. Ein Fazit aus fünf Jahren gelebtem Transfer, Wernigerode 2022, S. 192–213.

„Sorgende Städte“: Gute kommunale Versorgung durch revolutionäre Realpolitik

Alex Wischnewski

Wenn wir nach Strategien gegen Armut und Ungleichheit suchen, brauchen wir nicht nur eine klare Analyse der Missstände, sondern vor allem eine positive Vision. Denn die einzelnen Schritte lassen sich weder planen noch auf ihren Erfolg hin beurteilen, wenn wir keine Vorstellung haben, wo sie eigentlich hinführen sollen. Wie könnte eine solche Vision von einer Gesellschaft ohne Armut und Ungleichheit also aussehen? Eine Antwort ist das Konzept der Sorgenden Stadt (Fried/Wischnewski 2024). Es stammt von jenen Bewegungen im spanischen Staat, die aus den sozialen und feministischen Mobilisierungen ab 2015 in die Kommunalparlamente gegangen sind und es dort angefangen haben umzusetzen. In Deutschland wird inzwischen ebenfalls daran angeknüpft, und es könnte auch für ein Land wie Sachsen-Anhalt interessant sein.

Angestrebt wird eine Lebenswelt, in der unsere alltäglichen Sorgebedürfnisse gedeckt werden – und in der wir Sorge für andere ohne Stress leisten können. Das bedeutet erstens, dass es ausreichend und gut ausgestattete Kitas, Polykliniken und ambulante Pflegedienste oder Haushaltshilfen gibt, mit Angeboten für unterschiedliche Bedarfe. Zweitens, dass diese tatsächlich zugänglich sind, indem es einen ausgebauten Nahverkehr gibt und die Stadt oder der kommunale Raum so gebaut sind, dass die Wege auch mit Kinderwagen oder Rollstuhl bewältigt werden können. Drittens und besonders wichtig ist, dass alle diese Angebote kostenfrei sind.

Eine solche Beschreibung einer Sorgenden Stadt spricht über die Bedürfnisse und Erfahrungen der Menschen, also davon, welche konkreten Angebote wir brauchen. Auf der anderen Seite der Medaille stehen die strukturellen Bedingungen, welche für die Verwirklichung derart gestalteter Angebote notwendig sind. Denn für eine bedürfnisorientierte Daseinsvorsorge braucht es die Vergesellschaftung von Sorge-Infrastrukturen. Was ist damit gemeint? Zum einen bedeutet dies, dass Infrastrukturen wie Kinderbetreuungs- oder Altenpflegesysteme kein privates, sondern öffentliches Eigentum bleiben oder werden und auch nicht permanenten Sparzwängen oder der Profitlogik unterworfen sind. Zum anderen und unabdingbar sollen diese demokratisch durch die Mitwirkung der Menschen vor Ort entwickelt und betrieben werden. Vergesellschaftung heißt also die gemeinsame Verfügung der Menschen über Gemeingüter.

Die Realität, die wir jeden Tag leben, ist davon weit entfernt. Die Vision der Sorgenden Stadt gibt uns jedoch die Möglichkeit an die Hand, unsere Projekte so zu planen, dass wir diesem Ziel Schritt für Schritt näherkommen können. Wie wir also im Hier und Jetzt dringend notwendige Verbesserungen im Alltag der Menschen erreichen, die aber nicht nur Symptome lindern, sondern Ursachen verändern. (Ganz konkret wird unten ein Beispiel für ein solches Einstiegsprojekt beschrieben.) Anhand der Vision können und müssen wir diese Reformen daraufhin überprüfen, ob sie Teil einer grundlegenden Transformation sind und nicht nur an der Oberfläche kratzen. Rosa Luxemburg hat dafür den Begriff der „revolutionären Realpolitik“ geprägt (Luxemburg 1903, S. 373).

Warum könnte ausgerechnet eine Vergesellschaftung der Sorge-Infrastrukturen dazu beitragen, Armut und Ungleichheit zu überwinden? Zu tun hat dies mit dem, was Feminist*innen als akute Krise der sozialen Reproduktion beschreiben. Erlebt wird sie im zunehmenden Stress beim Versuch, unseren ganz normalen Alltag zu meistern. Denn lange Arbeitstage und -wege lassen kaum noch Zeit, um den Haushalt zu schmeißen, uns um Kinder zu kümmern oder um alternde Verwandte. Freund*innen oder gar wir selbst kommen da häufig gar nicht mehr vor. Und das Geld reicht jetzt schon für die meisten Menschen nicht, um entlastende Dienstleistungen privat hinzuzukaufen, während öffentliche Angebote weiter schrumpfen. Deshalb greift Erschöpfung um sich. Die Ursache liegt aus Sicht marxistischer Feminist*innen nicht darin, dass wir unser Leben einfach nicht gut genug organisieren können, sondern dass Sorge und Profitlogik nicht zusammenpassen. Denn Kapitalismus ist darauf ausgelegt, dass der Profit immer weiter steigt. Ermöglicht wird das bei der Produktion von Waren, etwa von Autos oder Waffen, durch den Einsatz von moderner Technologie. Im Bereich der Sorge, den Frigga Haug (2018) als „Produktion des Lebens“ beschreibt, gilt dies nur begrenzt. Zwar können z. B. allerlei Hilfsmittel das Leben von Pflegebedürftigen und Fachkräften erleichtern. Aber die Sorgearbeit in Krankenhäusern, in Pflegeheimen oder Kitas kann nur beschränkt effizienter werden: Ein Kind kann schlicht nicht immer schneller großgezogen werden. Und gute Pflege braucht Zeit. In einer kapitalistischen Gesellschaft wird die Produktion des Lebens im Vergleich zur Warenproduktion daher abgewertet. Es wird versucht, die Kosten immer weiter zu reduzieren, teils durch die Einführung von Wirtschaftlichkeitszwängen, teils direkt durch Privatisierungen. Dies hat negative Folgen sowohl für die Arbeitsbedingungen der Sorge-Leistenden als auch für die Qualität der Sorge selbst. Im Ergebnis sind die Menschen nicht mehr ausreichend gesund und fit, um ihre Arbeitskraft in gewohntem Maße einzusetzen, was sich dann wiederum auf den Bereich der Produktion auswirkt. Deshalb wird aus marxistischer Sicht von einem Widerspruch zwischen Profitmaximierung und Reproduktion der Arbeitskraft gesprochen: Der Kapitalismus untergräbt letztlich seine eigenen Grundlagen (z. B. Fraser 2023). Aus marxistisch-feministischer Sicht kommt noch etwas hinzu: Die Kostenreduktion im Sorge-Bereich ist auch deshalb möglich, weil patriarchale und rassistische Strukturen dafür sorgen, dass bestimmte Menschen Sorgearbeit unbezahlt und im Privaten übernehmen (z. B. Dalla Costa 2022). Das sind zum allergrößten Teil Frauen, genauer genommen Personen, die durch gesellschaftliche Normen zu Frauen gemacht werden, darunter viele Migrantinnen. Das heißt, dass wir es nicht nur mit kapitalistischen Eigentums- und Produktionsverhältnissen zu tun haben, sondern diese auch eng mit hierarchischen Geschlechterverhältnissen verbunden sind.

Bei einer feministischen Vergesellschaftung geht es deshalb um eine doppelte Entprivatisierung (Fried/Wischnewski 2022): Sorge-Arbeit muss raus aus privatwirtschaftlichen Strukturen und der sozialen Isolation in den Privathaushalten. Oft wird befürchtet, dass alle Sorge um uns und unsere Liebsten zwangsweise in öffentliche Einrichtungen übergehen muss. Das ist nicht gemeint. Wohl aber, dass gesellschaftliche Verantwortung dafür übernommen wird. Also auch Infrastrukturen geschaffen werden, die ins Zuhause hineinreichen, die Sorgenden und Umsorgten entlasten und sie in ein gesellschaftliches Netz einbetten.

Für die Frage der Organisierung – denn schließlich müssen all diese Veränderungen erstritten werden – müssen Einstiegsprojekte auch an der Lebenswelt ansetzen. Ganz zentral dabei ist es, selbstbestimmte Zeit zu schaffen, denn ständige Überforderung und Erschöpfung machen politisches Engagement oder gemeinschaftliche Selbstverwaltung schlicht unmöglich. Es benötigt außerdem ein besseres Verständnis von Sorge-Arbeit. Das heißt einerseits zu klären, was diese für eine Rolle in unserer Gesellschaft spielt. Zum anderen geht es auch darum zu lernen, welche Sorge-Bedürfnisse man überhaupt hat, neue Sorge-Praxen auszuprobieren sowie darum, neue Beziehungen aufzubauen, innerhalb derer wir dann auch Sorge-Arbeit leisten wollen. Durch diese nachbarschaftlichen Interaktionen und Beziehungen wird Gesellschaft überhaupt erst produziert, was für die Vergesellschaftung der Sorge-Arbeit unabdingbar ist.

In unserer Strategie muss es auf struktureller Ebene deshalb um die (Weiter-)Entwicklung von öffentlichen Infrastrukturen gehen, die gesellschaftliche Verantwortung für bisher in privatisierten Einrichtungen oder privat geleistete Sorge-Arbeit übernehmen. Darüber hinaus muss sie Ansätze beinhalten, wie der gesellschaftliche Bedarf erhoben und die Angebote darauf abgestimmt werden können. Auch sollten direkte Beteiligungsmöglichkeiten für jene Menschen, für die diese Angebote gemacht sein sollen, durch Teilhabe an Entscheidungen ebenso wie durch praktisches Mitgestalten bedacht werden.

Um sich all dies besser vorstellen zu können, lohnt ein Blick auf ein konkretes Projekt aus Barcelona – die „Superblöcke“, die die Bewegungspartei Barcelona en Comú während ihrer Regierungszeit (2015–2023) in der Stadt aufgesetzt und kontinuierlich weiterentwickelt hat (Ezquerra/Keller 2022). Zunächst handelte es sich bei einem „Superblock“ um eine verkehrsberuhigte Zone, mit der sowohl klimapolitische Ziele verfolgt wurden als auch die Schaffung von öffentlichem Raum, in dem sich die Nachbar*innen stressfrei aufhalten und begegnen konnten. In einem nächsten Schritt wurden diese zu „Care-Superblöcken“ weiterentwickelt. Hierbei handelt es sich um ein umliegendes Stadtgebiet, in dem nicht mehr als 30.000 Menschen wohnen und das zu Fuß in wenigen Minuten durchquert werden konnte. Gruppen von 12 Fachkräften eines von der Stadt beauftragten ambulanten Pflegedienstes waren nun für bis zu 50 pflegebedürftige Personen innerhalb dieses Gebietes verantwortlich. Der Wegfall der langen Wege und die kleinen Bezugsgruppen bedeuteten nicht nur Stressabbau für die Beschäftigten, sondern auch eine engere und persönlichere Beziehung zu den zu Pflegenden und ihren Angehörigen, was diese wiederum entlastet und aus einer verbreiteten Isolation herausführt. In einem weiteren Schritt wurden innerhalb dieser Superblöcke auch nicht direkt gesundheits- und pflegebezogene Care-Bedürfnisse in den Blick genommen. So wurde in jedem Block erhoben (jetzt „Vila Veïna“ genannt), welche Angebote es gibt und welche Bedürfnisse unbeantwortet bleiben. Auf dieser Grundlage wurde ein jeweils spezifisches Programm für die Anliegen in diesem Gebiet entwickelt – von Sportkursen für pflegende Angehörige bis hin zur selbst organisierten Kinderbetreuung oder zu Gemeinschaftsküchen. Die bei der Kommune angestellten Koordinator*innen behielten jeweils den Überblick, boten Beratung und Information und unterstützten die Weiterentwicklung der einzelnen Elemente des Programms. So wurden passgenaue Angebote sowie Räume für selbst organisierte Aktivitäten geschaffen, in denen neue Care-Praxen entwickelt werden konnten.

Mit diesem Beispiel wirken die Sorgenden Städte gar nicht mehr so utopisch. Fest steht jedoch, dass sie uns nicht geschenkt werden. Wir werden sehr dafür streiten müssen, aber es lohnt sich – gerade jetzt.

Literatur des Panels *Strategien gegen Armut und Ungleichheit*

Butterwegge, Christoph: Die polarisierende Pandemie. Deutschland nach Corona, Weinheim 2022.

Candeias, Mario: Crashkurs Klassenanalyse. Eine Einleitung, in: ders. (Hg.), Klassentheorie. Vom Making und Remaking, Hamburg 2021, S. 9–36.

Dalla Costa, Mariarosa: Frauen und der Umsturz der Gesellschaft, Münster 2022.

Dörre, Klaus: Die Bundesrepublik – eine demobilisierte Klassengesellschaft?, in: Enno Stahl u. a. (Hg.): Literatur in der neuen Klassengesellschaft, Paderborn 2020, S. 97–107.

Eribon, Didier: Rückkehr nach Reims, Berlin 2016.

Ezquerra, Sandra/Keller, Christel: Für eine Demokratisierung der Sorgearbeit der Stadtverwaltung von Barcelona: Erfahrungen mit feministischen Care-Politiken in Barcelona, Berlin 2022, https://www.rosalux.de/fileadmin/user_upload/pdf/Barcelona_Onl-Studie_Sorgearbeit_FINAL_dt.pdf (21.05.2025).

Fraser, Nancy: Der Allesfresser. Wie der Kapitalismus seine eigenen Grundlagen verschlingt, Frankfurt am Main 2023.

Luxemburg, Rosa: Karl Marx, in: dies.: Gesammelte Werke, Bd. 1.2: 1893–1905, Berlin (Ost) 1970 (O: 1903), S. 369–377.

Fried, Barbara/Wischnewski, Alex: Sorgende Städte. Vergesellschaftet die Care-Arbeit!, in: LuXemburg. Gesellschaftliche und Linke Praxis, 01 (2022), S. 52–61.

Fried, Barbara/Wischnewski, Alex (Hg.): Care-Arbeit vergesellschaften. Kommunalpolitische Werkzeugkiste für eine „sorgende Stadt", Berlin [2024], https://www.rosalux.de/fileadmin/rls_uploads/pdfs/sonst_publikationen/Sorgende_Staaedte_CareArbeitVergesellschaften_RLS_2024.pdf (28.05.2025).

Friedrich, Sebastian/Redaktion analyse & kritik (Hg.): Neue Klassenpolitik. Linke Strategien gegen Rechtsruck und Neoliberalismus, Berlin 2018.

Haug, Frigga: Ein marginales Zentrum. Warum Geschlechterverhältnisse sind Produktionsverhältnisse, in: LuXemburg. Gesellschaftliche und Linke Praxis, 2 (2017), S. 76–85.

Marchart, Oliver: Die Prekarisierungsgesellschaft. Prekäre Proteste. Politik und Ökonomie im Zeichen der Prekarisierung (Gesellschaft der Unterschiede, 8), Bielefeld 2013.

Maruschke, Robert: Community Organizing. Zwischen Revolution und Herrschaftssicherung, Münster 2014.

Maruschke, Robert: Linkes Organizing. Interviews und Arbeitsmaterialien, 2019, 3. Aufl. 2025: https://www.rosalux.de/fileadmin/rls_uploads/pdfs/Bildungsmaterialien/Broschur_Linkes_Organizing_Web.pdf (21.05.2025).

Mayer-Ahuja, Nicole/Nachtwey, Oliver (Hg.): Verkannte Leistungsträger:innen. Berichte aus der Klassengesellschaft, Berlin 2021.

Marx, Karl: Das Elend der Philosophie, in: MEW 4, Berlin (Ost) 1990 (O. 1846), S. 63–182.

Reimer-Gordinskaya, Katrin/Tzschiesche, Selana: Immer noch ‚arm, aber sexy'? Ungleiche Lebenslagen und Klassenverhältnisse in Berlin. Forschungsbericht zum zweiten Schwerpunkt der Aktivierenden Befragung im Berlin-Monitor, Springe 2023.

Ökologische und soziale Gerechtigkeit. Klimaschutz versus soziale Gerechtigkeit – ein (un)überwindbarer Gegensatz?

Marleen Hascher

Das politische Diskursfeld der Klimapolitik ist spätestens seit den Klimaprotesten von „Fridays for Future" (FFF) 2018 aus der Politik nicht mehr wegzudenken. Die maßgeblich durch die fossile Industrie verursachte Erderhitzung macht die Notwendigkeit einer sozialökologischen Transformation deutlich, und die Klimabewegung fordert dazu auf, diese ernsthaft anzugehen. Im Zuge dieser Transformation etablierten sich schnell neue politische Konfliktlinien: So wird das Projekt der Energiewende der Sicherheit von Arbeitsplätzen gegenübergestellt, und Fragen zur Verkehrswende machen Konflikte zwischen urbanen und ländlichen Gegenden deutlich. Wie die sozialökologische Transformation gelingen könnte und wessen Bedürfnisse berücksichtig werden – diese Fragen werden von verschiedenen politischen Akteur:innen unterschiedlich beantwortet, was neben ökonomischen auch kulturelle Spannungen hervorbringt, etwa wenn etablierte Gewohnheiten und Wertvorstellungen der Bürger:innen infrage gestellt werden. Aufgrund dieser politischen Entwicklungen werden klimapolitische Themen zum Ziel von äußerst rechten Strategien: Äußerst rechte Akteur:innen, darunter die AfD, leugnen die Existenz des anthropogenen Klimawandels und die Notwendigkeit der Transformation, was auch als „wissenschaftsfeindlicher Antiökologismus" bezeichnet wird (Quent/Richter/Salheiser 2022). Dabei deuten die äußerst rechten Akteur:innen dringend notwendige Klimaschutzpolitik als „ideologisches" Projekt um, mit dem liberale Eliten das Volk durch Verlust von Freiheit und Wohlstand gängeln würden. Dies verdeutlicht das folgende Zitat der Alternative für Deutschland (AfD) bezüglich des europäischen Klimapakts: „Die Zeche zahlen nicht die städtischen links-grünen Milieus, sondern die hart arbeitenden Menschen in den ländlichen Räumen" (Komning 2019). Zudem wird die Konstruktion von zweierlei Gesellschaftsschichten, die sich unversöhnlich und antagonistisch gegenüberstehen, an diesem Zitat ersichtlich.

Laut diesem Vorwurf sind die Kämpfe gegen die Klimakrise und der Kampf um ökonomische Gerechtigkeit unvereinbar oder zumindest konflikthaft. Die bestehende Herausforderung, ökologische, soziale und ökonomische Bedürfnisse in der Klimakrise miteinander zu vereinbaren, kann, wie an diesem Beispiel auch deutlich wurde, regressiv gegen jegliche Klimapolitik gewendet werden. Bei der näheren Betrachtung zeigt sich allerdings, dass diese Sichtweise die komplexen Zusammenhänge von Klimakrise und sozialökonomischer Politik und deren klassenpolitische Verbindung verkennt bzw. verkürzt: Klimawandel und soziale Ungerechtigkeit sind untrennbar miteinander verbunden und stellen gemeinsam sogar die soziale Frage noch radikaler. Dies zeigt sich unter anderem daran, dass die Zunahme von CO_2-Emissionen in immer größerem Ausmaß durch Einkommensungleichheiten innerhalb und zwischen Staaten verursacht wird (Dörre 2021). Dieses Verhältnis legt nahe, dass die Eindämmung des Klimawandels ohne eine materielle Umverteilung von reichen zu armen Klassen und Staaten kaum zu realisieren ist (ebd., S. 70). Auch eine inhaltliche Verbindung von gewerkschaftlichen Klassenkämpfen und dem Kampf gegen den Klimawandel ist gegeben: Eine Untersuchung dazu, ob eine Interessenskonvergenz ökologischer und gewerkschaftlicher Akteur:innen in Sachen Arbeitszeitverkürzung vorhanden sei, zeigt, dass eine verkürzte Regelarbeitszeit den Stoffdurchsatz der Industrie verringern, die Beschäftigung sichern und Work-Life-Balance der Arbeiter:innen erhöhen kann (Liebig 2019). Des Weiteren sind arme Menschen viel stärker von den Folgen des Klimawandels betroffen: Der Konsum von minderwertigen Nahrungsmitteln, der Verkehrslärm und die Feinstaubbelastung durch Verkehr vor allem in Vierteln mit schwächerer Sozialstruktur bergen erhebliche gesundheitliche Risiken für Personen mit eingeschränkten finanziellen Möglichkeiten. Auch im Arbeitskontext zeigt sich dieser

Mechanismus, der auch als „Klimaklassismus" bezeichnet wird: Arbeiter:innen in weniger gut bezahlten Berufen im Handwerks- oder Dienstleistungssektor können beispielsweise bei großer Hitze nicht zu Hause arbeiten, sondern werden der Hitze oft direkt ausgesetzt. Da Personen mit Migrationshintergrund überdurchschnittlich oft einen niedrigeren sozioökonomischen Status innehaben und deswegen noch öfter von den Folgen des Klimawandels betroffen sind, kann auch von „Klimarassismus" gesprochen werden (Quent/Richter/Salheiser 2022).

Dieses diskursive Missverhältnis von Klassen- und Klimapolitik wurde besonders bei den Landwirtschaftsprotesten Ende 2023 und Anfang 2024 sichtbar. Aufgrund der von der Bundesregierung beschlossenen Streichung der Vergünstigungen von Agrardiesel und der Kfz-Steuerbefreiung für Landwirtschaftsfahrzeuge bildete sich ein breites Protestbündnis von Landwirt:innen gegen die sogenannte Ampel-Regierung. Bei diesen Protesten fielen zunehmend ein aggressiver Kurs gegen die Bundesregierung und eine starke Ablehnung gegen politisch gesteuerte sozialökologische Transformationsbestrebungen der Landwirtschaft auf (Fickel/Anderl 2024). Der Deutsche Bauernverband (DBV) und das Bündnis „Land schafft Verbindung" (LsV) riefen als Erste zu diesen Protesten auf. Fickl und Anderl konnten in ihrer politikwissenschaftlichen Analyse der Proteste herausarbeiten, dass sich vor allem landwirtschaftlichen Großunternehmen, die hohe Erträge und Intensivierung anstreben und ältere Landwirt:innen mit kleinen Betrieben und eher konservativer Orientierung den Protesten anschlossen. Auffällig ist hierbei, dass lediglich die landwirtschaftlichen Großunternehmen von der Politik des Deutschen Bauernverbundes (DVB) profitieren, da sich dieser für Modernisierung und Marktliberalisierung der Landwirtschaft einsetzt, was den Strukturwandel zuungunsten der kleinen Landwirtschaftsbetriebe voranbringt. Die Frage, warum landwirtschaftliche Großunternehmen und kleine Landwirtschaftsbetriebe trotz eigentlich stark entgegengesetzten Interessen gemeinsam auf der Straße protestierten, beantworten die Autoren unter u. a. damit, dass das Framing der Proteste auf der kulturellen Ebene gegen ein imaginiertes Bild von elitär wahrgenommener städtischer Bevölkerung stark dazu beitrug, den materiellen Konflikt zu kaschieren. Es sorgte zudem dafür, dass die Proteste auch für äußerst rechte Akteur:innen interessant waren. So traten auf einigen Demonstrationen der Landwirt:innen auch Vertreter:innen der AfD, Freien Sachsen und Reichsbürger:innen auf. Zudem wurden auf einigen Demonstrationen rassistische Äußerungen von Redner:innen und Gewaltsymboliken gegen die Bundesregierung dokumentiert, von denen sich die Veranstalter:innen nicht distanzierten (Maurin 2024). In Sachsen-Anhalt rief auch die AfD zu den Protestkundgebungen auf (N. N. 2024).

Die oben genannten Beispiele, die das diskursive Missverhältnis von Klassen- und Klimapolitik darstellen, werfen unter anderem folgende Fragen auf:

- Wie kann die sozialökologische Transformation gerecht gestaltet werden?
- Welche Widerstände und Herausforderungen stellen sich klimapolitisch engagierten Aktivist:innen in ihrer Arbeit?
- Und wie könnten (systemische) Alternativen einer klimagerechteren Gesellschaft aussehen?

Diese Fragen wurden im Panel *Ökologische und soziale Gerechtigkeit* mit den Referent:innen *Manuel Wagner* (junge Arbeitsgemeinschaft Bäuerliche Landwirtschaft [jAbL]), einem Aktivisten von „Fridays for Future" Magdeburg, *Burkhard Petersen* (Energietisch Dessau) und *Ann-Katrin Kastberg* (IdK) diskutiert.

Im Folgenden werden zwei Aspekte und Perspektiven der Paneldiskussion aufgegriffen und vertieft: Manuel Wagner, Mitglied der jungen Arbeitsgemeinschaft bäuerliche Landwirtschaft (jAbL), wird in seinem Beitrag die Frage nach den Besitzverhältnissen von Boden in der Landwirtschaft stellen. Diese ist eine zentrale Thematik bei Fragen nach sozialökologisch gerechter Transformation. Dabei setzt er sich in seinem Beitrag mit Möglichkeiten der landwirtschaftlichen Vergesellschaftung als Mittel von klassenpolitischen Politikpraxen auseinander. Er verdeutlicht die Bedeutung der Nutzung von Land und Böden, die für die landwirtschaftliche Arbeit notwendig sind in Bezug auf deren Rolle in basisdemokratischen Prozessen für den Klimaschutz. Zudem betont er diesbezüglich den Zusammenhang mit dem Schutz von Ressourcen und problematisiert die Spekulation mit Agrarflächen. Anschließend daran werden zentrale Ergebnisse des Projekts „Rechtsextremismus in ökologischen Transformationsräumen: Diskursangebote, Resonanzwege und demokratische Alternativen (RIOET)“ zusammengefasst, das Ann-Katrin Kastberg als Co-Autorin der Studie auf dem Panel vorstellte. Ausgehend von den Strategien äußerst rechter Akteur:innen bezüglich Klimapolitik werden dabei die im Projekt ermittelten Reaktionen von jungen Menschen auf äußerst rechte Diskursangebote dargelegt, um schließlich daraus abgeleitete Handlungsempfehlungen vorzustellen. In einem abschließenden Schritt werden dann diese beiden Perspektiven vor dem Hintergrund des materiell-strukturellen und kulturell-diskursiven Verhältnisses von Klima- und Klassenpolitik zusammengeführt und Möglichkeiten für eine emanzipatorische Verbindung dieser beiden Themen dargelegt.

Junge Bäuer:innen gegen Rechts: Die junge AbL in ihrem Kampf für eine agrarökologische und sozial gerechte Transformation und den Zugang zu Land

Manuel Wagner

Die Arbeitsgemeinschaft bäuerliche Landwirtschaft (AbL) setzt sich für progressive Themen ein, u. a. für einen gerechten Zugang zu Land, die Erhaltung einer vielfältigen bäuerlichen Agrarstruktur, ökologische Themen und gerechte Preise für Bäuer:innen. Während der sogenannten Bauernproteste im Winter 2023/24 hat sich der Verband aktiv gegen rechtspopulistische Äußerungen abgegrenzt. Vor allem die Jugendorganisation, die junge AbL (jAbL), erhielt viele Presseanfragen durch die Veröffentlichung eines kurzen Videos mit dem Titel „JA zu bäuerlichen Protesten, NEIN zu rechter Hetze" in den sozialen Netzwerken (Veröffentlichung am 7. Januar 2024 mit ca. 5 Mio. Aufrufen innerhalb weniger Tage, s. den Instagram-Account „junge AbL"). Darin wird die Instrumentalisierung von rechtspopulistischen und rechtsextremen Akteur:innen angeprangert und gleichzeitig die Diskussion auf den Reformstau, verursacht durch eine jahrzehntelang verfehlte Agrarpolitik, gelenkt.

Die jAbL ist Teil von La Via Campesina (span.: „Der bäuerliche Weg"), der global größten sozialen Bewegung mit Ursprung und starkem Fokus auf den Globalen Süden, v. a. Südamerika. In ihr organisieren sich seit über 25 Jahren vor allem indigene Kleinbäuer:innen, die für ihre Rechte kämpfen. Viele von ihnen sind täglich verwickelt in einen sehr ungleichen Kampf um Zugang zu oder Schutz von (ihrem) Ackerland. Kleinbäuer:innen sind für 70 Prozent der Welternährung verantwortlich (Aktion Agrar 2021). Doch meist sind sie es, die von Preissteigerung, Verdrängung, Illegalisierung oder Enteignung für Großkonzerne bedroht und betroffen sind. Sei es nun für den nächsten fossilen Tagebau oder für die Agrar-Multis, die Soja als Futtermittel für Billigfleisch oder „Bio"-Sprit (alles vorwiegend für den Verbrauch im globalen Norden) produzieren möchten.

Wir als AbL und unabhängige Jugendorganisation jAbL sehen uns in der Tradition von und in Solidarität mit diesen subalternen Kämpfen, wenn wir aktiv sind, Agrarpolitik gerechter zu gestalten und für eine ökologische und soziale Transformation zu kämpfen. Diese internationale Solidarität ist nötig, da Landwirtschaft ein global verwobenes Produktionssystem ist und eine sehr in die Tiefe und Breite gehende Produktionskette hat, in der sich neokoloniale Kontinuitäten zeigen. Ganz viel „unserer" Landwirtschaft in Deutschland – bzw. im gemeinsam agrarpolitisch-institutionalisierten EU-Raum – hat eine immense Auswirkung auf „den" Globalen Süden, oft in Form von Abhängigkeiten und Ausbeutung. Dies betrifft zum Beispiel konkret migrantisierte und (oft) illegalisierte Saisonarbeiter:innen, u. a. beim Spargelstechen und beim Schlachten von Tieren in Deutschland oder beim Ernten von Tomaten, Oliven oder Zitruspflanzen in Spanien, Italien, Griechenland.

Wir als jAbL setzen uns daher für gute und bäuerliche Landwirtschaft ein, egal ob in Deutschland oder anderswo. „Bäuerlich" verstehen wir (auch laut unserer Satzung von 1996) als einen Wertbegriff, der für ein Denken in (mehreren) Generationen, für ein Arbeiten in Kreisläufen, für einen achtsamen Umgang mit ökologischen Ressourcen und für Verantwortung gegenüber Tieren, Boden und Pflanzen und somit im Gegensatz zur (neoliberalen) Agrarindustrie steht. Letztere ist in erster Linie auf (kurzfristige) Maximalrendite von Kapital aus, ohne Rücksicht auf Inhalt und Standort der Produktion.

Die Ausgangslage: Verlust fruchtbarer Böden und Verlust bäuerlicher Landwirtschaft

Durch die – mit viel (fossiler) Energie hergestellten – synthetischen Dünger, die jährlich in den Boden geleitet werden, zerstört intensive „moderne"

Landwirtschaft das Bodenleben und somit auch die Möglichkeit des Humusaufbaus und der Selbstregeneration von Böden.
Nach dem Status of the World's Soil Resources Report (SWSR) der United Nations Food and Agriculture Organization (FAO) sind heute weltweit bereits fast 40 Prozent der Böden in schlechtem oder sehr schlechtem Zustand (Food and Agriculture Organization 2015). Mehr als ein Drittel des weltweiten Oberbodens ist bereits heute degradiert, bei jetzigem Tempo werden es laut Schätzungen bis 2050 ca. 90 Prozent sein und im Jahr 2070 könnte gar die komplette oberste Bodenschicht verloren sein (IPCC 2019). Eingewoben in die „multiple Krise" bzw. „Vielfachkrise" (Brand 2009, Demirović u. a. 2011) befinden wir uns mitten in der „Bodenkrise" bzw. „global soil crisis" (Lin/Horn 2015, Salazar u. a. 2020).
Boden produziert Biomasse. Ohne diese Produktion gäbe es keine Erde, die Pflanzen und ihre Wurzeln halten und nähren und somit auch den Menschen ernähren könnte. Von der Biomasseproduktion hängen 95 Prozent der von Menschen konsumierten Lebensmittel ab (Food and Agriculture Organization 2022). Menschen befinden sich also in einer tiefen Abhängigkeit gegenüber fruchtbaren Böden und einem vitalen Bodenleben. Diese Abhängigkeit erweitert sich räumlich in einer Abhängigkeit von urbanen Agglomerationsräumen gegenüber ruralen, landwirtschaftlichen Produktionsräumen. Menschen in Städten leben in absoluter Abhängigkeit von ländlichen Räumen und der Lebensmittelproduktion, egal ob auf regionaler, nationaler, kontinentaler oder globaler Ebene. Lebensmittel werden von ländlichen Räumen weg- und in urbane Räume hineintransportiert und dort verstoffwechselt. Die junge AbL versucht genau diese (gegenseitige) Verwobenheit und Abhängigkeit bewusster zu machen und eine starke Stimme für ländliche, (klein-)bäuerliche Landwirtschaft zu sein.
Um gute Lebensmittel produzieren zu können und für den Boden überhaupt sorgen zu können, ist es grundlegend, dass (junge) Bäuer:innen Zugang zu Land haben. Landwirtschaft beruht darauf, dass der Mensch Acker bestellt, dass der Mensch Land bestellen kann. In Deutschland nimmt die Zahl der Bäuer:innen rapide ab (Überalterung), gerade kleinere Betriebe geben auf (Höfesterben), die verbliebenen Betriebe werden immer größer und trotzdem: Die Zahl der jungen Landwirt:innen ohne eigenes oder gepachtetes Land nimmt zu (Aktion Agrar 2021).
Dies hat viele Gründe, von denen an dieser Stelle einige genannt und kurz erläutert werden: Die EU-Agrarpolitik (GAP) fördert vor allen Dingen nach Fläche (große Betriebe werden bevorteilt), die Schaffung eines Arbeitsplatzes in der Landwirtschaft wird immer teurer, und die Preissteigerung von Ackerland durch Bodenspekulation von außerlandwirtschaftlichen Unternehmen ist immens. In den Bundesländern auf dem Gebiet der ehemaligen DDR beträgt der Preisanstieg von Ackerland seit 2010 weit über 200 Prozent. Meine Genoss:innen von der AbL Mitteldeutschland Jan Brunner, Gesine Langlotz und Anne Neuber zeigen in ihrem Beitrag im Bodenatlas der Heinrich-Böll-Stiftung auf, wie Landgrabbing in Deutschland, gerade in Ostdeutschland dazu führt, dass „kleine und mittlere Betriebe [...] dabei oft unter die Räder [kommen]" (Luig u. a. 2024, S. 24), und wie eine gemeinwohlorientiere Verpachtungs- und Vergabepraxis oder z. B. Agrarstrukturgesetze Spekulation und Preissteigerungen entgegenwirken können. Ein vielversprechendes und von der AbL unterstütztes Agrarstrukturgesetz für Sachsen ist leider kurz vor der Landtagswahl 2024 an Bündnisstrategien von CDU und dem sächsischen Bauernverband gescheitert.

Unsere Forderungen: Boden denen, die drauf ackern! Jeder Hof zählt!

Zugang zu Land ist jedoch leider noch nicht alles: Auch die In-Wert-Setzung und Privatisierung von weiteren Produktionsmitteln wie Saatgut (Saatgutrechte, Gentechnik usw.), Wasser, Transport oder Vertrieb (80 Prozent Oligopol von den „Big Four" Rewe, Kaufland, Edeka und ALDI) und verdammt prekäre Arbeitsbedingungen (viel Arbeit, wenig Lohn, hohes gesundheitliches Risiko) sorgen für immer schwerere Bedingungen bäuerlicher Landwirtschaft. So ist es wenig verwunderlich, dass immer weniger Menschen Landwirt:in werden wollen.
Als eine von vielen Forderungen gegen diese Tendenzen schlagen wir als jAbL vor, Ackerland wieder der Gemeinschaft und dem Gemeinwohl zur Verfügung

zu stellen. Konkrete Umsetzungsschritte dafür gibt es zu Genüge. Ob durch Instrumente von Gemeinwohlverpachtung, Agrarstrukturgesetze oder eine progressive Grunderwerbssteuer, bei der Menschen und Betriebe weniger zahlen müssen, die weniger Land besitzen, und Betriebe höher besteuert werden, die bereits tausende Hektar Land bestellen. All dies sehen wir in einer Debatte um Vergesellschaftung verortet. Vergesellschaftung ist dabei nicht gleichzusetzen mit Enteignung. Schließlich kann auch der Schutz von bäuerlichem Privateigentum an Ackerland der Gesellschaft dienlich sein. Es darf nicht zu einer „Zwangskollektivierung" à la DDR kommen. Doch die Frage nach Eigentumsverhältnissen muss gestellt werden, wenn es um unsere Lebensgrundlage (Boden und Ackerland), den Erhalt bäuerlicher Betriebe und die Transformation zu einer sozial gerechten und agrarökologischen Landwirtschaft geht.

Auch auf der Straße bringen wir dies immer wieder zur Sprache und konfrontieren auch andere mit Spannungen „innerhalb" der landwirtschaftlichen Blase. So stand z. B. bei einer Großdemonstration in Dresden im Januar 2024 ein AbL-Bauer zusammen mit einer jAbL-Mitstreiterin von uns auf einer Bühne, um das Wort an die demonstrierenden Kolleg:innen zu richten. Bei einer Demo, die der sächsische Bauernverband organisiert hatte. Im Vorhinein war es Genoss:innen der (j)AbL Sachsen durch sehr viele persönliche Gespräche gelungen, den Bauernverband dazu zu bewegen, rechtsextreme Organisationen wie AfD und Freie Sachsen explizit von der Demo auszuladen und keine rechtsextremen Vertreter:innen auf der Bühne sprechen zu lassen. Die Demo wurde von Montag auf Mittwoch verlegt, und Symbole dieser Gruppen waren verboten. Vermutlich waren dennoch Sympathisant:innen der extremen Rechten anwesend, aber so konnten wir zumindest über landwirtschaftliche und agrarpolitische Inhalte sprechen und in Diskussion gehen, statt über rechte Parolen und Vereinnahmungen. Sie hielten eine Rede zu fairen Erzeugerpreisen, Höfesterben, den Vorschlägen der Borchertkommision bzw. der Zukunftskommision Landwirtschaft, Arbeitsbelastung und nötigen Agrarstrukturgesetzen. Vor allem zum Statement gegen den Ausverkauf von Ackerland an außerlandwirtschaftliche Investoren wie ALDI, Kick oder die Quarterback Immobilien AG (Tochterunternehmen von Vonovia) und für höhere Steuern für das reichste 1 Prozent in Deutschland gab es tosenden Applaus und viel Zustimmung. Bei der Bekennung gegen menschenverachtende Positionen und gegen Hetze und Hass blieben die Zuschauer:innen dagegen stiller.[4]

Für eine progressive Landkultur: Brücken bauen im ländlichen Raum

Die beiden Bäuer:innen stellten sich mit Stolz und vollem Namen auf die Bühne. Und mussten damit rechnen, dadurch von Kolleg:innen oder Nachbar:innen beurteilt zu werden: „Ob mir im Zweifel noch geholfen wird, wenn mitten in der Ernte eine Maschine den Geist aufgibt? Mit Maschinenleihe oder passendem Ersatzteil? Ob ich noch zum Dorffest eingeladen werde? Ob jeder in der Region nun über mich spricht, dass ich der ‚linksgrüne Ökospinner' bin, der ‚nicht mehr alle Tassen im Schrank hat'?"

Ländliche Räume sind nicht anonym, das „Zurückziehen" in eine „eigene" Blase, einen *safer space*, funktioniert hier viel weniger. Eine „Landkultur" von „sich gegenseitig aushalten" will gelernt sein und ist etwas, was Städter:innen sicherlich noch verstärkt lernen können. Ländliche Räume sind bisher „Brachland für progressive Kräfte" (Fickel/Langlotz 2024, S. 116). Dort und im landwirtschaftlichen Berufsfeld müssen wir Brücken bauen und auch mal mit „rechts-offenen" Menschen reden (lernen), um im Zweifel „Schlimmeres" zu verhindern. Gerade in ostdeutschen ländlichen Räumen sind wir einer rechtsextremen Hegemonie ausgesetzt. Dort kann – wenn überhaupt – der rechtskonservative Dorfälteste (Bauer) mit Gesprächen verhindern, dass Faschos mir die Hütte abbrennen. Das ist vielleicht die beschriebene Gratwanderung.

4 Die Rede ist online auf Youtube zu finden: Rede bei Bauerndemo – Sebastian und Lilli von der AbL, https://youtu.be/-Cd-uMiMUKo?si=aTlJwA7ZlQDjAKeE (06.05.2025).

Die äußerst Rechte, der Klimawandel und junge Menschen. Eine wissenschaftliche Perspektive auf sozialökologische Transformationsprozesse in Sachsen-Anhalt

Marleen Hascher mit Zuarbeit von Ann-Katrin Kastberg

Das Forschungsprojekt „Rechtsextremismus in ökologischen Transformationsräumen" (RIOET)" stellt in der Diskussion um klimapolitische Maßnahmen folgende zentrale Aspekte in den Vordergrund: 1) Die Strategien äußerst rechter Akteur:innen bezüglich der Klimapolitik, 2) die Reaktionsweisen junger Menschen auf äußerst rechte Narrative im Klimadiskurs und 3) daraus abgeleitete Handlungsempfehlungen.

Äußerst rechte Bezugnahmen auf den Klimawandel und politische Maßnahmen zu dessen Eindämmung werden in der Forschung in zwei Grundlinien differenziert. Zum einen durch den Ökofaschismus und zum anderen durch den Antiökologismus. Auch in Sachsen-Anhalt konnten beide Strömungen ausgemacht werden. Dort wurden ökofaschistische Strategien vor allem bei der Auseinandersetzung von äußerst rechten Akteur:innen wie der AfD, der Kleinpartei Der III. Weg und völkischen Siedler:innen in Bezug zum Waldsterben im Harz sichtbar. Dabei inszenieren sich die Akteur:innen oft als die „wahren" Kümmerer und Umweltschützer:innen und mobilisieren dabei auch gegen geplante Windkraftanlagen auf den Kalamitätsflächen des Waldes (Hascher u. a. 2024a). Zum anderen zeigen sich die Akteur:innen im Sinne antiökologischer Strategien skeptisch gegenüber der menschlichen Verantwortung für den Klimawandel (bis hin zu dessen Leugnung) und lehnen politische Maßnahmen zum Klimaschutz wie den Ausstieg aus der Braunkohleverstromung strikt ab. Die antiökologische Strategie wurde in Sachsen-Anhalt vor allem in der Region Zeitz-Weißenfels beobachtet. Diese Region befindet sich in unmittelbarer Nähe zum Mitteldeutschen Revier und ist stark industriell vom Braunkohleabbau geprägt. So bezeichnete beispielsweise der AfD-Abgeordnete Lothar Waehler in seiner Rede im Landtag von Sachsen-Anhalt den geplanten Braunkohleausstieg als „ideologiegeprägt" und von „dem absurden Vorhaben, das Weltklima zu retten", motiviert (ebd., S. 18). Den Transformationskonflikt des geplanten Braunkohleausstiegs setzte er dabei auch in Zusammenhang mit den sozioökonomischen Problemen des Postwende-Strukturwandels in Zeitz und schürte Ängste vor Arbeitsplatzwegfall und daraus resultierender Massenarbeitslosigkeit. In beiden Strategien werden auch die Elemente einer populistischen Polarisierung der Gesellschaft deutlich: Bei der ökofaschistischen Strategie wird Umweltschutz gegen den Klimaschutz ausgespielt, indem Klimaschutzmaßnahmen als umweltschädlich und ineffizient dargestellt werden. Diese werden ebenso als Teil sogenannter grüner Ideologie verstanden (Hascher u. a. 2024a). Und auch die starke Polarisierung der Partei Bündnis 90/Die Grünen ist ein wesentliches Element rechtsextremer und populistischer Argumentation. Der Partei wird dabei vorgeworfen, Politik gegen die Interessen der „einfachen Bevölkerung" zu betreiben, die lediglich einer Elite nütze (Küppers 2022). Die Problematisierung der Partei stellt auch einen wesentlichen Argumentationspunkt bei der Klimawandelskepsis dar. Bezüglich des Braunkohleausstiegs in der Region Zeitz-Weißenfels behaupten AfD-Politiker:innen den Wegfall vieler Arbeitsstellen in der Industrie aufgrund von grüner Klimaschutzpolitik, was ebenfalls zu ökonomischen Lasten der Bevölkerung gehe.

Doch wie reagieren junge Menschen in Sachsen-Anhalt auf derartige Narrative? In den qualitativen Studien des Projekts RIOET zeigte sich, dass alle Befragten den Klimawandel als menschengemachtes Phänomen anerkannten. Jedoch gab es verschiedene Diskussionen darüber, welche Ebene für die Verantwortung und die Eindämmung des Klimawandels zu adressieren sei. Diese variierten von der ökonomischen Ebene (systemische Kapitalismuskritik) über die politische Ebene (z. B. gesetzliche Reglementierung der Wirtschaft) bis hin zur individuellen Ebene (Konsumkritik). Dabei ergaben die qualitativen Fokusgruppendiskussionen auch, dass äußerst rechte und populistische Narrative durchaus bei Jugendlichen verfangen können. So bewerteten einige Teilnehmer:innen Impulse von äußerst rechten Akteur:innen, die einen positiven Bezug zu Umweltschutz hatten, durchaus als positiv und reproduzierten in diesem Zusammenhang auch die starke Problematisierung der Partei Bündnis 90/Die Grünen bzw. der Bundesregierung (Hascher u. a. 2024 b).

Auf der anderen Seite zeigte sich die Mehrheit der Teilnehmenden der Fokusgruppendiskussionen quellenkritisch und diskutierten die äußerst rechten Impulse kenntnisreich und umfänglich. Das Forschungsteam von RIOET konnte bezüglich der Ablehnung von äußerst rechten Narrativen im Diskurs um Klimapolitik durch eine qualitative Studie zwei Wege identifizieren: Zum einen manifestierte sich eine Sprecher:innenproblematisierung, bei der die äußerst rechten Akteur:innen in Gänze aufgrund ihrer antidemokratischen Tendenzen abgelehnt und nicht als Teil des demokratischen Diskurses akzeptiert wurden. Zum anderen wurden die demokratiefeindlichen und diskriminierenden Aussagen hinter den Narrativen dechiffriert und eingeordnet, so dass sie die Teilnehmenden ablehnten. Anschließend wurden die qualitativen Befunde im Rahmen einer quantitativen Studie überprüft (Mönig u. a. 2024). Dabei zeigte sich, dass zwar 56,3 Prozent der Befragten den Klimawandel als ein erstes Problem in Deutschland betrachteten, jedoch äußerst rechten Narrativen in Bezug zur Klimakrise mit 31,6 bis 34,1 Prozent eher oder vollkommen zugestimmt wurde.

Die Befunde zu äußerst rechten Strategien im Klimadiskurs und der Reaktion von jungen Menschen aus den vom Klimawandel betroffenen Transformationsregionen und bundesweit eröffnen folgende Fragen: Was kann getan werden, um äußerst rechte Narrative im Klimadiskurs für junge Menschen weniger attraktiv zu machen? Wie kann jungen Menschen die Verbindung von Klimapolitik und sozialer Gerechtigkeit nahegebracht werden? Aus dem Projekt RIOET konnten diesbezüglich verschiedene Handlungsempfehlungen abgeleitet werden. Dabei ist es zunächst wichtig, Klimathemen als Anknüpfungsfeld des Rechtsextremismus zu erkennen, da eine Zustimmung zu äußerst rechten Narrativen tendenziell mit einer Zustimmung zu klimaleugnenden Narrativen einhergeht. In Institutionen und lokalen Strukturen sollten hierfür mehr Bewusstsein und Ressourcen geschaffen werden, um Weiterbildungsangebote und Informationskampagnen zu entwickeln. Ebenso muss der Zusammenhang von ökologischer und sozialer Gerechtigkeit als Grundlage für eine stabile und zukunftsfähige Demokratie erkannt werden und als zusammenhängende Herausforderung für die Sicherstellung der Rechte und Ressourcen zukünftiger Generationen gedacht werden. Politische Entscheidungsträger:innen sollten diese gemeinsam adressieren, um gesellschaftliche Ungleichheiten zu verhindern und demokratische Prozesse zu fördern. Zudem müssen die Beratungsstrukturen institutionalisiert werden und Organisationen, die äußerst rechten und verschwörungsideologischen Angriffen ausgesetzt sind, sollten in ihrem demokratischen Engagement gestärkt und über relevante Akteur:innen aufgeklärt werden. Dies gilt vor allem für Naturschutzbündnisse, die von ökofaschistischen Vereinnahmungsversuchen äußerst rechter Akteur:innen betroffen sind. Um Fachkräfte und Bürger:innen bei ihrer Aufklärung zu sozialökologischen Zusammenhängen zu unterstützen, braucht es dringend institutionalisierte und ausfinanzierte Beratungsstrukturen, an die sich Aktive wenden können. Ebenso zeigte die quantitative Studie von RIOET, dass mehr junge Menschen insbesondere mit formal niedrigerer Schulbildung und junge Männer eher als junge Frauen äußerst rechten Narrativen zustimmen. Daraus lässt sich schließen, dass Angebote insbesondere für besonders anfällige Menschen ausgebaut werden sollten.

Fazit: Wie kann die Verbindung von Klimaschutzmaßnahmen und sozialer Gerechtigkeit materiell und diskursiv in der Gesellschaft verankert werden?

Marleen Hascher

Die verschiedenen Perspektiven von Aktivist:innen und Wissenschaftler:innen auf dem Panel veranschaulichen, dass politische Kämpfe gegen Klimawandel und für soziale Gerechtigkeit keinesfalls unvereinbare Kämpfe zwischen den Arbeiter:innen und „abgehobenen Eliten" sind, sondern gemeinsam als emanzipatorische Wege aus den Krisen gedacht werden müssen. Gerade den „klassischen" ökonomischen Kämpfen um soziale Gerechtigkeit, sind in der heutigen Zeit klimapolitischen Themen inhärent: Auf der materiell-strukturellen Ebene existieren schwerwiegende Probleme, die durch den Markt und durch Politik entstehen. Frustrationen darüber können von äußerst rechten Akteur:innen mobilisiert werden. Emanzipatorische Alternativen werden dagegen im Diskurs marginalisiert, was an der Attraktivität der Proteste der Landwirt:innen für Rechtsextreme sichtbar wurde: Neben dem Protestanliegen gegen Streichungen von Subventionen seitens der Bundesregierung, konnten auch rechtspopulistische Narrative, u. a. gegen die als urban und akademisch geframte Klimaschutzpolitik, einen großen Teil der Landwirt:innen mobilisieren. Deren Adressierung über ihre vermeintlichen Interessen auf der kulturell-diskursiven Ebene ermöglichte es, Vertreter:innen landwirtschaftlicher Großbetriebe, Kleinbetriebe und deren Angestellte trotz entgegengesetzter materieller Interessen zu vereinen. Progressive Perspektiven, wie beispielsweise transformative Antworten als Möglichkeiten zur (Re-)Demokratisierung von Landkonflikten, wurden auf den Protesten wenig geäußert und sind auch im heutigen breiten Diskurs um die Zukunft der Landwirtschaft selten vertreten. Dabei bietet besonders die strukturelle Benachteiligung der kleinen Landwirt:innen von Landgrabbing und den aktuellen Machtstrukturen der Lebensmittelkonzerne („Big Four") auf die Lebensmittelpreisbildung Chancen für eine emanzipatorische Politik: Ein Zusammenschluss der kleinen Landwirtschaftsbetriebe gegen die derzeitigen Machtstrukturen im Agrar- und Lebensmittelsektor und insbesondere den Einfluss der Agrar- und Lebensmittelkonzerne auf die Gestaltung der Agrarpolitik bietet eine Möglichkeit zu Artikulation von Bestrebungen für eine ökologische, soziale und nachhaltige Agrarpolitik (Wiggerthale/Strickner 2015). Diese solidarischen Zusammenschlüsse müssen dabei jedoch global und nicht eurozentrisch gedacht werden, da vor allem kleine Landwirt:innen aus dem globalen Süden von der aktuellen Agrarpolitik benachteiligt werden und höheren Armutsrisiken ausgesetzt sind (Ouma/Vorbrugg 2020). Der kleinbäuerliche Zusammenschluss „La Via Campesina", dem auch die jAbL angehört, ist hierfür ein gutes Beispiel.

Als weiteres positives Beispiel für eine erfolgreiche Verbindung von Klimaschutz und sozialer Gerechtigkeit in Sachsen-Anhalt können die Arbeitskämpfe des Bündnisses „Wir fahren zusammen" betrachtet werden (MDR AKTUELL 2024). Ein Aktivist von FFF Magdeburg und „Wir fahren zusammen" berichtete, dass „Wir fahren zusammen" bereits die Verbindung von Klimaschutz und gewerkschaftlichen Klassenkämpfen in die politische Praxis umsetzt: Das 2020 gegründete bundesweite Bündnis von ver.di und FFF organisiert Beschäftigte des öffentlichen Nahverkehrs gewerkschaftlich. Die Forderung nach einer besseren Ausfinanzierung des öffentlichen Nahverkehrs ist dem Bündnis zufolge auch eine klimapolitische Forderung: Wird die Attraktivität des öffentlichen Nachverkehrs erhöht, könnte sich der motorisierte Individualverkehr reduzieren. Ebenfalls soll im Rahmen der Kampagne Solidarität zwischen den Beschäftigten aufgebaut werden, um sich gemeinsam gegen soziale

Spaltung und soziale Kürzungspolitik im Verkehrssektor zu positionieren. Das Bündnis verfolgt außerdem das Ziel, gewerkschaftliche Organisation auf weitere Schlüsselindustrien in Sachsen-Anhalt auszuweiten, um die sozialökologische Transformation im Sinne der Arbeitenden zu gestalten.

Des Weiteren zeigten Befunde des Projekts RIOET, dass junge Menschen mit höheren (angestrebten) Bildungsabschlüssen aus Großstädten und weiblichem Geschlecht seltener äußerst rechten Narrativen im Klimakontext zustimmen (Mönig u. a. 2024). Es besteht demnach die Notwendigkeit geschlechterreflektierender Ansätze bei klimapolitischen Maßnahmen in Verbindung mit Rechtsextremismusprävention, da männliche Personen tendenziell eher rechtsextremen Positionen (in Verbindung mit dem Klimawandel) zustimmen (Hascher u. a. 2024b) und empirisch eine höhere Verantwortung für Ursachen des Klimawandels haben, da sie in der Regel einen klimaschädlicheren Lebensstil führen. Zudem haben sie geringere Vulnerabilität gegenüber seinen Folgen als Frauen (Quent/Richter/Salheiser 2022). Bezüglich des Bildungserfolgs ist anzumerken, dass dieser vorrangig stellvertretend für Habitus und Schichtzugehörigkeit der Eltern steht (Mönig u. a. 2024). Dies veranschaulicht somit auch, dass progressive politische Entscheidungen darauf abzielen müssen, den sozioökonomischen Status jeder Person zu sichern und gleiche Aufstiegschancen zu gewährleisten, anstatt die durch marktwirtschaftliche Globalisierungsmechanismen entstandenen Transformationsängste und Verunsicherungen weiter zu bestärken.

Es ist auch zu beachten, dass Klimaschutzmaßnahmen sich nicht eins zu eins von urbanen auf ländliche Räume übertragen lassen. Die spezifischen Bedingungen ländlicher, insbesondere strukturgeschwächter Räume müssen in der Klimapolitik mitbedacht werden, was beispielsweise den Ausbau des ÖPNV bräuchte, um Mobilität zu gewährleisten und einen Verzicht auf motorisierten Individualverkehr ohne Mobilitätseinschränkungen als realistisch erscheinen zu lassen. Auch die ökonomische Beteiligung der lokalen Bevölkerung an regionalen erneuerbaren Energien, wie bei der Initiative „Energetisch Dessau – Bürgerschaftliche Initiative für den Klimaschutz", könnte die Zustimmung zu klimapolitischen Maßnahmen erhöhen und rechte Angebote in diesem Feld entkräften. Andernfalls besteht das Risiko von Verzweiflungsbündnissen zwischen eigentlich demokratischen Kräften und rechtsextremen Trittbrettfahrer:innen.

Die hier vorgestellten Problematiken um den Klimawandel und dessen Auswirkungen auf die materiell-strukturelle und kulturell-diskursive Sphäre der Gesellschaft sind nur ein Teil des Diskurses. Demzufolge ist es gewinnbringend, diesen weiterhin zu erforschen und aus erweiterten Perspektiven zu betrachten. Neben intersektionalen Verbindungsmechanismen von ökologisch nachhaltiger Klimapolitik und Politik für soziale Gerechtigkeit könnte auch der Einbezug von Ansätzen der Autoritarismusforschung den Diskurs erheblich bereichern. Beispielsweise indem aufgezeigt wird, wie autoritäre Strukturen und Persönlichkeitstendenzen im (lokalen) gesellschaftspolitischen Kontext auf die Umsetzung sozial gerechter klimapolitischer Maßnahmen einwirken können. So zeigen Studien beispielsweise, dass Personen mit stark autoritären Einstellungen eher dazu neigen, in Krisen in einen autoritären Modus zu verfallen, der sich beispielsweise durch das Befürworten von Repressionen gegen Klimaschutzaktivist:innen und Leugnung der Krisen ausdrücken kann (Zick/Sandal-Önal 2023).

Auch in Hinblick auf die kommende Wahl in Sachsen-Anhalt 2026 sind weitere Erkenntnisse zur materiell-strukturellen und kulturell-diskursiven Verbindung von sozialer Gerechtigkeit und Klimapolitik dringend notwendig, da diese Wahl darüber entscheiden wird, welche Akteur:innen den politischen Kurs Sachsen-Anhalts bestimmen werden. Um diesen Kurs möglichst progressiv und emanzipatorisch zu gestalten, müssen es klimapolitische Bündnisse und Initiativen schaffen, ihre Anliegen den Bürger:innen verständlich zu kommunizieren und regressive, autoritäre und populistische Akteur:innen und Narrative entkräften. Dies ist vor allem vor dem Hintergrund der aktuellen Entwicklung des Klimawandels geboten: Die neuste Analyse der Klimarahmenkonvention der Vereinten Nationen zeigt, dass selbst das 1,5-Grad-Ziel der globalen Erderwärmung immer unrealistischer wird und die bisher getroffenen Maßnahmen der Weltgemeinschaft momentan eine Temperaturerhöhung von 2,6 bis 3,1 °C bis 2500 zur Folge haben (Appelhans 2024).

Literatur des Panels *Ökologische und soziale Gerechtigkeit*

Appelhans, Yasmin: Können die Klimaziele noch eingehalten werden?, 10.11.2024, https://www.tagesschau.de/wissen/klima/klimakonferenz/cop-klimaziele-un-100.html (04.02.2025).

Aktionsheft 2021: Zugang zu Lang, hg. von Aktion Agrar, 2021, https://www.aktion-agrar.de/wp-content/uploads/2021/01/Aktionsheft_Agrarwende_2021_Inhalt_web.pdf (04.02.2025).

Brand, Ulrich: Die Multiple Krise. Dynamik und Zusammenhang der Krisendimensionen, Anforderungen an politische Institutionen und Chancen progressiver Politik, Berlin 19.10.2009, https://www.boell.de/sites/default/files/multiple_krisen_u_brand_1.pdf (04.02.2025).

Demirović, Alex u. a. (Hg.): VielfachKrise. Im finanzmarktdominierten Kapitalismus, Hamburg 2011.

Dörre, Klaus: Die Utopie des Sozialismus. Kompass für eine Nachhaltigkeitsrevolution, 2. Aufl., Berlin 2021.

Fickel, Thomas/Anderl, Felix: Markt, Macht und Affekt. Ein Erklärungsversuch der widersprüchlichen Landwirtschaftsproteste in Deutschland, in: Forschungsjournal Soziale Bewegungen, 37, 2 (2024), S. 174–195.

Fickel, Thomas/Langlotz, Gesine: Die Wut der Bauern: Von rechts beackert, von links ignoriert, 01.08.2024, in: Blätter für deutsche und internationale Politik, 2024, https://www.blaetter.de/ausgabe/2024/august/die-wut-der-bauern-von-rechts-beackert-von-links-ignoriert (04.02.2025).

Hascher, Marleen u. a.: Rechtsextremismus in ökologischen Transformationsräumen (RIOET). Situationsanalyse aus Sachsen-Anhalt: Ergebnisse empirischer Forschung, Magdeburg 2024a, https://idk-lsa.de/wp-content/uploads/2024/05/Hascher-Kastberg-Quent-2024-%E2 %80 %93-RIOET_Situationsanalyse-Sachsen-Anhalt.pdf (12.05.2025).

Hascher, Marleen u. a.: „Gesellschaft und Klima im Wandel – Junge Menschen zwischen Klimakrise und äußerst rechter Einflussnahme". Zentrale Befunde und Handlungsempfehlungen, Magdeburg 2024b, https://idk-lsa.de/wp-content/uploads/2024/10/Broschuere_Gesellschaft-und-Klima-im-Wandel-Junge-Menschen-zwischen-Klimakrise-und-aeusserst-rechter-Einflussnahme.pdf (04.02.2025).

Internationale Klimapolitik, hg. vom Umweltbundesamt, 21.02.2024, https://www.umweltbundesamt.de/themen/klima-energie/internationale-klimapolitik#internationale-klimapolitik (04.02.2025).

IPCC: Summary for Policymakers, in: Climate Change and Land. An IPCC Special Report on climate change, desertification, land degradation, sustainable land management, food security, and greenhouse gas fluxes in terrestrial ecosystems, 2019, https://www.ipcc.ch/site/assets/uploads/sites/4/2022/11/SRCCL_SPM.pdf (04.02.2025).

Liebig, Steffen: Arbeitszeitverkürzung für eine nachhaltigere Wirtschaft? Über mögliche Berührungspunkte zwischen sozial-ökologischen Arbeitskonzepten und gegenwärtiger Tarifpolitik, Wiesbaden 2019, in: Klaus Dörre u. a. (Hg.): Große Transformation? Zur Zukunft moderner Gesellschaften. Sonderband des Berliner Journals für Soziologie, Wiesbaden 2019, S. 211–228.

Komning, Enrico: Klimapakt – Zeche zahlt die hart arbeitende Bevölkerung im ländlichen Raum, 24.09.2019, https://afdkompakt.de/2019/09/24/klimapakt-zeche-zahlt-die-hart-arbeitende-bevoelkerung-im-laendlichen-raum/ (04.02.2025).

Küppers, Anne: 'Climate-Soviets,' 'Alarmism,' and 'Eco-dictatorship': The Framing of Climate Change Scepticism by the Populist Radical Right Alternative for Germany, in: German Politics, 33, 4 (2024) [2022], S. 1–21, https://www.researchgate.net/publication/359573269_ %27Climate-Soviets %27_ %27Alarmism %27_and_ %27Eco-Dictatorship %27_The_Framing_of_Climate_Change_Scepticism_by_the_Populist_Radical_Right_Alternative_for_Germany (07.02.2025).

Lin, Henry/Horn, Rainer: United Nations highlights soil crisis, in: Nature 517, 7536 (2015), S. 553.

Luig, Lena u. a.: Bodenatlas. Daten und Fakten über eine lebenswichtige Ressource, Mai 2024, https://www.boell.de/sites/default/files/2024-05/bodenatlas2024_ii_v03_b.pdf (04.02.2025).

Maurin, Jost: Unterwanderung der Bauernproteste, 18.11.2024, https://taz.de/Unterwanderung-der-Bauernproteste/!6045310/ (04.02.2025).

Maruschke, Robert/Peschke, Miriam/Rokitte, Rico: Transformative Organizing, Reading the Practice, Berlin 2019.

Mayer-Ahuja, Nicole/Nachtwey, Oliver: Verkannte Leistungsträger:innen. Berichte aus der Klassengesellschaft, Berlin 2021.

MDR AKTUELL: Nahverkehrs-Warnstreik mit Klimaprotest in Sachsen und Sachsen-Anhalt, 01.03.2024, https://www.mdr.de/nachrichten/deutschland/panorama/streiks-nahverkehr-busse-bahn-fridays-for-future-verdi-100.html (04.02.2025).

Mönig, Alina u. a.: Rechtsextremismus in ökologischen Transformationsräumen (RIOET). Auswertung der quantitativen Befragung, 2024, https://idk-lsa.de/wp-content/uploads/2024/11/Moenig-Hascher-Kerst-Osterberger-Quent-2024-RIOET_Auswertung-der-quantitativen-Befragung.pdf (02.06.2025).

N. N.: Wir unterstützen die Bauern in ihrem Protest!, 07.01.2024, https://afdfraktion-lsa.de/wir-unterstuetzen-die-bauern-in-ihrem-protest/ (04.02.2025).

Ouma, Stefan; Vorbrugg, Alexander: Große Transformationen des Ländlichen: Agrarwirtschaft in der globalen Marktgesellschaft, in: Hans Gebhardt u. a. (Hg.): Geographie. Physische Geographie und Humangeographie, 3. Aufl., Berlin 2020, S. 926–936, https://www.researchgate.net/profile/stefan_ouma/publication/325078498_grosse_transformationen_des_landlichen_agrarwirtschaft_in_der_globalen_marktgesellschaft (04.02.2025).

Quent, Matthias/Richter, Christoph/Salheiser, Axel: Klimarassismus. Der Kampf der Rechten gegen die ökologische Wende, München 2022.

Salazar, Juan u. a. (Hg.): Thinking With Soils. Material Politics and Social Theory, London, 2020.

Saving our soils by all earthly ways possible. Highlighting some key achievements of the FAO-led Global Soil Partnership, hg. von der Food and Agriculture Organization, 27.07.2022, https://www.fao.org/global-soil-partnership/resources/highlights/detail/en/c/1600733/ (04.02.2025).

Status of the World's Soil Resources. Main Report, hg. von der Food and Agriculture Organization, Rom 2015, https://openknowledge.fao.org/server/api/core/bitstreams/6ec24d75-19bd-4f1f-b1c5-5becf50d0871/content (04.02.2025).

Wiggerthale, Marita; Strickner, Alexandra: Bauern oder Lebensmittelunternehmen – wer hat das sagen [sic!]? Marktkonzentration und ihre Auswirkungen auf den Agrar- und Nahrungsmittelsektor und die Politik in der EU, 18.02.2015, https://www.researchgate.net/profile/Marita-Wiggerthale/publication/268179317_Bauern_oder_Lebensmittelunternehmen_-_wer_hat_das_sagen_Marktkonzentration_und_ihre_Auswirkungen_auf_den_Agrar-und_Nahrungsmittelsektor_und_die_Politik_in_der_EU/links/54e48f720cf2dbf60696e8f4/Bauern-oder-Lebensmittelunternehmen-wer-hat-das-sagen-Marktkonzentration-und-ihre-Auswirkungen-auf-den-Agrar-und-Nahrungsmittelsektor-und-die-Politik-in-der-EU.pdf (04.02.2025).

Zick, Andreas/Sandal-Önal, Elif: Krisenungewissheit und ihr Zusammenhang zu anti- und prodemokratischen Überzeugungen, in: Andreas Zick/Beate Küpper/Nico Mokros (Hg.): Die distanzierte Mitte. Rechtsextreme und demokratiegefährdende Einstellungen in Deutschland 2022/23, Bonn 2023, S. 219–241.

Autor:innenverzeichnis

Dr. Sandra Anusiewicz-Baer, Lehrbeauftragte für Jüdische Religionspädagogik im Fachbereich Praktische Theologie, School of Jewish Theology, Universität Potsdam.

Charlotte Brandes, Mitarbeiterin im Recherche- und Informationsstelle Antisemitismus Sachsen (Oktober 2023 – Juni 2024 zeitgleich Elternzeitvertretung in Sachsen-Anhalt).

Dr.in Juliette Brungs, wissenschaftliche Mitarbeiterin im Projekt „Integrative Demokratieforschung im Land Sachsen-Anhalt“, Institut für demokratische Kultur, Hochschule Magdeburg-Stendal.

Prof. Dr. Oliver Decker, Direktor des Else-Frenkel-Brunswik-Instituts und des Kompetenzzentrums für Rechtsextremismus- und Demokratieforschung, Universität Leipzig.

Prof. Dr. Klaus Dörre, Professor für Arbeits-, Industrie- und Wirtschaftssoziologie an der Friedrich-Schiller-Universität Jena im Ruhestand

Ferdinand Dürr, Campaigner.

Nikolas Dietze, wissenschaftlicher Mitarbeiter im Projekt „Integrative Demokratieforschung im Land Sachsen-Anhalt“, Institut für demokratische Kultur, Hochschule Magdeburg-Stendal.

Leo Fischer, Redakteur für Presse- und Öffentlichkeitsarbeit, Bildungsstätte Anne Frank e. V., Frankfurt am Main.

Prof.in Dr.in Naika Foroutan, Professorin für Integrationsforschung und Gesellschaftspolitik, Humboldt-Universität zu Berlin.

Mathias Grabow, Projektleiter „Mitbestimmt! Partizipation fördern, Beschäftigte stärken – politische Grundbildung in der Arbeitswelt“, Arbeit und Leben Sachsen-Anhalt gGmbH, Magdeburg.

Christopher Grobys, wissenschaftlicher Mitarbeiter am Lehrstuhl für Allgemeine Soziologie und Mikrosoziologie, Otto von Guericke Universität Magdeburg.

Marleen Hascher, wissenschaftliche Mitarbeiterin im Projekt „Integrative Demokratieforschung im Land Sachsen-Anhalt“, Institut für demokratische Kultur, Hochschule Magdeburg-Stendal.

Nina Heinke, BA, BSc, Masterstudentin der Kulturwissenschaften an der Universität Leipzig.

Dr. Anton Hieke, Entwicklung wissenschaftlicher Projekte und mobile Bildungsarbeit, Alte Synagoge Essen (bis August 2024: Ilan-Programm der Jüdischen Studien in Halle).

Raphael Hoffmann, wissenschaftlicher Mitarbeiter im Projekt „Integrative Demokratieforschung im Land Sachsen-Anhalt“, Institut für demokratische Kultur, Hochschule Magdeburg-Stendal.

Dr.in Heike Kanter, wissenschaftliche Mitarbeiterin im Projekt „Integrative Demokratieforschung im Land Sachsen-Anhalt“, Institut für demokratische Kultur, Hochschule Magdeburg-Stendal.

Ann-Katrin Kastberg, wissenschaftliche Mitarbeiterin im Projekt „Integrative Demokratieforschung im Land Sachsen-Anhalt“, Institut für demokratische Kultur, Hochschule Magdeburg-Stendal.

Benjamin Kerst, wissenschaftlicher Mitarbeiter im Fachbereich Sozial- und Kulturwissenschaften, Forschungsschwerpunkt Rechtsextremismus/Neonazismus, Hochschule Düsseldorf.

Heike Kleffner, Geschäftsführerin des Verbands der Beratungsstellen für Betroffene rechter, rassistischer und antisemitischer Gewalt e. V.

Dr.in Anne Matviyets, Chefkuratorin des Berend Lehmann Museums für jüdische Geschichte und Kultur, Halberstadt.

Paulino José Miguel, Leiter Kompetenzzentrum Migration Entwicklung Partizipation, Forum der Kulturen Stuttgart e. V., Aufarbeitung/Erinnerungsarbeit bei Uthukumana Afrika e. V.

Max Neuhäuser, pädagogischer Referent im Projekt „Fairsprechen – Hass im Netz begegnen“, fjp>media. Verband junger Medienmacher, Magdeburg.

Dr. Helge Petersen, Postdoktorand und Koordinator des Internationalen Netzwerkes für Populismusforschung, AB politische Theorie, Ideengeschichte und Politische Kultur, Christian-Albrechts-Universität zu Kiel.

Miriam Pieschke, wissenschaftliche Mitarbeiterin im Projekt Transfer_Hub, CampusTransferale (CaT), Alice Salomon Hochschule Berlin.

Dr. Patrice G. Poutrus, wissenschaftlicher Mitarbeiter für neuste Geschichte und historische Migrationsforschung am Institut für Migrationsforschung und interkulturelle Studien, Universität Osnabrück.

Prof. Dr. Matthias Quent, Professor für Soziologie für die Soziale Arbeit, Vorstandsvorsitzender Institut für demokratische Kultur, Hochschule Magdeburg-Stendal.

Prof.in Dr.in Katrin Reimer-Gordinskaya, Professorin für kindliche Entwicklung, Bildung und Sozialisation, Vorstandsvorsitzende Institut für demokratische Kultur, Hochschule Magdeburg-Stendal.

Carsten Schneider, Staatsminister beim Bundeskanzler und Beauftragter der Bundesregierung für Ostdeutschland.

Prof.in Dr.in Manuela Schwartz, Rektorin Hochschule Magdeburg-Stendal.

Prof. Dr. Florian Spissinger, Professor für Soziale Arbeit an der Dualen Hochschule Baden-Württemberg, Villingen-Schwenningen; Forschungsschwerpunkte: neurechte Narrative und Gefühlswelten; affektsensible & ethnografische Ansätze.

Selana Tzschiesche, Philosophin und Politikwissenschaftlerin, forschte im Rahmen des Berlin-Monitors bis 2024 zu Antisemitismuserfahrungen, Klassenverhältnissen und Fragmentierung und Solidarität in Berlin.

Manuel Wagner, Humangeograf und ländlich sozialisiert, aktiv in der jungen Arbeitsgemeinschaft bäuerliche Landwirtschaft (jAbL) und der AbL Mitteldeutschland.

Alex Wischnewski, Leiterin des Programms „Feminismos Internacionalistas“ der Rosa-Luxemburg-Stiftung, Berlin.

Thomas Wünsch, Staatssekretär im Ministerium für Wissenschaft, Energie, Klimaschutz und Umwelt des Landes Sachsen-Anhalt, Magdeburg.

Das Forschungsprojekt Integrative Demokratieforschung im Land Sachsen-Anhalt – Antisemitismus, Rassismus und äußerste Rechte als Herausforderungen auf dem Weg in eine heterogen-inklusive Gesellschaft (IDLSA) wird vom Ministerium für Wissenschaft, Energie, Klimaschutz und Umwelt des Landes Sachsen-Anhalt gefördert.

Gefördert durch:

SACHSEN-ANHALT

Ministerium für
Wissenschaft, Energie,
Klimaschutz und Umwelt

Die Tagung war eine Veranstaltung von „Integrative Demokratieforschung im Land Sachsen-Anhalt“, gefördert durch das Ministerium für Wissenschaft, Energie, Klimaschutz und Umwelt des Landes Sachsen-Anhalt.

Diese Veröffentlichung stellt keine Meinungsäußerung der Landeszentrale für politische Bildung Sachsen-Anhalt dar. Für die inhaltlichen Aussagen tragen die Autorinnen und Autoren die Verantwortung.

Editorische Notiz
Die von den Rednerinnen und Rednern in ihren Manuskripten verwendeten unterschiedlichen Genderschreibweisen wurden im Band jeweils so belassen.

Bibliografische Information der Deutschen Nationalbibliothek
Die Deutsche Nationalbibliothek verzeichnet diese Publikation in der Deutschen Nationalbibliografie; detaillierte bibliografische Daten sind im Internet über http://dnb.dnb.de abrufbar.

1. Auflage

Bernburger Straße 2, 06108 Halle (Saale)
www.mitteldeutscherverlag.de, info@mitteldeutscherverlag.de

Gesamtherstellung: Mitteldeutscher Verlag, Halle (Saale)

ISBN 978-3-68948-050-9

Printed in the EU